普通高等教育“十三五”规划教材

资源循环科学与工程专业系列教材　薛向欣　主编

土地资源保护与综合利用

胡恩柱　编

北　京
冶金工业出版社
2020

内 容 提 要

本教材为资源循环科学与工程专业系列教材之一。内容包括：土地资源基础、土地资源的开发与利用、土地功能退化及其防治、土地污染及其防治、土地资源保护立法执法等。

本教材为资源循环科学与工程专业本科教材和参考书，可作为相关专业研究生参考书，也可作为环境科学与工程专业的本科教学参考书。

图书在版编目（CIP）数据

土地资源保护与综合利用/胡恩柱编．—北京：冶金工业出版社，2020.6

（资源循环科学与工程专业系列教材/薛向欣主编）

普通高等教育“十三五”规划教材

ISBN 978-7-5024-7963-3

Ⅰ.①土…　Ⅱ.①胡…　Ⅲ.①土地资源—资源保护—中国—高等学校—教材　②土地资源—资源利用—中国—高等学校—教材　Ⅳ.①F323.211

中国版本图书馆 CIP 数据核字（2020）第 071938 号

出 版 人　陈玉千

地　　址　北京市东城区嵩祝院北巷 39 号　邮编　100009　电话　(010)64027926

网　　址　www.cnmip.com.cn　电子信箱　yjcbs@cnmip.com.cn

责任编辑　刘小峰　美术编辑　彭子赫　版式设计　孙跃红

责任校对　李　娜　责任印制　李玉山

ISBN 978-7-5024-7963-3

冶金工业出版社出版发行；各地新华书店经销；三河市双峰印刷装订有限公司印刷

2020 年 6 月第 1 版，2020 年 6 月第 1 次印刷

787mm×1092mm　1/16；10.5 印张；253 千字；154 页

39.00 元

冶金工业出版社　投稿电话　(010)64027932　投稿信箱　tougao@cnmip.com.cn

冶金工业出版社营销中心　电话　(010)64044283　传真　(010)64027893

冶金工业出版社天猫旗舰店　yjgycbs.tmall.com

（本书如有印装质量问题，本社营销中心负责退换）

序

人类的生存与发展、社会的演化与进步，均与自然资源消费息息相关。人类通过对自然界的不断索取，获取了创造财富所必需的大量资源，同时也因认识的局限性、资源利用技术选择的时效性，对自然环境造成了无法弥补的影响。由此产生大量的“废弃物”，为人类社会与自然界的和谐共生及可持续发展敲响了警钟。有限的自然资源是被动的，而人类无限的需求却是主动的。二者之间，人类只有一个选择，那就是必须敬畏自然，必须遵从自然规律，必须与自然界和谐共生。因此，只有主动地树立“新的自然资源观”，建立像自然生态一样的“循环经济发展模式”，才有可能破解矛盾。也就是说，必须采用新方法、新技术，改变传统的“资源—产品—废弃物”的线性经济模式，形成“资源—产品—循环—再生资源”的物质闭环增长模式，将人类生存和社会发展中产生的废弃物重新纳入生产、生活的循环利用过程，并转化为有用的物质财富。当然，站在资源高效利用与环境友好的界面上考虑问题，物质再生循环并不是目的，而只是一种减少自然资源消耗、降低环境负荷、提高整体资源利用率的有效工具。只有充分利用此工具，才能维持人类社会的可持续发展。

“没有绝对的废弃物，只有放错了位置的资源。”此言极富哲理，即若有效利用废弃物，则可将其变为“二次资源”。既然是二次资源，则必然与自然资源（一次资源）自身具有的特点和地域性、资源系统与环境的整体性、系统复杂性和特殊性密切相关，或者说自然资源的特点也决定了废弃物再资源化科学研究与技术开发的区域性、综合性和多样性。自然资源和废弃物间有严格的区分和界限，但互相并不对立。我国自然资源禀赋特殊，故与之相关的二次资源自然具备了类似特点：能耗高，尾矿和弃渣的排放量大，环境问题突出；同类自然资源的利用工艺差异甚大，故二次资源的利用也是如此；虽是二次资源，但同时又是具有废弃物和污染物属性的特殊资源，绝不能忽视再利用过程的污染转移。因此，站在资源高效利用与环境友好的界面上考虑再利用的原理和技术，不能单纯地把废弃物作为获得某种产品的原料，而应结合具体二次资源考虑整体化、功能化的利用。在考虑科学、技术、环境和经济四者统一原则下，遵从只有科学原理简单，技术才能简单的逻辑，尽可能低投入、低消耗、低污染和高效率地利用二次资源。

2008 年起，国家提出社会经济增长方式向“循环经济”“可持续发展”转变。在这个战略转变中，人才培养是重中之重。2010 年，教育部首次批准南开大学、山东大学、东北大学、华东理工大学、福建师范大学、西安建筑科技大学、北京工业大学、湖南师范大学、山东理工大学等十所高校，设立战略性新兴产业学科“资源循环科学与工程”，并于 2011 年在全国招收了首届本科生。教育部又陆续批准了多所高校设立该专业。至今，全国已有三十多所高校开设了资源循环科学与工程本科专业，某些高校还设立了硕士和博士点。该专业的开创，满足了我国战略性新兴产业的培育与发展对高素质人才的迫切需求，也得到了学生和企业的认可和欢迎，展现出极强的学科生命力。

“工欲善其事，必先利其器”。根据人才培养目标和社会对人才知识结构的需求，东北大学薛向欣团队编写了《资源循环科学与工程专业系列教材》。系列教材目前包括《有色金属资源循环利用（上、下册）》《钢铁冶金资源循环利用》《污水处理与水资源循环利用》《无机非金属资源循环利用》《土地资源保护与综合利用》《城市垃圾安全处理与资源化利用》《废旧高分子材料循环利用》七个分册，内容涉及的专业范围较为广泛，反映了作者们对各自领域的深刻认识和缜密思考，读者可从中全面了解资源循环领域的历史、现状及相关政策和技术发展趋势。系列教材不仅可用于本科生课堂教学，更适合从事资源循环利用相关工作的人员学习，以提升专业认识水平。

资源循环科学与工程专业尚在发展阶段，专业研发人才队伍亟待壮大，相关产业发展方兴未艾，尤其是随着社会进步及国家发展模式转变所引发的相关产业的新变化。系列教材作为一种积极的探索，她的出版，有助于我国资源循环领域的科学发展，有助于正确引导广大民众对资源进行循环利用，必将对我国资源循环利用领域产生积极的促进作用和深远影响。对系列教材的出版表示祝贺，向薛向欣作者团队的辛勤劳动和无私奉献表示敬佩！

中国工程院院士

2018 年 8 月

主 编 的 话

众所周知，谁占有了资源，谁就赢得了未来！但资源是有限的，为了可持续发展，人们不可能无休止地掠夺式地消耗自然资源而不顾及子孙后代。而自然界周而复始，是生态的和谐循环，也因此而使人类生生不息繁衍至今。那么，面对当今世界资源短缺、环境恶化的现实，人们在向自然大量索取资源创造当今财富的同时，是否也可以将消耗资源的工业过程像自然界那样循环起来？若能如此，岂不既节约了自然资源，又减轻了环境负荷；既实现了可持续性发展，又荫福子孙后代？

工业生态学的概念是 1989 年通用汽车研究实验室的 R. Frosch 和 N. E. Gallopoulouszai 在“Scientific American”杂志上提出的，他们认为“为何我们的工业行为不能像生态系统那样，在自然生态系统中一个物种的废物也许就是另一个物种的资源，而为何一种工业的废物就不能成为另一种资源？如果工业也能像自然生态系统一样，就可以大幅减少原材料需要和环境污染并能节约废物垃圾的处理过程”。从此，开启了一个新的研究人类社会生产活动与自然互动的系统科学，同时也引导了当代工业体系向生态化发展。工业生态学的核心就是像自然生态那样，实现工业体系中相关资源的各种循环，最终目的就是要提高资源利用率，减轻环境负荷，实现人与自然的和谐共处。谈到工业循环，一定涉及一次资源（自然资源）和二次资源（工业废弃物等），如何将二次资源合理定位、科学划分、细致分类，并尽可能地进入现有的一次资源加工利用过程，或跨界跨行业循环利用，或开发新的循环工艺技术，这些将是资源循环科学与工程学科的重要内容和相关产业的发展方向。

我国的相关研究几乎与世界同步，但工业体系的实现相对迟缓。2008 年我国政府号召转变经济发展方式，各行业已开始注重资源的循环利用。教育部响应国家号召首批批准了十所高校设立资源循环科学与工程本科专业，东北大学也在其中，目前已有 30 所学校开设了此专业。资源循环科学与工程专业不仅涉及环境工程、化学工程与工艺、应用化学、材料工程、机械制造及其自动化、电子信息工程等专业，还涉及人文、经济、管理、法律等多个学科；与原有资源工程专业的不同之处在于，要在资源工程的基础上，讲清楚资源循环以及相应的工程和管理。

通过总结十年来的教学与科研经验，东北大学资源与环境研究所终于完成了《资源循环科学与工程专业系列教材》的编写。系列教材的编写思路如下：

（1）专门针对资源循环科学与工程专业本科教学参考之用，还可以为相关专业的研究生以及资源循环领域的工程技术人员和管理决策人员提供参考。

（2）探讨资源循环科学与工程学科与冶金工业的关系，希望利用冶金工业为资源循环科学与工程学科和产业做更多的事情。

（3）作为探索性教材，考虑到学科范围，教材内容的选择是有限的，但应考虑那些量大面广的循环物质，同时兼顾与冶金相关的领域。因此，系列教材包括水、钢铁材料、有色金属、硅酸盐、高分子材料、城市固废和与矿业废弃物堆放有关的土壤问题，共 7 个分册。但这种划分只能是一种尝试，比如水资源循环部分不可能只写冶金过程的问题；高分子材料的循环大部分也不是在冶金领域；城市固废的处理量也很少在冶金过程消纳掉；即使是钢铁和有色金属冶金部分也不可能在教材中概全，等等。这些也恰恰给教材的续写改编及其他从事该领域的同仁留下想象与创造的空间和机会。

如果将系列教材比作一块投石问路的“砖”，那么我们更希望引出资源能源高效利用和减少环境负荷之“玉”。俗话说“众人拾柴火焰高”，我们真诚地希望，更多的同仁参与到资源循环利用的教学、科研和开发领域中来，为国家解忧，为后代造福。

系列教材是东北大学资源与环境研究所所有同事的共同成果，李勇、胡恩柱、马兴冠、吴畏、曹晓舟、杨合和姜涛七位博士分别主持了 7 个分册的编写工作，他们付出的辛勤劳动一定会结出硕果。

中国工程院黄小卫院士为系列教材欣然作序！冶金工业出版社为系列教材做了大量细致、专业的编辑工作！我的母校东北大学为系列教材的出版给予了大力支持！作为系列教材的主编，本人在此一并致以衷心谢意！

东北大学资源与环境研究所 

2018 年 9 月

前　言

土地是地球陆地的表层，是农业的基本生产资料，是工业生产和城市活动的主要场所，也是人类赖以生存和发展的物质基础和环境条件。人类的衣、食、住、行都离不开土地，所以土地是极其宝贵的自然资源。土地是一个综合性的科学概念，它是由地质、地貌、气候、植被、土壤、水文、生物以及人类活动等多种因素相互作用下形成的高度综合的自然经济复合生态系统。土地资源是指已经被人类所利用和可预见的未来能被人类利用的土地，它既包括自然范畴，即土地的自然属性，也包括经济范畴，即土地的社会属性。

在目前的经济技术条件下，人类活动大多都是在土地上进行的，一定面积土地上创造的价值，反映了开发利用这块土地的水平和程度。不同的土地利用方式，对土地性状和持续创造价值的能力，会有不同的影响。因此合理开发利用土地资源，保护土地生产力，保护土壤环境，使土地为人类持续创造更多的财富，是关系到经济和社会发展，乃至人类生存的大事。然而，一些地区在追求经济发展的过程中，由于不合理利用土地或高强度开发土地，引发了一系列生态环境问题，如耕地、林地破坏，水土流失，土地沙化、退化，局部塌陷、开裂，土壤污染等，导致土地生态平衡失调，部分区域甚至出现了经济发展与生态环境破坏的恶性循环。针对这些问题，国家陆续出台了一系列的政策、措施和法律、法规。2016 年 5 月 28 日，国务院印发《土壤污染防治行动计划》（简称“土十条”），确定了针对当前土壤污染问题的一系列重大举措，为土壤环境安全筑牢基础。2018 年 6 月 24 日，中共中央、国务院出台《中共中央国务院关于全面加强生态环境保护坚决打好污染防治攻坚战的意见》，标志着“蓝天、碧水、净土”三大保卫战全面打响。2018 年 8 月 31 日，第十三届全国人民代表大会常务委员会第五次会议通过《中华人民共和国土壤污染防治法》，自 2019 年 1 月 1 日起施行。这是我国首次制定土壤污染防治领域的专门性法律，完善了污染防治领域的法律制度体系。2019 年 8 月 26 日，第十三届全国人民代表大会常务委员会第十二次会议通过对《中华人民共和国土地管理法》做出修改，自 2020 年 1 月 1 日起施行。这些都对科学规划、合理利用与保护土地资源提出了更高的要求。

随着近年土地资源管理、土壤环境等理论体系与实践的快速发展，以土地资源学、土壤学、环境学、生态学等多学科交叉为特色的土地资源研究也不断获得丰富和外延，对于土地资源合理开发利用与保护提出了全新的要求。东北大学作为首批设立战略性新兴产业学科——资源循环科学与工程的高校之一，率先提出将“土地资源保护与综合利用”纳入日常教学。以此为契机，总结、归纳相关学科的发展动态与前沿，形成本教材，以期为本科生和研究生教学提供参考。

本书共分5章。第1章介绍土地资源的概念、构成要素和基本属性，分析人类社会活动、人口和经济发展与土地资源的关系。第2章简要介绍土地资源的开发与可持续利用。第3章从土壤酸化、水土流失、盐渍化等方面揭示当前土地功能退化的主要形式，并以采选矿为例分析其对土地资源的破坏和相关修复措施。第4章讨论土壤重金属污染和有机污染及其防治策略。第5章总结归纳土地资源保护工作的相关立法。

本书具有一定的系统性和知识性，可供资源循环科学与工程、环境科学与工程及相关专业的本科生和研究生作为教材使用，也可供如土地资源管理、土壤修复等相关专业领域的技术人员和管理人员参考使用。

鉴于时间和水平，本书疏漏及不足之处在所难免，敬请读者批评指正。

编 者

2020年3月23日

目　　录

1　绪论 …… 1

1.1　土地资源的概念 …… 1

1.1.1　土地资源的含义 …… 1

1.1.2　土壤资源概况 …… 1

1.1.3　土壤资源特点 …… 3

1.2　土地资源的构成要素 …… 4

1.2.1　土地资源的自然要素 …… 4

1.2.2　土地资源经济要素分析 …… 10

1.3　土地资源的基本属性 …… 11

1.3.1　自然属性 …… 11

1.3.2　社会经济属性 …… 11

1.4　人类社会活动对土壤资源产生的不良影响 …… 13

1.4.1　刀耕火种和毁林耕作对土壤资源产生的影响 …… 13

1.4.2　森林火灾和农林业生产经营制度与技术措施不当对土壤生态系统的危害 …… 13

1.4.3　采矿废渣对土壤生态的影响 …… 14

1.4.4　工业企业污染对土壤资源的危害 …… 14

1.5　人口、经济发展与土地资源的关系 …… 15

1.5.1　人口与土地资源的关系 …… 15

1.5.2　城市经济发展与土地资源的关系 …… 15

1.5.3　农村经济发展与土地资源的关系 …… 15

1.5.4　我国人地关系的矛盾 …… 15

思考题 …… 19

2　土地资源的开发与利用 …… 20

2.1　土地资源利用现状 …… 20

2.2　土地资源的开发 …… 22

2.3　土地资源的可持续利用 …… 23

2.4　土地资源“量”的可持续利用 …… 24

2.4.1　土地资源“相对”数量的可持续利用 …… 25

2.4.2　土地资源“绝对”数量的可持续利用 …… 27

2.5　土地资源“质”的可持续利用 …… 28

2.5.1　合理利用技术，优化土地资源结构 …… 29
2.5.2　提高农业科技水平，保持土地资源质量 …… 29
2.5.3　建立健全土地资源可持续利用管理制度 …… 30
思考题 …… 31

3　土地功能退化及其防治 …… 32

3.1　土地退化及其防治 …… 32
3.1.1　我国土地退化现状 …… 32
3.1.2　我国土地退化成因 …… 34
3.1.3　我国土地退化危害 …… 34
3.2　土壤酸化及其防治 …… 35
3.2.1　土壤酸化的成因 …… 35
3.2.2　土壤酸化的危害 …… 36
3.2.3　耐酸作物品种筛选和耐酸机制 …… 37
3.2.4　酸化土壤的防控与改良 …… 38
3.3　土壤水土流失及其防治 …… 39
3.3.1　水土流失概念 …… 40
3.3.2　水土流失分类 …… 40
3.3.3　水土流失特点 …… 41
3.3.4　水土流失的侵蚀形式 …… 41
3.3.5　中国水土流失与其地貌环境的关系 …… 42
3.3.6　水土流失的影响因素 …… 42
3.3.7　水土流失对生态环境的影响 …… 43
3.3.8　水土流失重点防治区域划分 …… 45
3.3.9　水土保持的概念 …… 47
3.3.10　水土保持措施 …… 47
3.4　土地盐渍化及其防治 …… 50
3.4.1　土地盐渍化的分类 …… 52
3.4.2　土地盐渍化的危害 …… 54
3.4.3　土壤盐渍化的生态效应 …… 54
3.4.4　土地盐渍化的形成机制及原因 …… 57
3.4.5　土地盐渍化的监测分析手段 …… 59
3.4.6　国内外研究进展 …… 63
3.4.7　盐渍化土地改良的迫切性和必要性 …… 66
3.4.8　盐渍化土地的改良措施 …… 66
3.5　中国土地沙漠化、水土流失和盐渍化的原因和驱动力 …… 70
3.5.1　原因分析 …… 71
3.5.2　驱动力分析 …… 72
3.5.3　讨论 …… 75

3.5.4　结论 …… 76
3.6　采选矿对土地资源的破坏及其修复措施 …… 76
3.6.1　我国矿产资源的特点及现状 …… 77
3.6.2　矿产资源开发对环境的破坏 …… 77
3.6.3　矿山开采不同阶段对生态的影响 …… 89
3.6.4　矿山复绿 …… 89
思考题 …… 91

4　土地污染及其防治 …… 92

4.1　土壤重金属污染及其防治 …… 93
4.1.1　重金属及重金属污染 …… 93
4.1.2　土壤重金属污染来源与分布 …… 94
4.1.3　土壤重金属污染现状 …… 96
4.1.4　重金属污染的特点 …… 96
4.1.5　土壤重金属形态及环境意义 …… 97
4.1.6　土壤中重金属形态的影响因素 …… 98
4.1.7　土壤中重金属的迁移转化规律 …… 99
4.1.8　重金属污染对植物动物及微生物的影响 …… 100
4.1.9　土壤重金属污染修复技术 …… 105
4.1.10　土壤重金属污染的防治 …… 110
4.2　土壤有机污染及其防治 …… 113
4.2.1　土壤有机污染的来源 …… 113
4.2.2　土壤有机污染的特点 …… 114
4.2.3　土壤有机污染的危害 …… 114
4.2.4　土壤中有机污染物的形态 …… 115
4.2.5　土壤持久性有机污染物 …… 119
4.2.6　土壤中的有机氯农药污染 …… 120
4.2.7　土壤中的多氯联苯污染 …… 122
4.2.8　土壤中的石油污染 …… 125
4.2.9　土壤中的多环芳烃污染 …… 127
4.2.10　土壤中的有机磷农药污染 …… 131
4.2.11　土壤有机污染综合治理 …… 133
4.3　农业固体废弃物对土地的污染及其防治 …… 137
4.3.1　农业固体废弃物污染研究进展 …… 137
4.3.2　农村固体废弃物的产生和处置现状 …… 138
4.4　典型固废的性质及在土壤修复和改良方面的应用 …… 140
4.4.1　土壤改良剂的研究与应用进展 …… 140
4.4.2　利用固体废弃物改良土壤的研究 …… 141
4.4.3　生活污泥在农业方面的应用 …… 142

4.4.4 菌菇渣在农业方面的应用 …… 143
4.4.5 畜禽粪便在农业方面的应用 …… 143
4.4.6 粉煤灰在农业方面的应用 …… 144
4.4.7 脱硫石膏在农业方面的应用 …… 144
4.4.8 煤矸石在农业方面的应用 …… 144
4.4.9 钢渣在农业方面的应用 …… 145
4.5 本章小结 …… 145
思考题 …… 147

5 土地资源保护立法执法 …… 148

5.1 宪法 …… 148
5.2 土地保护相关国家法律 …… 149
5.3 《中华人民共和国土壤污染防治法》 …… 150
5.4 土壤环境影响评价 …… 152
思考题 …… 153

参考文献 …… 154

1 绪　论

1.1　土地资源的概念

1.1.1　土地资源的含义

《辞海》中把自然资源定义为“天然存在的自然物，不包括人类加工制造的原料。如土地资源、水利资源、生物资源和海洋资源等，是生产的原料来源和布局场所”。《中国资源科学百科全书》给出的定义是：“自然资源是人类可以利用的、自然生成的物质与能量。它是人类生存与发展的物质基础。”有效性与稀缺性是自然资源的本质属性，自然资源是与社会经济技术文化相联系的综合动态体系。

自然资源与自然环境是两个密切联系的概念。自然环境是指人类所处的外界客观存在物；而自然资源则是从人类利用角度来理解这些因素存在的价值。因此有人说自然资源是自然环境透过人类利用折射出的侧影。人类对自然资源的认识与开发历程，可以说“环境就是资源”，这正是从长远观点和生态观念引出的人类生存质量和环境功能意义的环境经济学的理论基础之一。人类在评价环境时，主要从生产和生活角度看自然资源的丰度，而对废物的新认识是“一种资源放在一个不恰当的地方”。“除去原发性生态环境问题外，一切环境问题，似乎都可以在资源利用这个源头加以解决”。

土地资源是指在一定技术经济条件下可以为人类利用的土地，包括可以利用而尚未利用的土地和已经开垦利用的土地。概括而言，可以得出以下看法：(1) 土地资源是将土地作为自然要素看待的；(2) 土地作为自然要素，通过人类的劳动加以利用，能够产生财富；(3) 土地资源是土地成为资产的基础。

所以，土地资源是指以土地作为自然要素，于现在或可预见的将来，能为人们所利用并能产生经济效益的那部分土地。严格地说，土地与土地资源的概念是有区别的，土地资源是目前或可预见的未来能够产生价值的土地，不包括不可利用的土地，所涉及的范围比土地要小。然而，由于人类土地利用活动的范围越来越大，加之土地利用方式和途径越来越广，真正属于“不可利用”的土地会越来越小，所以土地资源和土地这两个概念，在外延上所指的差别也将越来越小。

1.1.2　土壤资源概况

土壤资源是指具有农、林、牧业生产性能的土壤类型的总称，是人类生活和生产最基本、最广泛、最重要的自然资源，属于地球上陆地生态系统的重要组成部分。

1.1.2.1　我国土壤资源丰富，类型众多

我国地域辽阔，自然条件复杂，所以土壤资源极为丰富。从寒温带的灰化土到热带的

砖红壤，从滨海平原的盐土到青藏高原的高山草甸土，从黄土高原的黄绵土到南方的水稻土，共有13个土纲，78个土类。据初步统计，在我国土壤资源中适于发展农业（包括农用与宜农土壤）或农林结合的土壤类型共有15个（即黑土、白浆土、砂姜黑土、草甸土、水稻土、灌淤土、潮土、黑钙土、红壤、紫色土、娄土、绵土、黑垆土、灰化土及盐碱土等），面积约占263万平方千米（2.6亿公顷），占全国土壤资源总面积的27.4%；适于发展林业（包括林用与宜林土壤）或林农结合的土壤类型共有11个（即灰化土、灰色森林土、暗棕壤、棕壤、黄棕壤、黄壤、砖红壤、砖红壤性红壤、红色石灰土、黑色石灰土及燥红土等），面积共约243.41万平方千米（2.4亿公顷），占全国土壤资源总面积的25.38%；适于发展牧业（包括牧用与宜牧土壤）或牧农、牧林结合的土壤类型共10个（即栗钙土、棕钙土、灰钙土、灰漠土、灰棕漠土、棕漠土、风沙土、龟裂土、泥炭土及沼泽土等），面积约为234.47万平方千米（2.3亿公顷），占总面积的24.42%；仅部分适于林业或牧业的高山及亚高山土壤（包括高山草甸土、亚高山草甸土、高山草原土、亚高山草原土、高山漠土及高山寒漠土6个类型），面积约198.78万平方千米（2.0亿公顷），占总面积的20.7%；其他尚有难于利用的石质山地及其他土地，共约20.24万平方千米，占总面积的2.1%。

1.1.2.2 高山土面积最大

我国属于多山国家，各种山地丘陵及高山土壤约占全国土地总面积的66%，平地及盆地只占34%。山地与平原比较，对发展农业生产有一定限制，而且利用不当极易引起水土流失和资源破坏。在高山土纲中又以高山草原土、高山草甸土、高山寒漠土所占面积居前三位，多分布于青藏高原、新疆及甘肃（海拔3000m以上），气候条件严酷，生态系统脆弱，农业生产受到严重限制，仅少数条件尚可的土壤有一定的牧业生产潜力，可作为夏季牧场。

1.1.2.3 耕地面积甚小，肥力不均匀

截至2016年，全国耕地面积13486.3万公顷，低于美国的17695万公顷，也低于印度的16175万公顷。人均耕地面积从1996年的0.106公顷下降到2016年的0.095公顷，不到世界平均水平的40%。其中，北京、上海、天津、浙江、福建和广东等6省（直辖市）的人均耕地不足0.06公顷；全国有20%以上的县区人均耕地低于联合国粮农组织（FAO）确定的0.053公顷的警戒线。耕地主要集中于东部一带，其中高产稳产的约占1/3，其余大部分为中低产土壤。水稻土面积约3067万公顷，其中低产水稻土占水稻土总面积的26%。

1.1.2.4 风沙土在各土类中面积最大

我国土壤面积排在前10位的土类是风沙土、高山草原土、红壤、高山草甸土、暗棕壤、栗钙土、高山寒漠土、灰棕漠土、水稻土、棕钙土。高山草原土与高山草甸土均不宜农用；红壤、暗棕壤既有林地，又有耕地，分别是我国亚热带常绿林与落叶阔叶林及温带针叶林与针阔混交林的重要土壤；栗钙土、灰棕漠土、棕钙土小面积为农地，大面积为草原或荒漠，其中以栗钙土为主的草原，如呼伦贝尔草原，是优良牧场；水稻土则全为耕地；风沙土主要见之于新疆及内蒙古，两区的风沙土面积约占全国风沙土面积的86%；固

定风沙土面积不大，只占两区风沙土面积的10%，其余约90%的流动与半流动风沙土日益威胁植被遭到破坏的周边地区，使沙漠化加剧。当务之急是防止破坏风沙土周围地区的植被，保护胡杨林以及各种旱生与超旱生植物。

1.1.2.5 耕地中以水稻土最多

我国水稻土面积约占全国土壤总面积的3.4%，占全国耕地总面积的22.5%。水稻土主要分布于长江中下游的江汉、江淮、滨海与江浙水网诸平原和四川盆地，其中以川、赣、湘、皖、苏等省面积最大。水稻土所产谷物（包括北方）约占全国粮食总产量的45%。

1.1.2.6 潮土、褐土、黑土等是北方商品粮产区的主要土壤

潮土在山东、河北、河南及江苏的冲积平原有广泛分布；褐土面积以山西、河北面积最大，甘肃、山东、陕西、河南也有相当面积；黑土以黑龙江、吉林面积最大，黑钙土以内蒙古及吉林面积最大，不仅是重要的农业土壤，部分黑钙土也是优良牧场；此外，红壤是面积仅次于风沙土及高山草原土的土类，广布于南方丘陵及山区，以云南、江西、湖南面积最大，主要栽培旱作及亚热带林果，也保存有较大面积的自然林地。有利于发展畜牧业的草原土壤（如栗钙土），有利于发展林业的森林土壤（如暗棕壤），以及有利于发展暖温带林果的棕壤，在我国均占有较大面积。

1.1.2.7 我国水平分布的地带性土壤约占一半

我国介于寒温带与热带的不同气候带之间，土壤明显地反映了生物气候带的特征。水平分布的地带性土壤约占土壤总面积的44%，并以红壤、暗棕壤面积最大；垂直带谱的土壤以高山草原土及高山草甸土面积最大。非地带性土壤则以风沙土及水稻土面积最大。我国地带性土壤相对集中分布，有利于从宏观上进行土壤改良利用分区和进行科学经营，并有可能以地带性土壤的有利理化特性为依托，建立我国的商品粮基地。

1.1.2.8 耕地减少、土壤退化是土壤资源综合利用存在的重大问题

目前我国土壤资源存在的主要问题：一是耕地损失巨大。由于建设占用、生态退耕、农业结构调整、自然灾毁等原因，全国耕地面积持续减少。二是土壤退化。土壤退化是当今全球紧迫性问题之一，它对人类生存及全球环境具有重大影响。我国土壤退化对资源利用、环境恶化及农、林、牧等生产影响严重。

1.1.3 土壤资源特点

（1）整体性。各种资源在生物圈中相互依存、相互制约，构成完整的资源生态系统。例如砍伐森林，必然引起土壤和地表径流的变化，加剧土壤侵蚀，对野生动物乃至局部气候也会产生一定影响。另外，一个地区的资源生态系统绝不是孤立的，一个系统的变化又不可避免地要涉及别的系统。例如，黄土高原的水土流失不仅使当地农业生产长期处于低产落后状态，而且造成黄淮海平原的洪、涝、盐、碱等灾害。

（2）有限性。地球上现有耕地18.29亿公顷。在这些土壤资源中，仅11%的土壤对农业没有严重的限制作用。由于不合理的耕作、放牧和采伐，水土流失已越来越严重；有些土壤因不合理的耕作、洪涝、盐碱等造成退化；沙漠化也在不断加剧；由工业以及农业中

过量施用化学物质而引起的土壤污染也在加重，估计近20年内世界1/3的耕地将会退化或消失。

（3）地域性。土壤资源的地域性很强。土壤资源的分布，既受地带性因素的影响，又受非地带性因素的制约，使各地的土壤资源具有特殊性。因此，土壤资源的研究、开发、利用必须遵循因地制宜的原则，重视区域土壤资源的综合研究。

（4）动态性。土壤资源从某种意义上说，是一种再生性资源。土壤圈中的物质循环和能量流动与资源生态系统的其他成分间形成复杂的结构，维持相对稳定的、动态的平衡。土壤中营养元素的循环、转化与土壤对植物生长的供应能力、过程等，都会随着所处生态系统的变化而变化。

（5）层次性。土壤资源包括的范围很广，从某种土壤的化学、物理或矿物成分等到土种，从土种、土类直到土壤圈，都可以成为利用和研究的对象。在空间范围上，它可以是一个局部地段，也可以是一个地区、一个国家甚至洲和全球。因此在进行土壤资源研究时，必须首先明确其所处的水平和等级，然后决定采用相应的信息。

（6）多用性。土壤资源具有多种功能和多种用途。对于农业部门来说，土壤是供作物、树木、牧草生长的介质；对于工业部门而言，土壤是制造砖、瓦和陶瓷的原材料，是道路和建筑物的基础；对于环保部门，土壤是污染物的最后归宿地（土壤的自净功能对消除污染有着十分重要的作用）；对于食品和医药部门，土壤是微生物的富集区，是新菌种的来源。

（7）国际性。一个国家或一个地区对自然资源开发利用所造成的后果，往往会超出一个国家的国界范围而影响到世界其他地区，因此国际间合作研究和协议日益增多。土壤资源也是如此，联合国粮农组织（FAO）与教科文组织（UNESCO）通过对世界陆地生态圈、世界土壤资源图、世界土壤宪章等研究，规定了土壤资源开发、保护与改善环境的国际政策。

1.2 土地资源的构成要素

1.2.1 土地资源的自然要素

1.2.1.1 气候要素

气候要素主要是指地球表面至1.0万~1.2万米高空以下的对流层的下部，即与地球表面产生直接水、热交换的大气层的各种统计状态（如积温、降水量等）和物理过程（升温、蒸发、焚风等）。影响土地资源特征的最主要的气候要素是光（太阳辐射）、温（热量）、水（降水）三个方面。

A 太阳辐射

太阳发射的电磁短波辐射，是地球表面土地系统中一切过程（物理的、化学的和生物的）的能量基础。我国年太阳总辐射量大多在355~1003kJ/cm^{2}以上，由于受纬度、海拔、云雾等影响，不同地区的太阳辐射量差异较大。低纬度地区略大于高纬度区，高原区高于平原区。我国西北高原区约为586~670kJ/cm^2，东部平原区约为502~544kJ/cm^2，西藏高原约为670~837kJ/cm^2，四川盆地小于418kJ/cm^2。由于地球自转和公转而产生的昼夜和四季变化，导致太阳总辐射量的年变化和日变化。

作植物体的干物质总量中有90%~95%来自光合作用。太阳的光照与作物关系密切，大多数作物生长发育需要一定的光照强度。光照强度使用日照时数表示，我国全年平均1200~3400h。日照时数的分布与太阳总辐射分布相似，由东至西，由南至北，呈由低到高的趋势。

光照长度（日长）是指一个地区从日出至日没之间可能日照的时数，日长随季节、纬度不同而变化。

光照质量指太阳辐射中紫外线、可见光和红外线等部分的比例。光照质量好，作物质量好、颜色鲜、果实大。

光热能主要是指来源于太阳的辐射能。

太阳每年投射到地球表面的总辐射能：

$$R = (Q + q)\left(a + \frac{bn}{N}\right)$$

式中 R——太阳总辐射能，kcal/(cm^2·a)（1cal=4.184J）；

Q——直接辐射能，kcal/(cm^2·a)；

q——间接辐射能，kcal/(cm^2·a)；

$a=0.248$；$b=0.752$；$a+b=1$；

n——太阳实际照射的时数；

N——太阳辐射总时数。

光合有效辐射能（Q_q）即能够直接利用来进行光合作用的波段的能量。光合有效辐射能的波长主要在0.38~0.71nm之间，大致相当于蓝绿-黄红波段。光合有效辐射能占总辐射能的5%。由光热能指标大约可以推算出植物生产量（kg/亩）：

$$Y_T = 1.255 \times 10 \times T \times f \times Q_q \times 15$$

式中 Y_T——潜能积累量（产量），kg/hm^2；

T——温度系数（当$t \leqslant 0$℃时，$T=0$；当0℃$\leqslant t<30$℃时，$T=t/30$；当$t \geqslant 30$℃时，$T=1$）；

f——光能利用率（一般按3%计，高的按5%计，极限按10%计）；

Q_q——光合有效辐射能，kcal/(cm^2·a)（约为总辐射能的5%）。

B 热量资源

衡量热量的指标：

(1) 温度。≥0℃温度，一般代表了耐寒作物的生理活性的起始温度。

(2) 积温。农业常用≥10℃积温，一般代表了喜温作物的生理活性的起始温度。如玉米、棉花，二者的积温数分别代表两种作物在当地成熟的可能性，以及一定种植制度的选择和适宜性。

(3) 无霜期（每年初霜期与终霜期之间的无霜天数）、生长期、多年极端低温平均值。

C 降水

水分是土地利用的基本自然条件之一。光、热、水因素共同决定了一个地区气候生产力的高低。地球上的水资源分大气降水和地下水两部分。根据降水变化全国从东南到西北依次可分为湿润区、半湿润区、半干旱区和干旱区。

(1) 空间变化:

400mm 等降水线：以北、以西为我国主要牧区；以南、以东为我国主要农区。

800mm 等雨量线：以北为旱作（雨养）农业；以南为水田农业。

(2) 时间变化:

1) 一年内变化：我国 4~9 月降水量可占全年降水量的 80%以上，北方一般冬春无降水；南方年降水变化率较小（10%~15%），北方 20%~30%。

2) 由于降水时间变化，往往形成水旱等灾害。平均每年受灾耕地面积为 0.3 亿公顷，占总耕地面积的 1/4，在其他类型中，旱灾占 62%，涝灾占 24%。

1.2.1.2 地学要素

地学要素主要是对研究区域内的地质、地貌规律的剖析，以及它们对土地资源的分布规律和土地利用的影响。

地学要素为区域性因素，主要是使区域内的光、温、水、土四大要素在大的气候规律控制下进行重新组合分配，从而产生不同的土地资源类型和土地利用方式。

A 地形地貌

a 海拔高度

在水热条件的再分布方面：气温随海拔升高而降低；在一定范围内，降水量随海拔升高而增多，到极大值后，则随海拔升高而降低。导致不同海拔高度生态环境变化，影响农业生产上作物布局以及耕作制度等。

在对人类活动的制约方面，由于随着海拔的上升，自然环境恶化的可能性增大，人类活动必然减少。高于 3000m 不宜人类居住；1000~3000m 人类可以居住，但环境条件较差；绝大多数人居住在海拔 500m 以下的地区。

b 地面坡度

地面坡度对农业生产的影响主要表现在土壤侵蚀、农田基本建设、交通运输、灌溉和机耕等。如坡度大需修梯田，超过 17°不宜机耕。

对建设用地的影响：地面平坦，排水良好，工程土方量少，则可节省工程建设投资；反之，则投资增大。

c 地貌类型

地貌类型是指具有相同形态特征和成因的地貌单元。按形态，地貌类型可分平原、山地、丘陵、高原和盆地五大类。不同地貌具有不同的特征（表 1-1），从而影响土地资源的类型、特性及其开发利用。

表 1-1 我国五种地貌类型比较

类型	构造	外力作用特征	地面特征
平原	沉降	沉积	平坦，偶有浅丘、孤山
盆地	上升>下降	内：沉积为主； 外：沉积或侵蚀	内：地势平坦； 外：分割为丘陵

续表 1-1

类型		构造	外力作用特征	地面特征
高原		沉积面抬升，古侵蚀面上升	剥蚀为主	古侵蚀面或沉积面部分保持平坦，其余部分崎岖
丘陵		轻度上升	流水侵蚀为主	宽谷低岭，或聚或散
山地	低山	成山较早	流水侵蚀和化学风化为主	有山脉形态，但分割较碎
	中山	成山较晚，上升量大	冻裂作用强烈，最高山上有冰川作用	尖峰峭壁，山形高峻
	高山			

B　地质

岩性及矿物组成对土地资源的影响是通过土壤和地下水产生的。它是土壤形成的母质来源，对土壤的性状有一定的控制作用，影响地下水资源的储存条件与水质，对土地类型演化具有一定的作用。

不同母质的土地资源指的是残积物、坡积物、冲积物、洪积物、湖积物、风积物、海积物。

1.2.1.3　水文及地球化学要素

A　地表水

地表水主要有河流、湖泊、冰川、沼泽等。我国河川径流总量达 2.7×10^4 亿立方米；冰川总储量为 3.0×10^4 亿立方米；天然湖泊为 8 万平方千米；沼泽为 11 万平方千米。水质从东南到西北，水矿化度逐渐增大。冰川融雪水矿化度低，是西北重要各类用水水源。地表径流影响地貌类型的形成；地表水丰缺与农业灌溉用水以及干旱、洪涝关系密切；地表径流的冲刷作用往往导致不同程度的水土流失。

B　地下水

在土地资源开发利用中，要考虑地下水的埋藏条件、含水层性质、供水、排水、水质和影响区域土地质量的相关因素：

（1）地下水类型，包括滞水（土壤水、上层滞水）、潜水、层间水。

（2）地下水的排泄与供给。滞水与大气降水和蒸发作用关系密切；潜水的主要来源是降水。

（3）地下水的水质（理化性质：多种阴阳离子）和矿化度（>3g/L 不能农用及饮用）。

（4）地下水与水土资源利用。对我国西北干旱区，利用地下水灌溉需掌握地下水的水质、水量、分布及与地表水的关系；对东部区域要摸清地下水的水盐动态规律，发挥灌溉洗盐的效益。

C　区域地球化学条件

区域地球化学是研究由于地理或地质的原因，某些地区的某些元素与地球化学统计量有差异，在土体、风化壳、潜水甚至深层地下水中富集或欠缺，进而影响该地区的生物以致人类的健康，影响土地资源的质量与开发。

地理因素影响指的是主要地带性气候和地形地貌方面，影响地下水化学类型、风化壳类型、土壤盐渍化、地方性病害（如斑釉病）等。

地质因素影响指的是影响深层地下水的化学成分（如缺硒引起的克山病）。不同的岩性山区，地下水的化学成分也与其岩石矿物质元素的种类有关。

D 地下水和地表水对土壤肥力的影响

地下水和地表水对土壤肥力（土性）有利也有害。

地表水：有利面是补给土壤用水的主要途径；不利面是若地表水过多，易产生湿害，养分也会随之淋失。

地下水：有利面为补给土壤用水，供植物吸收作用；不利面是地下水位过高，水田会形成冷浸烂泥田，旱地会产生湿害，自然土会产生沼泽化；地下水的矿化度过大，会使土壤产生次生盐渍化，破坏土性，影响作物生长。

1.2.1.4 土壤要素

A 土壤剖面理化性状

土壤层度与有效土层厚度（多指耕作层）：对大多数作物，最佳土层大于100cm，临界土层大于50cm，农作物最佳的耕作层厚度大于20~25cm。

土壤质地：砂土、砂壤土、轻壤土、中壤土、重壤土、黏土。农业上以壤土较好。

土壤有机质：肥力水平综合评价的重要指标。

可溶性盐类：Na^+、Mg^{2+}、Ca^{2+}、CO_3^{2-}、HCO_3^-、SO_4^{2-}、Cl^-。

土壤pH值：pH=7，作物生长良好；pH=5.0~7.0，多发生于南方淋溶较强的地方；pH=7.0~8.0，多数作物不受影响；pH=8.0~9.0，有些蔬菜和经济作物受一定影响；pH>9.0，一般作物难以生长。

土壤石灰质：>15%以上，成为障碍层次。

B 土壤的综合性状

土壤的综合性状包括土壤肥力（土壤有机质、土壤养分的含量和组成）、土壤水分状况（土壤水分的含量、土壤水分的排泄与补给）和土壤的适宜性。

C 我国土壤分布

土壤具有明显的地带性：纬度地带性、经度地带性和垂直地带性。在不同区域的土壤类型，由于受地方性地形、地貌、母质、水文或人为活动因素的影响而呈一定的规律的分异，称为土壤地域分异规律。

纬度地带性：地带性土类大致沿纬线（东西）方向延伸，按纬度（南北）方向逐渐变化的规律。我国从南到北的土壤分布为：砖红壤—砖红壤性红壤—红壤和黄壤—黄棕壤—棕壤—暗棕壤—漂灰土。

经度地带性：地带性土类大致沿经线（南北）方向延伸，按经度（东西）方向逐渐变化的规律。我国温带地区的土壤分布为：暗棕壤—黑土—白浆土—黑钙土—栗钙土—棕钙土—灰漠土—灰棕漠土。

土壤垂直地带性：垂直方向上，土壤类型随海拔上升（降低）而变化的规律。土壤的垂直地带性分布形成了山地不同高度的土地资源和立体农业的优势。

不同区域的土壤地域分布规律：花岗岩区土壤呈同心圆分布；河谷及其阶地的土壤呈对称分布；扇形地的土壤呈扇形分布。这种区域性的土壤分布模式反映了当地土地类型分布规律和土地利用特点。

1.2.1.5 生物要素

A 生物多样性

生物多样性是多样化的生命实体群的特征。每一级实体——基因、种群、物种、群落乃至生态系统都不止一类，亦即都存在着多样性。因此，生物多样性是所有生命系统的基本特征。它包括地球上所有植物、动物、微生物物种以及所有的生态系统以及其形成的生态过程，是一个描述自然界多样化程度的内容广泛的概念，是时间和空间的函数。

生物多样性是地球上所有生命形态的总称，其研究对象涉及小到遗传基因，大到生态系统乃至生物圈的各级生命实体。狭义生物多样性主要包含有遗传多样性、物种多样性及生态系统多样性。广义生物多样性除上述三个之外，还包括景观多样性。

（1）遗传多样性。遗传多样性是指种内的基因变化，包括种内两个隔离地理种群间及单个种群内个体间的遗传变异。这种遗传变异通常可以从三个方面来度量：1）种群基因为多型的数目和百分数；2）每个多型基因的基因数；3）每个个体中多型基因的数目和百分数。

（2）物种多样性。物种水平的生物多样性即为物种多样性。物种多样性的现状（包括受威胁状况）、物种多样性的形成、演化及维持机制等，是物种多样性的主要研究内容。

（3）生态系统多样性。生态系统多样性是指生物圈内生境、生物群落和生态过程的多样化及生态系统内生境差异、生态过程变化的多样性。其中的生境主要是指构成生态系统要素之一的无机环境，包括地形、地貌、气候、土壤及水文等。它不仅是生物群落乃至生态系统形成的基本条件，而且生境的多样性在一定程度上也影响了生态系统的多样性。生物群落的多样性则包括各种各样生存着的生物群落，各群落彼此之间多层次的相互作用及动态变化。生态过程是指生态系统的组成、结构及功能等在时间和空间尺度上的变化。

（4）景观多样性。景观多样性是指由不同类型的景观要素或生态系统构成的景观在空间结构、功能机制和时间动态方面的多样性或变异性。它反映了景观的复杂程度，包括斑块多样性、类型多样性和格局多样性。

生态系统：生态系统是特定区域中的全部生物和其环境相互作用的统一体。生态系统=非生物环境+生物群落。生态系统是在一定的时间和空间范围内，生物与生物之间、生物与非生物（温度、湿度、土壤、各种有机物和无机物等）之间，通过不断的物质循环和能量流动而相互作用、相互依存所形成的一个生态学功能单位。

生态系统的特性包括：

（1）生态学上的一个结构和功能单位，属于生态学的最高层次；

（2）内部具有自调节、自组织、自更新的能力；

（3）具能量流动、物质循环和信息传递三大功能；

（4）营养级的数目有限；

（5）是一个动态系统。

B 植被

植被是一定地区内植物群落的总体，包括森林、草地及农田栽培作物。植被对土地利用的作用主要体现在植物类型、植物生产力和生态调节等方面。

植被类型：赤道雨林、热带雨林、季风林、温带雨林、针林、硬叶林、草地生物群落、荒漠生物群落、苔原生物群落。

植被系统的生产力：全球各种生态系统每年光合作用生产出的有机物总量为 8.3×10^{10}吨；其中森林 2.83×10^{10}吨。

植被对土地系统的生态调节功能：涵养水源，保持水土；调节气候，保护环境；防风固沙，保护农田；固结土体，改善土壤理化性状。

1.2.2 土地资源经济要素分析

经济因素对土地资源的形成、演化具有十分重要的影响，它们对土地资源演化速度的作用甚至大大超过自然演化过程，如改良土地、平整土地、施肥等。

影响土地资源经济属性的要素主要有：生产力水平、市场状况、经济结构与生产力布局、区域条件、投入水平等。技术因素包括：科技发展水平、生产管理水平、技术培训与维护、物质技术条件等。

1.2.2.1 土地资源的区位特性

A 区位

陆地上某一地块的空间几何位置，及各种土地自然要素与社会经济要素之间相互作用所形成的整体组合效益在空间位置上的反映，即土地区位。土地区位是自然要素区位、经济区位和交通区位在空间地域上有机组合的具体表现。

土地自然区位：即土地的自然地理位置。

土地经济区位：指土地在人类社会经济活动过程中所表现的人地关系和社会物化劳动投入。

土地交通区位：指区域土地或某地段与交通线路和设施的关系，具体由距离、耗时和费用三方面来反映。

B 区位理论

区位理论作为研究在一定社会活动和经济活动中事物的地位、作用、空间分布规律和内在联系的理论，广泛用于工业、农业、城市的区位研究中。作为自然、经济的综合体，土地是区位理论的最佳研究对象之一。

1.2.2.2 土地经济生产力和土地报酬递减律

土地自然生产潜力：指充分考虑气候、土壤、地形、水文地质等要素对植物产量影响后得到的土地生产潜力。

土地经济生产潜力：在自然潜力的基础上，由人工控制因素对植物产量的影响而得到的植物第一性生产力。影响因素包括灌溉、排水、土壤改良、作物栽培技术、化肥、农药、有机肥等物质投入、作物品种改良及其优化组合以及田间经营管理水平。

因素限制定律：土地生产力受最小影响因素所支配。

土地报酬递减律：由于受土地生产力的因素限制律的作用，在技术和其他条件不变的前提下，人们在同一地块上连续投入劳动和资本，当达到一定限度时，其增加收益就会有递减的现象。或对土地的利用达到一定深度和广度时，人们就会发现土地报酬的变动存在着一定的规律性——土地报酬递减。

1.3 土地资源的基本属性

土地资源包含自然属性和社会经济属性，是一个双重性的、综合性的自然-经济-地理概念。

1.3.1 自然属性

土地资源的自然属性指土地本身固有的内在属性，是由构成土地的诸要素，如岩石、坡度、海拔、土壤质地、地表形态、有效土层厚度、盐渍化程度、水文状况、植被等长期相互作用、相互制约而赋予土地的特性。这种特性直接影响土地的适宜性和限制性，是衡量土地质量等级的重要依据。

土地的自然属性包括：

（1）土地资源是自然的产物。土地资源是大自然的产物，是自然恩赐于人类的，早在人类诞生前就已存在，而不像其他生产资料那样是劳动的产物。人能创造其他财富，却不能创造土地，但人类可以改良土地或破坏土地。

（2）土地位置的固定性。土地是不能移动的，具有位置的固定性，这是土地区别于其他各种资源或商品的重要标志。尽管从严格意义上讲，地球表层也存在因各种自然原因而产生的移动变化，但对于整个地球和人类大生产活动来说实在是微不足道的，既没有实质意义，也不能从根本上改变土地位置的固定性的特性。土地位置的固定性，既给人类提供了利用各种土地的可能性和生存发展的基础，也限制了人类利用土地的区域性。

（3）土地的不可替代性。地表上绝对找不出两块完全相同的土地。任何一块土地都是独一无二的，故又称为土地性能的独特性或差异性，其原因在于土地位置的固定性及自然、人文环境条件的差异性。即使是位于同一位置相互毗邻的两块土地，由于地形、植被及风景等因素的影响，也不可能完全相互替代。由于土地的不可替代性，导致了土地价值和价格的差异、土地实用性和利用成本的差异，它时时警示人类珍惜并科学合理地利用每一块土地。

（4）土地面积的有限性。由于受到地球表面陆地部分的空间限制，土地的面积是有限的。人类只能改变土地的地形地貌，改善或改良土地的生产性能，但不能增加土地的总量。人类围湖或填海造地等，这只是对地球表层土地形态或用途的改变。所以，人类必须充分、合理地利用全部土地，努力提高土地的产出效益，以有限的土地创造更多的物质财富，满足人类日益增长的物质需求。

（5）土地利用的可持续性。土地利用的可持续性有两层含义：作为自然的产物，它与地球共存亡，具有永不消失性；作为人类的活动场所和生产资料，只要按照自然规律，科学合理地利用土地，不断改良和增加地力，土地就可以持续利用并不断提高产出率，但土地的这种永续利用是相对的，如果人类不能科学合理地开发利用土地，就会造成土地生态系统的破坏，使土壤肥力和土地生产能力下降，受到大自然的惩罚。

1.3.2 社会经济属性

土地资源的社会经济属性是指人们在利用土地的过程中，能给利用者带来经济效益、社会效益，或其本身具有未来经济效益和社会效益的功能。土地资源的社会经济属性反映了土地的社会关系，它可以归纳为两大类：一类是基于土地的经济利益而发生的社会关系，具体表现为土地所有关系以及土地所有关系派生的土地使用关系；另一类是基于国家对土地资源的保护而产生的社会关系，具体表现为国家直接对土地资源保护而产生的土地管理关系，以及国家通过对土地财产转移的管理（如土地市场管理），间接实现对土地资源的保护而产生的土地管理关系。

土地的社会经济属性包括：

（1）土地经济供给的稀缺性。经济学上的稀缺是指有限，它包含两层含义：一是指土地供给总量与土地需求总量的矛盾，即能为人们所利用，从事各种活动的土地总面积是有限的；二是在某些地区（城镇地区和经济发达、人口密集地区），某种用途的土地面积是有限的，往往不能满足人们对各类用地的需求。由于土地稀缺性日益增强，土地供求矛盾的日益尖锐化，导致一系列土地经济问题的产生。土地供给稀缺性，是引起土地所有权垄断和土地经营垄断的基本前提。由于土地供给稀缺，在土地私有并可以自由买卖或出租的条件下，容易出现地租、地价猛涨，土地投机泛滥等现象。

（2）土地用途的多样性。对一种土地的利用，常常产生两个及以上用途的竞争，并可能从一种用途转换到另一种用途。特别是好的土地，如耕地，既可以农用，又可以转变为建设用地。然而一旦农地转为建设用地，其用途将很难逆转。因此，这就要求人们在利用土地时，考虑土地的最有效利用原则，使土地的用途和规模等均为最佳；同时还要综合考虑土地的生态价值和社会价值等。

（3）土地的增值性。一般商品的使用，随着时间的推移总是不断地折旧直至报废，而土地则不同，土地的价格会不断攀升。一方面，随着社会生产力的发展，以及人口的不断增长，人们对土地的需求也将与日俱增，而土地总量是有限的，土地供需矛盾的加剧会引起土地价格的上涨；另一方面，由于土地经营者对土地的投资、土地周围设施的完善，土地不仅不会折旧，反而还可以反复使用和永续利用，并随着人类劳动的连续投入而不断发挥它的性能，实现其自然增值。

（4）土地报酬递减的可能性。土地经营中，一般情况下会随着投入增加而报酬（收入）增大，但是当技术不变，在单位面积土地上投入物化劳动达到一定程度时，边际报酬（收入）就会下降，平均报酬（收入）也会随之下降。这就要求人们在利用土地增加收入时，必须寻找在一定技术、经济条件投入下的适合度，确定适当的投资机构，并不断改进技术，以便提高土地利用的经济效益，防止出现土地报酬递减的现象。

（5）土地利用的外部性。任何土地利用都会对周围环境产生作用和影响。每块土地利用的后果，不仅影响本区域的自然生态环境和经济效益，而且必然影响临近地区，甚至影响整个国家和社会的生态和社会效益，产生巨大的社会后果。这种影响可能是有益的，也可能是有害的。例如，农地的利用可以解决农民就业问题，同时还能带来优美的环境和良好的生态功能；而流域上游土地滥垦滥伐，会造成水土流失，往往引起下游河流湖泊的泥沙淤积，调控蓄洪能力下降，出现洪涝灾害。因此，政府部门要以社会代表的身份行使征用权和管理权，对全部土地的利用进行宏观的管理、监督和调控。

（6）土地的产权特性。土地价值是土地实体价值、权益价值和区位价值的总和，其中，不同权益的附加是造成土地价值巨大差异的重要原因，土地的价值更多地取决于土地上附加的权益。如土地所有权价值高于土地使用权价值。

（7）土地利用方向变更的困难性。任何一块土地都可能有多种用途，可生产多种产品，但改变一块土地的原有用途，在一定条件下却是相当困难的。不用说建筑用地变成农用地的困难，就是农业用地用途变更也是相当困难的。比如，农产品的价格因国内外供求关系等因素而产生明显升降时，农业生产者很难及时调整种植面积和产量。因为，不同的作物有不同的生产季节，要求不同的土质、气候条件，往往很难改变；不同作物对资金、技术装备的要求也不同，变更会受到生产单位的经济力量的影响；而不同的生产者的生产技术也会影响生产水平。这一特性要求人们在规划利用土地时，必须科学慎重地决策，选择最恰当的利用方式去利用土地。

1.4 人类社会活动对土壤资源产生的不良影响

地球上的岩石圈经过数亿年发育形成原始土体之后，随着绿色植物覆盖着地球，有了森林资源才不断出现各类动物和微生物。人类则迟至三四百万年前才出现在地球上。人类在地球上诞生以后，就依靠森林进行摘果围猎为生。大约距今 8000 年前，人类进入原始社会末期，人类的生活资料才逐步向原始社会过渡。从原始的耕作方式的出现至近代的农林业耕作生产方式，尤其是工业化快速发展以来，对陆地土壤资源所产生的不良影响都在加剧。

1.4.1 刀耕火种和毁林耕作对土壤资源产生的影响

炎黄子孙的发源地中原地区，原是森林茂密、土地肥沃，由于长期人口聚居，经历了数千年刀耕火种的原始耕作时期，把中原地区和西部一带的原始森林几乎砍光之后引发了水土流失，使这里黄土裸露，长年河水变黄。几千年来“黄土高原”和“黄河”因此而得名。美国巴尔尼博士看到黄河流着泥沙认为：“黄河流动的不是泥沙，而是中华民族的血液。”他又接着说：“这不是微血管破裂，而是主动脉出血。”

随着中原地带人口剧增，促使大量人口南迁北移，刀耕火种毁林开垦的原始农耕方式的不断扩大，促使水土流失面积不断加大。据有关部门调查统计，截至 20 世纪末，仅我国水土流失面积就达 150 万平方千米，不仅流失大量沙土，每年从土壤中流失的养分达 50 万吨以上，相当于年浪费 4~5 千万吨化肥。

1.4.2 森林火灾和农林业生产经营制度与技术措施不当对土壤生态系统的危害

随着人类社会活动的不断加剧，全世界每年发生森林火灾约 20 多万次。据我国建国初期 25 年的统计，因发生森林火灾被毁森林达 866 万公顷，占同期造林保存的 30%以上。最为突出的是 1987 年 5 月 6 日大兴安岭发生的那一场举世震惊的森林大火，动员了 25000 多人连续 7 昼夜的扑救，由于火势过猛，过火面积 101 万公顷，其中有林地面积 70 万公顷。一场森林火灾，不仅森林惨遭火劫，土壤表层经几百年甚至上千年积累的腐殖质层和土壤中的微生物全被化为灰烬。森林遭火劫之后，地表裸露，随之而来的是水土流失。

长期以来，广大山区群众人工造林时普遍采用炼山这种用来彻底清理采伐迹地的营林措施和手段，没有意识到炼山后使土壤有机质和氮素遭受损失，水土流失加剧，土壤生态逐步恶化。根据福建农林大学杉木研究所在尤溪县的调查，“炼山”初期，杉森幼林地的年径流量损失达 2743cm^3/hm^2，年土壤流失量达 24.8t/hm^2，年有机质流失量达 489.4kg/hm^2，年无机盐流失量达 317.8kg/hm^2。

更要引起重视的是，山区各级政府大力倡导、鼓励开发山地发展各类“名、特、优”产品，却忽略了对土壤生态环境的保护。例如，采取大面积边片进行陡坡开垦，滥垦乱伐破坏植被，果园建园经营粗放，地表裸露，水土流失严重，加之长期以来滥施化肥、滥用农药，造成土壤水质污染。

1.4.3 采矿废渣对土壤生态的影响

据史料记载，我国早在 2700 多年前即开始铜矿的采矿冶炼。随着人类社会的发展，各类采矿活动不断加剧。在采矿过程中所破坏的未经处理无法使用的土地主要有：（1）剥离表土或开采的岩石碎块及低品位矿石所堆积的废石堆、废物地；（2）矿体采光后留下的采空区和塌陷区所形成的采矿坑废弃地；（3）开采的矿石经过选出精矿后产生尾矿堆积的尾矿废弃地；（4）采矿作业面，以及各种设备、建筑物和道路等占有的土地。

从 20 世纪中期以来采矿加速经济发展，但是为了采掘矿山而砍伐林木，废石、尾矿的堆放地也无情地占压和破坏森林植被和土壤资源。据报道：至 20 世纪以来，美国的一些开采活动留下了数百万公顷贫瘠的土地，仅采表土就破坏了 176 万公顷；我国矿区废弃地占用的土地面积已达 200 万公顷以上，其中相当一部分是良田沃土。而且，目前由于采矿而废弃的土地面积仍以每年 3.3 万公顷的速度发展，进一步加剧了我国人多地少的矛盾。而且，矿区堆放的废弃物中大多含有各种污染成分，如超标的重金属含量和用于选矿而残留在尾矿中的剧毒氰化物等。这些污染物体随着水土流失而污染水源，渗入土壤，严重影响农作物生产和人体健康。

1.4.4 工业企业污染对土壤资源的危害

随着现代工业化高速发展，工业污染物的排放已大大地超过土地的环境承载力。空气污染物有的随着雨水落地渗入土壤；有的直接造成水质污染。当土壤受到工业污染物的污染，污染物就滞留在土壤里，污染到哪里就会扎根在哪里。工业企业排放污染物中的重金属，影响植物各种代谢途径，抑制植物对营养物质的吸收及根系的生长，有的直接造成农作物颗粒无收；有的通过生长在土壤的农作物，把污染物从田间地头搬运到餐桌上进入人体。例如重金属中的镉（Cd）在自然界中主要以硫化物形式存在于闪锌矿中，镉对环境的影响主要是对土壤的污染。据报道，最早的镉污染案例发生在日本富山县神通川流域，上游建有一座炼锌厂，下游农田灌溉的水源被这座炼锌厂的废水污染，生产的水稻中含有大量镉，镉通过食物链在人体富集，生活在这里的人们全身发生神经痛、骨痛，被称为“痛痛病”。据医疗专家称，这种病目前尚无特效治疗方法。而进入人体内的镉至目前尚未找到安全有效的排除方法。

据《全国土壤污染状况调查公报》显示，我国的西南、中南地区土壤重金属超标范围较大，镉、汞、砷、铅四种无机污染物含量分布呈现从西北到东南、从东北到西南逐渐升高的态势。面对日益恶化的土壤污染问题，各级政府必须采取有效措施，治不宜迟。

1.5 人口、经济发展与土地资源的关系

1.5.1 人口与土地资源的关系

土地是由地貌、土壤、水文、气候、植被组成的自然综合体，它是一切财富产生的基础，也是一切生产资料和食物供应的基础，是人类赖以生存的基本条件。土地资源既是农业生产资料和劳动对象，也是城镇建设、工业化所必需的原始生产、生活资料。人类是一切经济、社会活动的主体，人类所需的食物是由土地资源所承载的农产品提供的，所以人类的数量与土地资源能够承载的能力有紧密的联系。这便引出了人口容量的概念，人口容量可以分为经济人口容量和资源人口容量。经济人口容量是指在一定的社会经济、生产水平下，生产资料所能承载的劳动人口数量；资源人口容量是指在一定的生产力和生产技术水平下，自然资源所能承载的人口数量。土地人口容量是各种资源人口容量中的一种，它是指某一国家或地区，在特定生活水平、生活方式与土地资源利用水平与方式下，这一国家或地区所能容纳的人口数量。人口与土地资源的关系本质就是要求土地资源在开发利用的过程中，土地资源能够持续、稳定地供养一定数量的人口，也就是要求土地资源、人口两者协调发展，使总人口的增长不超过土地资源承载的生活消费资料和生产资料的增长。

1.5.2 城市经济发展与土地资源的关系

土地资源是城市一切经济活动的载体，对土地资源的利用结构直接影响城市经济的健康发展。城市经济发展与土地开发利用有直接的关系。城镇化的发展、城乡统筹建设、房地产业的发展等，都与土地资源息息相关。除此之外城市经济的增长要求要有充足的劳动力、生产所用的原材料，这也是以土地资源为载体的，首先，充足劳动力的存在要求有充足的生活资料，也就是要求土地资源所承载的农产品的供应要充足；其次，农业产业、矿产资源、森林资源等是生产活动的原材料来源，它们无一不与土地资源直接联系。

1.5.3 农村经济发展与土地资源的关系

农业经济是国民经济的基础，农村经济发展的核心内容是农业经济的发展，我国是一个农业大国，土地资源的重要战略地位更加显著。我国农村的土地资源主要分为农用土地、“农转非”土地和农村建设用地这三种类型。其中，农用土地直接支撑着我国农业经济的发展，支撑着我国农产品的供应，提供粮食安全保障，并关系到农民增收的问题。虽然现在农民的收入不再单单依靠农产品的收入，但农业收入在农民总收入中仍然占很大的比例。农村经济的发展离不开农村基础设施的建设，对农村宅基地的合理使用，可以提高土地资源的利用效率，这不仅能改善农民的生活环境，同时也有利于农村经济的发展，促进社会主义新农村建设。

1.5.4 我国人地关系的矛盾

在近代，特别是工业革命之后，随着科学技术水平的快速提高，人类对自然界的认识逐渐加深，对自然界的改造大规模兴起。人类对土地资源开发利用的不合理，导致了土地

利用的非持续性问题。为了经济的快速增长，人类走上了高消耗、低增长的道路，使得资源短缺、环境污染加剧。特别是在广大发展中国家，由于人口的激增和经济快速发展带来的城市化导致城镇建设占用和破坏土地资源的情况日趋严重。随着大量工业废水、废气、废渣的排放，农业生产中使用的化肥、地膜、农药以及人类生活、生产垃圾的倾倒给土地资源特别是耕地资源带来了巨大的污染，矿产资源的开发破坏了土表与周围环境，废弃的矿渣也占用了大量的土地。

我国人地关系的矛盾突出表现为：耕地快速减少，由 20 世纪末期的 1.3 亿公顷减少到 21 世纪初期的 1.22 亿公顷；对土地资源掠夺式的开发导致了土地资源的质量严重下降，如土地资源的盐渍化、荒漠化和地面塌陷等。综合我国人地关系的矛盾，将其归纳为四个方面：人口激增与土地资源的不和谐、城市经济发展与土地资源的不和谐、农村宅基地与土地资源的不和谐、自然灾害特别是人为自然灾害与土地资源的不和谐。

1.5.4.1 人口激增与土地资源的矛盾

在“人口-资源-环境”系统中，土地资源处于基础地位，土地资源是人类社会经济发展的基本保障。随着人类科学技术水平的不断提高，人类的生产水平和生活水平也得到不断的改善，人类的寿命得到了延长，而新增人口也以几何速度增长。我国人口基数巨大，目前正以每年 0.334%左右的速度增长。据相关研究机构预计：到 2025 年，我国总人口数将达到 15 亿人左右，而人均土地资源仅为世界平均水平的 1/3 还不到，这将是对我国土地资源承载力的一大挑战。我国的人口数量在全世界所有国家中居首位。长期以来，我国人口对土地资源的压力一直十分沉重，人口数量的快速增长，对我国环境和资源的压力日益凸显，从而导致了我国土地资源开发利用过度，自然生态系统被严重破坏，生态平衡问题突出。由于我国人口数量的激增，生产、生活范围不断扩大，大量的森林、草原被吞噬，自然环境遭受到了严重的污染和破坏，特别是人口的增长对土地资源承载能力形成巨大压力。

人口的激增对我国耕地资源的压力尤为沉重，2016 年我国耕地面积为 134.9 万平方千米，人均耕地面积 0.098hm^2，不足世界人均耕地的一半。而更为严重的是，我国人口每年以 15‰左右的速度在增长，而耕地却以每年 2.0‰左右的速度在减少。据资料显示，我国的耕地资源面积在改革开放以前总体上呈增加的趋势，但自改革开放以来，耕地面积由于各种原因持续减少。以 2016 年为例，全国因建设占用、灾毁、生态退耕、农业结构调整等减少耕地面积 34.50 万公顷，通过土地整治、农业结构调整等增加耕地面积 26.81 万公顷，年内净减少耕地面积 7.69 万公顷。我国土地资源受人口发展的压力，长期处在严重超负荷利用状态，让人更感担忧的是我国后备耕地不足 0.7 亿公顷，且后备耕地中多为土地质量差、干旱、不易开垦的土地。据相关统计，我国的易耕后备土地资源不足 1000 万公顷，主要集中在我国的东北湿润、半湿润地区和西北干旱、半干旱地区，自然环境恶劣，这些地区人口虽然相对较少，但大部分地区干旱少雨，且主要集中在山区，给土地的开发利用带来了很大的难度。而耕地为人类生存与发展提供 80%以上的能量和 75%以上的蛋白质，所以对耕地资源的利用直接影响耕地资源的粮食生产能力，同时直接影响土地资源的人口承载能力。

人口的数量及其激增速度与生产资料、生活资料的关系，是人类与自然各种关系的基础。土地资源所能承载的生产资料、生活资料的数量决定着人类是否可以继续生存与发展。随着人口数量的激增，人类必将需要更多的土地资源来满足经济、社会发展的需要，特别是城镇化建设导致建设用地向农用地扩张。如果人口增长过快，导致人口数量的增长比例超过了土地资源所能承载的物质资源增长的比例，人口就将抑制人类、社会、经济的发展，甚至威胁到人类自身的生存。其中耕地资源受到的威胁最大。人口的激增速度与耕地资源的生产能力如果不相协调，人口就将阻碍社会生产力、社会经济的发展；相反，如果人口数量的增加速度与耕地资源的承载能力相互协调，人口的发展就将促进社会生产力和社会经济的快速发展。所以，如何处理人口与土地资源的相互关系是经济发展过程中亟待解决的重要问题。

1.5.4.2　城市经济发展与土地资源的矛盾

随着社会经济与城镇化进程的不断发展，城市的规模也在不断扩大。20 世纪 90 年代以来，我国进入了城市化的高速发展时期，到 2016 年我国城市人口数量达到了 7.93 亿人，城市化程度约为 57.35%。据相关机构预测，到 2050 年，我国城市化水平将达到 70%，预计将有 5 亿的农村剩余劳动力进入城市，成为城市人口。按照每个城镇人口占地 $100m^2$ 计算，这新增的 5 亿城市人口，需要 5 万平方千米，也就是说，要供这 5 亿新增人口生产、生活所必需物质资料和空间，需要 7500 万亩土地予以承载。城市人口的增加将必然导致城市规模的扩张，城镇用地面积将不可避免地大面积扩大。城市建设用地的扩张，是城市化的显著特征。城市周边的土地，特别是农用地被占用是不可避免的。我国耕地每年以 40 万公顷速度减少的原因之一就是城市建设用地的占用。农用地特别是耕地的不断减少势必会给我国的社会、经济发展带来巨大的隐患。

城市化进程在带来经济快速发展的同时，也给土地资源带来了巨大的压力，当前城市化进程中对土地资源开发利用中存在的问题有以下几个方面：

（1）城市建设时对土地资源开发利用的监管不力，导致城市用地规模失控。以北京、上海、天津、广州、成都、武汉等城市为调查对象，其城市用地规模平均增长率超过了 50%，城市建设用地的增长速度远远超过了城市人口增长速度。有些地方在城市化快速发展过程中实行“摊大饼”式的发展模式，导致城市用地失控。

（2）城市规划不合理，城市用地结构及布局不合理，导致城市土地资源的利用、集约率低下，生态环境差。

（3）我国城市土地管理机制不完善，城市存量土地闲置情况严重。我国土地资源开发、利用、管理方面的法律法规还不完善，相关法律法规之间的配套衔接还存在一定的问题，导致在土地资源管理手段上比较单一，土地资源市场不健全，土地资源闲置情况严重。据相关机构调查，我国城市建设用地中有 4%~5%处于闲置状态。

1.5.4.3　农村宅基地与土地资源的矛盾

随着社会经济的发展，特别是我国改革开放 40 年以来，我国农村的变化可谓天翻地覆，农业得到了长足的发展，农民的收入水平得到了大幅度提高，农民的生活条件也越来越好，特别是农村的基础设施和居住条件也得到了逐渐的改善，农民人均住宅面积比以往扩大了很多，但由此也引发了很多问题，农村宅基地的问题就是其中最主要的问题。农村宅基地是指农村居民为维持其正常的生产和生活，用于建设住房以及其他相关配套建筑设施的土地。它既包括农村居民住宅用地，也包括相应的基础配套设施用地，如养殖场所用地等，农村宅基地的所有性质为集体所有。

随着经济的快速增长，农民收入的增加，农村居民对其居住条件的要求也越来越高，再加上国家大力加强农村基础设施的建设，对农民自建住房有一定的扶持政策，使得宅基地的需求量越来越大。与此同时，我国相关管理体制还不完善，不能跟上农村用地的快速变化，再加上地方政府对农村宅基地的管理不到位，导致宅基地在使用中存在诸多问题。按照国家统一规划，我国2000年农村居民点用地规模应为1366.67万公顷，但现实的情况是，早在20世纪末，我国农村居民点用地规模比计划规模多出了246.66万公顷，全国农村居民人均用地面积高达191m^2，超过国家统一标准41m^2。

我国农村住宅的人均用地面积过高，且呈逐年增长势态。农村宅基地土地利用率不高，大多数住宅以平房为主，宅基地超标严重，一户多宅，居民住宅占用耕地现象和空心村现象严重。此外，由于我国农村居民住宅地大多分散，农村基础设施建设困难，浪费了大量土地资源，特别是耕地资源。目前，我国农村宅基地的问题主要有以下几个方面：

（1）宅基地面积扩大，但宅基地容积率过低。长期以来，我国实施的宅基地政策是村集体无偿将集体所有的土地划拨给本村村民作为修建住宅的用地。再加上我国在农村宅基地相关的法律法规还不健全，体系不完善，地方政府对宅基地管理上缺乏正确的引导和相应的管理措施，导致农民在占用宅基地建房时超过国家规定的宅基地面积标准，甚至出现了一户多房的现象，未经土地管理部门的批准擅自占地建房的情况也时有发生。特别是近几年，虽然农村宅基地面积不断扩大，但农村宅基地的容积率却无明显提高。这是由于在我国农村，农民在修建自己住宅时土地利用率不高，从20世纪末到21世纪初期，我国农村宅基地的容积率由原来的0.236增加到0.268，也就是说我国农村宅基地与独栋别墅的容积率相差无几。（注：农村住宅容积率=人均农村住宅面积/人均农村宅基地面积。）

（2）农村宅基地被大量闲置，引发“空心村”问题。随着我国社会经济的快速发展，大量农村闲置劳动力进城务工，农民收入不断增加，一些先富裕起来的农村务工人员，大多会在城市购置住房，而原先在农村的住宅就被闲置了下来，长期无人居住。但由于这部分人员的户籍仍在农村，按照我国相关土地政策，他们依法可以保留其在农村所有的宅基地，村集体无权对其收回，更不可能进行复耕，大量的宅基地也就因此被闲置了下来。这种情况在城市郊区的农村尤为突出，大量的农村劳动力进城务工并在城市居住，导致城市郊区出现了大量的“空心村”。据相关学者调查，我国农村存在闲置甚至荒废的宅基地占宅基地总量的20%左右，数量巨大。

（3）新增宅基地与耕地资源的矛盾。改革开放后，我国在农村推行家庭联产承包责任制以及大量农村闲置人员进城务工，农民收入不断提高，对于住宅的要求也就相应提高，再加上当地政府相关的规划和管理、控制措施没有跟上，导致农村村庄无序发展，使宅基地与耕地资源的矛盾日益突出。在不提高农村住宅容积率的情况下，人均住房面积增加只能靠宅基地的不断扩大，这必然导致我国农用地的减少，其中耕地资源受到的威胁最大，由于耕地一般紧邻农村村民的住宅，地势相对平坦，新增的宅基地多数占用的是耕地资源，给我国本已十分紧张的耕地资源带来了更大的压力。

（4）自然灾害与土地资源的矛盾。随着人类科学技术水平的不断提高，人类对自然灾害的预警、防御、处置能力相应得到增强。但是，面对自然灾难，人类能力的有限性至今仍是不争的现实。自然灾害分为两种：一种是完全由自然力作用的结果，如地震、风暴潮、火山爆发、海啸、森林自燃等；另一种则是由人类对自然资源的无度开发利用，对自然环境的恣意破坏，对自然掠夺和破坏的结果导致，又称人为自然灾害如气候异常、生态失衡、地面下沉、水土流失、土壤沙化等。在联合国《减少灾难的危险》（Global Report on Disaster Risk Reduction）报告中指出，在过去的 20 年中，全球有近 150 万人死于自然灾害，每天平均有 184 人死于自然灾害。自然灾害在给人类的生命带来威胁的同时，对于自然环境亦有严重的破坏，尤其是地震灾害以其瞬间突发性、巨大的摧毁力、破坏范围广、次生灾害多和难以预防等特点，居自然灾害之首。虽然地震灾害是纯自然灾害，它在给人类带来毁灭性灾难的同时，也给当地的土地资源带来了严重的破坏，甚至是毁坏，但灾后土地资源的整理工作，却需要人类有组织、有计划的施行。

2008 年 5 月 12 日发生的汶川 8.0 级地震，震区内数百年的建设成就顷刻间毁于一旦，69225 人遇难，84 个灾区的土地资源都存在着不同程度的损毁。对土地资源整理、规划工作的开展，直接影响到灾后重建工作。有的灾区可以就地重建，这就需要对土地资源进行灾后整理工作；有的灾区已不再适合人类居住，这就需要对当地灾民进行转移，开始异地重建工作，这就涉及对土地资源的占用问题。如何合理开发利用土地资源进行灾后重建工作，无疑是摆在政府和众多学者面前的新课题。

人为的自然灾害对土地资源的破坏主要是由人类对自然资源过度的开发利用引起的，如：人类对地下水资源的过度开采导致地面下沉；对森林大面积砍伐导致水土流失；对草原植被大肆开垦导致土壤沙漠化等。如何对被人为自然灾害破坏的土地资源进行整理、恢复；合理控制对土地资源的开发利用，避免次生灾害的发生；在发展社会经济的同时保护生态环境，实现土地资源的可持续利用，是当前我国迫切需要解决的问题。

思 考 题

1-1　什么是农业土地资源？

1-2　土壤资源的基本特点是什么？

1-3　土地资源的自然要素有哪些？

1-4　地下水和地表水对土壤肥力有哪些影响？

1-5　土地资源的基本属性是什么？

1-6　请叙述人类社会活动对土壤资源产生哪些不良影响。

2 土地资源的开发与利用

人类利用土地获取物质和能量的所有活动，都可以称为土地利用。对土地利用存在广义和狭义两种解释。广义的土地利用包括土地资源的利用和配置两个方面的内容，认为“土地利用是指人们为了达到经济和社会发展目的，采用一定的技术措施对土地资源进行利用以满足自身需要的过程，它是对某一国家、某一地区、某一单位之土地，在社会需要的不同方面，在国民经济各个不同部门和各个不同项目上的分配和使用”。狭义的土地利用专指直接利用土地的行为，是“人类通过与土地结合获得物质产品和服务的经济活动过程，这一过程是人类与土地进行的物质、能量和价值、信息的交流、转换过程”。在本章中，“土地利用”一词使用的是其广义的含义。

土地资源利用的类型按照土地用途及利用方式可以粗略地分为农业用地和城市用地两类。农业用地主要用于农业生产，主要分布在农村；而城市用地则用于城市的建设，如进行房地产开发利用。

土地资源的利用具有以下的特点：（1）利用的分散性。由于土地的地理位置是固定的，对土地的利用只能相对个别地进行，使其具有分散性。（2）报酬的递减性。在技术水平不变的情况下，对土地投入超过一定限度，会形成报酬递减的后果，这就要求人们在保持对土地投资一定量的同时，还要不断进行技术创新。（3）后果的社会性。土地具有两重性，一方面土地是人类社会生产活动的物质基础，人们需要开发土地获取物质和能量；另一方面土地是人类赖以生存的生态环境，没有土地，人类就会失去生存的条件和栖息场所。因此，对某一块土地的利用虽然是利用人个体出于为了满足自己的目的而实施，但其利用后果同时也影响了人类的生态环境，具有社会性。

当前和今后一个时期，我国土地利用具有不少有利条件。从国际背景看，经济全球化、科技革命和产业结构升级，有利于我国转变经济发展方式；从国内环境看，科学发展观的深入贯彻落实，新时代社会主义市场经济体制改革的不断深入，民主法治和政治文明的不断发展，国家综合实力的不断增强，有利于促进土地利用和管理方式的转变。特别是党的十九大为新时期解决耕地保护、节约集约用地、统筹区域协调发展等战略问题指明了方向。

2.1 土地资源利用现状

《土地利用现状调查技术规程》依据土地的用途、利用方式和覆盖特征等，将土地分为：耕地、林地、园地、牧草地、其他农用地、居民点及独立工矿用地、交通运输用地、水利设施用地、未利用地。我国国土的陆地总面积约为 960 万平方千米，2016 年全国土地利用结构情况如图 2-1 所示。目前，我国土地资源开发利用中存在的一系列问题使得我国土地资源无论是数量上还是质量上都面临诸多威胁。

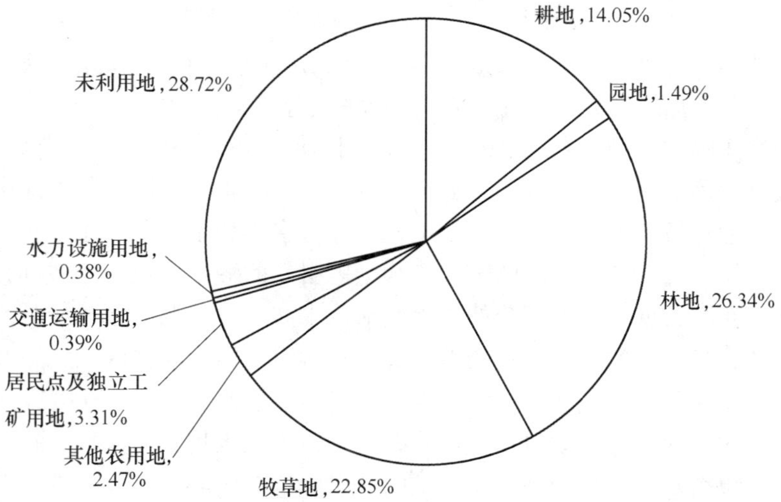

图 2-1 2016 年全国土地利用结构

第一，土地资源开发利用引发的生态环境问题日益严重。在地球生态环境中，土地因素的恶化最为严重，过度砍伐森林和对土地的超负荷利用，使全球都在面临土地沙化、水土流失和地力减退等生态环境问题。土地生态环境正面临着恶化范围不断扩大、程度加剧、危害加剧的局面，具体表现在水土流失和盐碱化严重、草地和森林不断退化、湿地萎缩、生物多样性遭到破坏等。目前，我国沙漠化的土地面积已达到 173 万平方千米，占整个国土面积的 18.13%，每年造成的直接经济损失高达 500 多亿元；水土流失面积达 367 万平方千米，占国土面积的 37.08%，需要治理的水土流失面积达 200 多万平方千米；盐碱化土地面积约 90 万平方千米，占国土面积的 9.38%；土地荒漠化的速度也远远超过治理的速度，全国荒漠化土地面积仍以每年 2469km^2 的速度增长。

第二，土地粗放利用，浪费土地的现象严重，违法违规现象屡禁不禁。建设用地粗放浪费较为突出。据调查，全国城镇规划范围内共有闲置、空闲和批而未供的土地近 400 万亩。全国工业项目用地容积率 0.3~0.6，工业用地平均产出率远低于发达国家水平。局部地区土地退化和破坏严重。2005 年全国水土流失面积达 35600 万公顷，退化、沙化、碱化草地面积达 13500 万公顷。违规违法用地现象屡禁不止。2007 年开展的全国土地执法“百日行动”清查结果显示，全国“以租代征”涉及用地 33 万亩，违规新设和扩大各类开发区涉及用地 91 万亩，未批先用涉及土地面积 225 万亩。

第三，耕地数量急剧减少。耕地减少的原因在农业内部是由于产业结构调整和灾害损毁所致。另一类则是非农业建设占地所造成的耕地永久性流失，特别是很多开发建设带有很大的盲目性，造成农民失地严重，比如盲目圈地建设开发区，农村宅基地严重超标等。根据 2018 年 5 月国家自然资源部公布的《中国土地矿产资源统计公报》，2016 年我国共有农用地 64512.66 万公顷，其中耕地 13492.10 万公顷，园地 1426.63 万公顷，林地 25290.81 万公顷，牧草地 21935.92 万公顷；建设用地 3909.51 万公顷，其中城镇村及工矿用地 3179.47 万公顷。2016 年，全国因建设占用、灾毁、生态退耕、农业结构调整等减少耕地面积 34.50 万公顷，通过土地整治、农业结构调整等增加耕地面积 26.81 万公顷，年内净减少耕地面积 7.69 万公顷。

第四，土地污染与破坏未得到有效控制。土地污染的污染源主要来自工业、生活、农业和交通。在工业方面，特别是近年来乡镇企业的蓬勃发展，由于其分布广、资金技术缺乏，大量污染物质随“三废”排入河流、农田。目前，我国每年废水的排放量均在 700 亿吨以上；一般工业固体废物年贮存量超过 6.26 亿吨，大量污染和占用土地资源，还有堆存的大量城市生活垃圾，不但占用了大量土地，也对水体和土壤等产生了污染，甚至发生了十分严重的污染事件；工业排放的废气、烟尘等引发的酸雨，也直接或间接地污染了大片土地。另外，我国长期以来大部分的城市生活污水和部分工业废水未经处理就直接排入河道或灌溉系统，且在一些水源不足的地区甚至直接引用污水灌溉农田，不少污灌区已发现重金属在表层土积累。农业方面大量的不合理施用化肥和农药，直接或间接地污染土壤，进而影响农作物的产量和质量，并最终随食物链进入人体。此外，矿产的开采、尾矿的不合理堆积，也会直接或间接地破坏大量的土地。随着生产力的发展和人类活动的深入，土地资源面临着越来越大的威胁，随之而来的生态破坏也开始报复我们，沙漠吞噬着人类的领地，而我们只能退让。有证据表明，我国土地资源退化严重。十九大报告中指出，“建设生态文明是中华民族永续发展的千年大计，必须树立和践行绿水青山就是金山银山的理念，像对待生命一样对待生态环境”。习近平总书记表示，“坚定走生产发展、生活富裕、生态良好的文明发展道路，建设美丽中国，为人民创造良好生产生活环境，为全球生态安全作出贡献”。

2.2　土地资源的开发

我国人口对土地的压力越来越大，土地利用所面临的问题也越来越严重：（1）干旱、半干旱地区不适当的开垦、过度放牧、乱砍森林引起了严重的土地沙漠化。此外我国约有 1/5 的耕地存在盐碱化和次生盐碱化问题。（2）在湿润、半湿润地区的主要问题是水土流失，这同样是由于陡坡开垦、草山过度放牧和森林过伐引起的。（3）由于价格体系的扭曲，造成我国用地结构不合理的现象比较普遍。部分农民弃农经商，土地撂荒弃耕；“果下川，粮上山”，大量耕地改种果树、养鱼等，这是近年来耕地面积减少过快过猛的一个主要因素。（4）由于土地管理失控，使非农业建设占用耕地猛增。（5）土地利用由部门分散决策，缺乏综合平衡。（6）土地投入水平太低，中低产田多。（7）土地利用讲究经济效益，首先要因地制宜地确定最优利用方式，其次要考虑适度规模经营。但由于涉及众多复杂因素，这两个问题并没有真正解决，如目前承包责任制对土地规模化经营的制约。

我国对土地资源开发利用研究历史源远流长，我国古代的土地资源开发利用，经历了由中原到边疆的过程，当平原地区开发殆尽，人们开始向山地丘陵或河海滩涂要地。我国历来就以人口众多著称，如何利用和开发土地多种谷物，解决吃饭问题，一直是摆在国人面前的头等大事。古代中国人民在利用和开发土地方面表现出来的卓越智慧，令人赞叹。例如，《禹贡》一书对土地分等划级，就是最早的土地利用研究思想；《二十四史》以及王祯《农书》卷11《田制篇》等许多史籍都对我国古代土地资源开发利用加以总结论述。可以说，自古以来人们就形成了对土地利用各种各样的方式、思想与技术。

面对当今我国土地利用问题越来越严重的情况，宜在继承前贤研究的基础上，总结国内外土地资源开发利用的历史沿革和经验教训，促进现阶段我国土地资源的合理利用。

2.3 土地资源的可持续利用

目前，环境的退化正构成对现实世界安全与和平的主要威胁，环境资源正日益成为影响一个国家在世界上的经济权利和地位的重要因素，环境资源的安全已成为新的安全理念。因此，要想在当今世界中拥有一席之地并获得长足的发展，环境资源的安全已成为重中之重。正是在这种背景下，可持续发展作为一种新发展观悄然兴起，并日益引起国际社会的关注。特别是进入20世纪90年代以来，可持续发展以其崭新的价值观和光明的发展前景，被正式列入国际社会议程。1992年世界环境与发展会议，1994年的世界人口与发展会议，1995年的哥本哈根世界首脑会议，都以此作为重要议题，提出了可持续发展战略构想。

按照世界环境和发展委员会在《我们共同的未来》中的表述，可持续发展的意思是“既满足当代人的需要，又对后代人满足其需要的能力不构成危害的发展”。具体来说，就是谋求经济、社会与自然环境的协调发展，维持新的平衡，制衡出现的环境恶化和环境污染，控制重大自然灾害的发生。如何实现可持续发展?《中国21世纪议程》认为，主要是在保持经济快速增长的同时，依靠科技进步和提高劳动者素质，不断改善发展质量，提倡适度消费和清洁生产，控制环境污染，改善生态环境，保持可持续发展的资源基础，建立“低消耗、高收益、低污染、高效益”的良性循环发展模式。

在所有的自然资源中，与人类关系最为密切的当数土地。土地是一国主权存在的基础，是人类生活和社会经济活动的载体，土地资源是一切资源之首，有关资源（含自然资源和经济资源）均借助土地或通过土地利用发挥作用和显示其地位。1972年世界第一次人类环境会议上，把土地利用问题放在首要位置。1987年世界环境与发展委员会发表的《我们共同的未来》中指出持续发展是21世纪世界各国的共同发展战略，持续发展的重要内容是自然环境的持续能力，围绕自然环境的“持续能力”国际学术界的研究热点之一就是土地资源及其合理利用和保护。1993年联合国粮农组织颁布了《可持续土地利用管理评价大纲》，将土地的自然、经济和社会因素结合起来，提出以生产性、安全性、保护性、可行性和可接受性作为土地可持续利用的评价标准。

当前人口、资源、环境和发展全球性的四大问题均与土地和土地利用问题紧密关联，从一定意义上讲，土地资源持续利用是社会经济可持续发展的物质基础和环境条件。由于土地资源的总量是有限的，是一种几乎不可再生的自然资源，因此，土地资源的可持续发展既关系到一国人民的生存和生活，国家政局和社会的稳定，也关系到一国在世界上的主权和地位。

土地可持续利用的思想，是1990年在新德里由印度农业研究会、美国农业部和美国Rodale研究所共同组织的首次国际土地持续利用系统研讨会上正式提出的。由于不同学者对其认识角度的差异，土地可持续利用的概念也各不相同，迄今为止没有一个统一的定义。不同发展水平的国家面临的土地问题不同，发达国家侧重生活质量的提高，因此强调资源利用的环保效益；而发展中国家则在提高经济效益的前提下，保证生态平衡，这也符合可持续土地发展的公平性准则。从总体来看，“土地可持续利用”应该涵盖下述几个方面的重要内容：

（1）从生态学意义上来说，是保持特定地区的所有土地均处于可用状态，并长期保持其生产力和生态稳定性。

（2）从社会经济学意义上来说，是保持特定地块特定用途，如食物安全和收入来源。农民可能从他们自己的观点出发，并由他们自己的理解和定义，他们的观点和行动在确定现有土地利用方式是否具有持续性问题上起着重要作用。

（3）从系统论看，土地可持续利用是在人口、资源、环境和经济协调发展战略下进行的，这就意味着土地可持续利用是在保护生态环境的同时，要促进经济增长和社会繁荣。

（4）从与传统土地利用方式的比较看，土地可持续利用更加强调土地利用的可持续性、土地利用的协调性和土地利用的公平性。

土地资源利用是指利用土地的特性来满足人们某种生产和生活的需要，其本质是人地关系、人与自然的关系。传统的高投入高产出的土地资源利用方式带来了一系列生态环境问题，迫使人们开始寻求新的土地利用方式。土地资源可持续利用包含了土地开发、土地利用、土地整治以及土地保护的深刻内涵。开发是指通过一定的技术措施，将一定的土地资源投入使用，并将其改变成可使用状态；利用指土地开发后，利用土地的特性来满足某种生产和生活的需要；整治是指土地利用过程中，为了更好地满足人类对土地的要求，克服原来土地特性中的某种缺陷，对土地进行改良、大面积平整、水利设施配套等；保护是指为了长期持续利用土地，防治土地质量劣化而丧失某种特性，通过采取某种综合措施，以保持土地的生产能力。

中国可持续发展的土地资源的战略目标可归纳为人口—资源—环境目标。

（1）有效地控制人口数量规模，提高人口质量和国民素质。人口再生产和物质再生产之间的背离必须遏制，并使之逐渐缓慢回落。同时，要提倡科学消费和科学发展。

（2）改变自然资源生态价值和生产价值背离状态，实现可再生资源的消耗低于再生速率，努力研究和发现耗竭资源的替代资源，发展循环经济，从而保证资源持续支撑能力。

（3）改变对环境容量的恶意掠夺和环境质量恶意破坏的状态，对生态环境的压力限定在其允许的限内不能突破，而且尽快全面扭转资源环境恶化的趋势，还大地山河以山清水秀、风和日丽。

2.4 土地资源“量”的可持续利用

从土地资源管理的角度，可以将土地分为农用地、建设用地、未利用地三大类。通常讨论的土地资源是指与人类、经济、社会发展息息相关的农用地和建设用地，而不是泛指地球表面附着的全部土地资源。土地资源的“量”指土地资源的数量，表现为土地资源的面积。土地资源“量”的可持续可以分为两个方面：一是土地资源“绝对”数量（面积）的可持续；二是土地资源“相对”数量（面积）的可持续。土地资源“绝对”数量的可持续，是指通过土地开发、土地复垦等技术方法，实现土地资源各类型之间的相互转化，特别是实现未利用地向农用地、建设用地的转化，荒废的采矿用地向农用地或建设用地转化，使农用土地、建设用地在数量（面积）上得到增加，从而实现土地资源“绝对”数量上的增加。土地资源“相对”数量（面积）的可持续，是指通过控制人口数量、集约用地、土地整理等方法，实现土地资源（主要是指农用地、建设用地）在土地容量、土地容积率、土地承载能力上得到提高，使农用地、建设用地在数量（面积）上虽然没有实际的变化，但“相对”量得到增加，从而实现土地资源“相对”数量的可持续。

2.4.1 土地资源“相对”数量的可持续利用

要实现土地资源“相对”数量的可持续，即是要实现土地资源利用率的提高。在提高了的土地资源利用率下，同样数量（面积）的土地资源的承载能力必然比原土地资源利用率下的土地资源承载能力高，即是实现了土地资源数量的相对增长，从而实现土地资源“相对”数量的可持续。

2.4.1.1 控制人口

基于我国人口对土地资源的巨大压力，在土地资源有限的情况下控制人口，是我国不二的选择。实际上，控制人口也使得我国土地资源在“相对”数量上得到了增加。人口出生率的下降，相对减小了我国人口对土地资源，特别是耕地的压力，也减小了我国人口对粮食供应等资源的压力；人口出生率的下降，相对减少了我国未来因为要满足公民生产、生活需要而占用土地资源的面积量。

我国人口基数大，人口形势十分严峻。我国自 1971 年开始实施计划生育，20 世纪 80 年代初国家计划生育委员会成立和“计划生育”被确立为基本国策以来，人口快速增长得到了有效遏制。但是，与此同时，低增长率的隐忧逐渐凸显，人口增长率和总和生育率的持续下降使得“人口红利”逐步消失殆尽，人口年龄结构和性别结构失衡等问题日益凸显。要提高人们的人口控制和环境保护的意识，充分协调人口与土地资源的关系，实现土地资源“相对”数量的可持续。

2.4.1.2 土地资源集约化利用

土地资源的集约化利用主要是指对农用地和建设用地的集约利用，提高建设用地的土地利用率、人均用地标准、容积率和农用地的土地结构、土地生产效益等。土地资源集约利用是由西方学者最早研究，先是用于对农用地的开发利用，之后不断完善。著名的古典政治经济学家李嘉图针对土地利用提出了农业土地集约经营的概念，在土地资源有限的情况下，通过先进的土地资源利用技术和管理方法，包括相应的经济、行政、法律等手段，加大对土地资源的投入，优化土地资源的结构，以可持续发展的思想为指导，兼顾生态环境效益和社会效益，找到土地有效利用的最佳途径，从而提高单位面积土地资源的承载能力。建设用地的集约化利用又可以分为农村建设用地的集约化利用和城市建设用地的集约化利用。

A 农用地的集约化利用

农用地的集约化利用主要是通过合理加大对单位面积土地的生产资料和劳动力的投入，应用新科技技术，大面积集中耕作，加强管理，提高单位土地产量和收入，从而实现高产、优质、低耗、高效的目标。利用土地整理的方法对畸零不整的农田、废弃地等，按照统一规划，实施田、水、路、林的综合整治，使农田集中耕作，从而实现农田的规模化经营。

B 农村建设用地的集约化利用

农村建设用地存在的问题主要集中在“城中村”用地和宅基地占用的土地资源。“城中村”是指由于社会经济的快速发展，城市化步伐的加快，使得城市郊区的农民因为土地被征用成为征地农转非人员，但由于征地闲置等原因仍居住在原居住地，靠务农为生。这使得这些区域有着城市和农村的双重属性，故称为“城中村”。“城中村”的存在实际是在城市化过程中，征而未建的闲置土地，虽然已纳入了城市的范围，但实际仍以农村形态存在，这无疑是对土地资源的严重浪费。对于“城中村”现象，首先，要出台相关的行政政策规范征地开发的时间期限，对于逾期仍没有开发而闲置的土地，应及时收回土地开发权。其次，对于“城中村”在基础设施建设等方面与城市有差距的情况，要大力建设公寓式、楼层化住宅，扩大土地容量。

如何有效解决我国农村宅基地的问题，实现农村建设用地的集约化利用，一直以来都是学术界讨论的热点。对农村宅基地面积过大、宅基地容积率低、农村宅基地大量闲置等不合理现象，应采用土地整理的方法来实现农村建设用地的集约化利用。

(1) 政府出台相应政策，本着科学制定和实施自然村改造、归并整治的计划，按照“规划先行、政策引导、村民自愿、多元投入”的原则，减少自然村数量，使零星分散的村庄合并为相对集中的中心村，农民的住宅逐步向中心村集中，提高农村建设用地的容积率，建设农民新村。对于农民住宅迁出后的旧宅基地，应将其平整复垦为耕地。严格限制农村宅基地的面积，并大力建设公寓式、楼层化住宅，扩大农村建设用地的容量。对于超过规定面积的住宅，但确因生产、生活必需扩大面积的，对超过规定的面积部分实行“收费政策”，即按照超过部分的面积，每平方米按一定数额缴纳现金。这部分资金作为村集体整治环境的经费，从而有效控制农村宅基地面积不断扩大的形势。

(2) 严格限制农村住宅的建设，按照农村每户只能有一处住宅的原则，杜绝农户拥有新旧两套宅基地住宅现象的发生，对农户原有的住宅应收回其土地使用权，并及时拆除农户旧的住宅。

(3) 对在城市工作、居住不再需要依靠土地作为生活收入，但在农村仍有土地的人员，应视实际情况，按自愿的原则，收回其在农村的承包土地。

C 城市建设用地的集约化利用

对城市建设用地的集约化利用，实际上就是为了解决在城市建设中由于土地资源利用方式的粗放造成的“多占少用”“占而不用”“低效利用”等不利于土地资源可持续利用的问题，从而在土地资源有限的情况下，通过挖掘城市存量土地，调节城市土地利用结构，提高城市建设用地的容积率，集约化利用土地资源，有效缓解人地矛盾。

(1) 防止城市建设面积扩展速度过快，严格控制城市建设用地总量。随着我国经济、社会的加速发展，城市化规模势必还将扩大，不可避免地要占用城市附近的耕地资源。耕地要保护，城市要发展，这是一个两难的问题。耕地保护红线政策的落实，必须严格控制城市建设用地扩展规模，提高项目准入标准，控制农地转用，禁止土地容积率低的建设项目。严格控制城镇建筑容积率，特别是城镇居住面积密度，鼓励合理地建设高层公共住宅，开发地下空间，从而增加城市用地的"相对"面积，提高土地利用率。

（2）合理规划，加强政府监督管理。我国城市主要由工业区、住宅区、商业区、仓储区、生态绿化区等城市功能区组成，普遍存在由于土地利用总体规划不合理，导致城市功能区分散，功能用地交叉混杂，相互干扰的现象。针对上述现象，必须严格城市规划的制定与执行，科学合理地规划城市用地的布局，从城市经济、社会可持续发展的角度，把城市各个功能区有机地组合在一起，形成"聚集效益"，使城市土地布局紧凑化，杜绝由于功能区分散造成的土地粗放利用。合理控制绿地、道路、广场等公共设施用地规模，防止工业园区出现"虚胖症"。对工业园区的开发建设，要着重对工业项目进行把关，提高工业园区对工业项目科技含量和环保的要求；要符合城市规划统一布局的要求；对工业园区进行分区布局，不得将多个产业类别的工业项目混杂建设，实现产业类别在空间上的合理布局。

（3）挖掘城市建设用地存量，实现土地产出高效化。对城市建设用地的存量进行调查，努力改造旧城区，整理城市闲置土地，依法收回超过开发期限仍闲置的土地，通过市场调节机制，采取土地置换、土地储备等具体措施，深挖城市存量土地，实现城市建设用地社会效益和生态效益的最大化。

2.4.2 土地资源"绝对"数量的可持续利用

土地资源"绝对"数量的可持续利用，即要求土地资源，主要是农用地与建设用地在数量（面积）上有所增加。实质上，这是不同类型土地之间的转化。土地的不可再生性，决定了它的绝对数量通常难以通过人为因素得以增加。实现土地资源"绝对"数量的可持续利用，主要是通过对未利用地进行开发，对废弃的采矿用地、废弃的宅基地进行整理、复垦，从而实现土地资源各类型之间的相互转化，特别是实现未利用地向农用地、建设用地的转化，荒废的采矿用地、工业用地向农用地、建设用地转化，荒废的建设用地向农用地转化。综上所述，土地资源"绝对"数量的增加主要是在广义的土地资源有限的情况下，通过未利用地向农用地、建设用地转化，建设用地向农用地转化，实现农用地和建设用地在数量上的增加，实际上就是增加与人类社会、经济发展息息相关的土地资源的数量（面积）。

2.4.2.1 以土地复垦带动土地资源"绝对"数量的可持续

土地复垦主要是指对在人类生产、生活中已被利用，但在利用过程中出现塌陷、挖损、压占等损毁现象，不能继续用于人类的生产、生活的土地资源，通过各种技术方法，使其能够再度被利用。土地复垦的对象主要是废弃建设用地。废弃建设用地的复垦又分为废弃宅基地的复垦、废弃采矿用地的复垦及其他废弃建设用地的复垦。土地复垦不仅能够增加农用地和建设用地，特别是耕地的数量，还能提高土地产出率。随着我国社会、经济的快速发展，特别是我国工业的快速发展，对各种矿产资源的需求逐年快速增加。矿山的开采使得我国土地资源遭受到严重的损毁和破坏，大量的土地由于采矿等原因成为不可利用地。而由于对水资源特别是对地下水资源的过度利用，造成塌陷、损毁的土地资源也是复垦的对象之一。据相关机构统计，20 世纪末期我国待复垦的土地达 280 万公顷，其中由于采矿产生的待复垦土地面积为 100 万公顷，由于工业废料占压的待复垦土地面积达 80 万公顷。将废弃的土地资源重新转变为可利用土地，是增加土地资源"绝对"数量的一个不可或缺的途径。

A 对土地分类规划，实施复垦

我国待复垦的土地由于分布区域广泛，土地破坏程度、土地破坏类型和土地质量参差不齐，所以在对土地进行复垦前，应根据土地的质量、破坏程度、破坏类型和所处的自然生态环境进行分类，然后再投入人力、物力、财力进行复垦。有些土地生态环境原本就十分脆弱，采矿作业带来的影响犹如雪上加霜，导致生态环境的严重破坏。这种类型的待复垦土地，应该采取植树造林的方法进行土地的复垦，从而防止土地的荒漠化；对于周边生态环境比较好，且有资金进行一定量投入的待复垦土地，应该采取积极地措施使其能够复垦成为耕地；对由于水资源被污染而被废弃的待复垦土地，应首先考虑治理水污染，再考虑土地复垦。土地复垦总的原则是：能复垦成为农用地的尽量使其恢复成为农用地，最好能复垦成耕地，其次才选择复垦为建设用地。

B 制定鼓励复垦的政策，加大投入力度

我国土地复垦上一直以来的执行的政策是“谁破坏、谁复垦”，不按规定复垦的，将不得再申请新的生产建设用地，这一原则是我们必须坚持的。但光有这一点还不够，还必须鼓励企事业单位积极进行土地复垦工作。要制定相应的优惠政策鼓励企事业单位复垦，如对从事复垦的单位实施优惠的税收政策等。积极筹集土地复垦资金，建立复垦专项资金，由国家拨专款用于土地的复垦工作。这项资金可以由财政拨款、社会捐款、税收等渠道取得，从而实现土地复垦的专业化、规模化、可持续化运作。

2.4.2.2 以土地开发带动土地资源“绝对”数量的可持续

土地开发主要针对未利用地，如荒地、滩涂等，采用相应的技术手段和措施，使其达到可利用地的要求，从而转变为农用地或者建设用地。但大多数未利用地都处于干旱或半干旱地区，且多为山坡地、沙地边缘地，其土地质量差，开发难度大。针对上述问题，首先应该对我国未利用土地的数量进行统计调查，根据地理环境条件和土壤条件对未利用地进行归类、分区，对不同类型的未利用地采取不同的措施进行合理的开发利用。其次，合理加大土地开发力度，加强对土地开发的监督。多渠道、多方式实施对未利用地的开发，积极筹措各方资金，鼓励社会各界参与土地开发，特别应针对大型企业和城市失业人员。同时，严禁滥垦乱开、毁林毁草开垦，对生态环境脆弱的地区，根据当地实际情况酌情开发，防止由于过度开垦引发土地荒漠化、盐渍化以及水土流失。

2.5 土地资源“质”的可持续利用

土地资源的“质”实际是指土地资源的质量，表现为土壤在物理、化学和生物等方面的质量，即组成土地的元素、矿物、岩石等不同物质成分的组成、丰度、活性等。

土地资源的不同物质成分决定了土地资源的功能差异，土地的物质组成也是土地功能的物质基础。土地生产功能的差异是由不同的土地具有不同的、能够滋养生物生长发育的不同营养元素而决定的，也就是由土地的质量决定的。土地资源质量的差异直接影响土地资源的承载能力。

由于对土地资源不合理的利用与开发，导致土地质量严重下降。具体表现为：（1）土壤的侵蚀。我国由于森林覆盖率低，水土流失现象严重。全国每年流失的土壤超过 50 亿吨，约占世界总流失量的 1/5，相当于全国耕地削去 10mm 厚的肥沃表土层，损失的氮、磷、钾养分相当于 4000 多万吨化肥的养分含量，造成土地资源承载力减弱甚至导致土地的荒废。（2）土地荒漠化。我国荒漠化土地面积超过 262.2 万平方千米，占国土总面积的 27.3%，其中沙化土地面积为 168.9 万平方千米，全国共有 1000 万公顷的耕地不同程度存在沙化现象。（3）土地盐渍化。我国盐碱荒地约为 2000 万公顷，盐碱耕地 677 万公顷，盐渍化土壤有机质含量低，微生物活动能力差，土壤板结，是中低产田类型之一。（4）土壤污染。在城市化规模不断扩大的同时，大量的工业废水、废气、废渣排放到土壤中，造成土地污染。农业生产中不合理的使用农药、化肥等也致使土地资源受到污染。据相关研究机构统计，我国受到污染的土地，仅耕地一项就达 8702 万亩。（5）土壤性质恶化。工业“三废”的排放在污染土地资源的同时，也导致了土壤性质的恶化，再加上务农人员对有机肥和化肥使用的不合理，造成土壤退化，表土层变浅，土壤性质变差，保水肥力下降。提高土地资源的质量，使土地资源的质量得到持续性保护，就是土地资源的可持续利用。

2.5.1 合理利用技术，优化土地资源结构

土地利用技术是一把双刃剑，合理地使用土地利用技术会促进土地资源“质”的可持续；反之，则可能破坏土地资源的质量，造成土地资源的退化。在我国的耕地中，中低产田的数量占总耕地数量的 60%，但单产水平潜力约有 22%~34%。合理使用土地利用技术对占我国耕地资源 60%的中低产田进行改良，能够有效缓解我国耕地后备资源匮乏的压力。

对我国部分土地垦殖率较高的地区，扩大耕地面积的可能性较小，应该根据当地情况，通过土地整理、治理涝洼地、改善农田基础设施等技术方法改造中低产田，从而提高土地资源的承载能力。从 20 世纪末期到现在，我国累计改造中低产田已达 1.65 亿亩，同时，根据国家计委农经司、国家统计局农村社会经济调查总队的调查显示，对中低产田的改造能够使每亩耕地增产 100~150kg。运用土地利用技术，特别是通过土地整理的方法来改造中低产田，不仅可提高耕地资源的产量，也大大节约农业生产中人力、物力在耕地上的投入，大大降低直接生产成本。土地整理等土地利用技术和方法不仅能够有效改善土地资源的优良中差的结构，还能通过农田防护工程（防护林建设、防护路建设），改善土地资源的生态结构，如水土结构和田间生态环境、气候等，增强农田抵御自然灾害的能力，以土地资源的生态结构来提高土地资源的质量，使土地资源的“质”达到可持续。

2.5.2 提高农业科技水平，保持土地资源质量

我国大多数农用地的土地质量都处于中等，再加上不科学的耕作方式和环境污染，使得土地质量降低，特别是耕地的肥力急剧下降。必须在加大防控污染工作力度的同时加大对农业科技的投入。应当采取措施控制农药使用量，防止工业污染。对农药的成分严格把关，对农药的用量也要严格控制，应由农业技术人员加强对农业生产的科学指导，尽量减少农药对土地的不良影响，鼓励农民生态杀虫，尽可能减少农药对土地质量的影响。同时，对工业排放的“三废”必须进行无害化处理，杜绝由于工业“三废”排放导致土地质量下降甚至荒废现象的发生。

2.5.3 建立健全土地资源可持续利用管理制度

土地资源的科学管理是保障土地资源可持续利用的基本条件。对土地资源利用的方法、措施实施监控，及时发现土地利用中出现的问题并予以纠正，并对土地资源利用的效果进行反馈，必须建立土地资源可持续利用信息反馈机制。它是由各项土地可持续利用指标组成，作为土地可持续利用决策支持与效果评价的主要依据。土地资源可持续利用信息反馈机制应全面分析土地资源开发利用对自然资源、生态环境、社会经济、习惯与法制等各个方面的影响。

2.5.3.1 建立健全土地资源可持续利用指标体系

土地资源可持续利用指标分为土壤质量指标、生态环境指标和效益指标三大类。土壤质量指标主要反映的是土地资源利用方式对土壤有机结构、基本属性的影响，从而确定土地资源利用方式的合理性和可持续性。具体的指标有耕层厚度、土壤有机质的含量、土壤保水保肥能力、林地退化程度、草地退化程度、土地盐渍化程度、土地平整度等。

生态环境指标主要反映的是土地资源利用方式对生态环境的影响，包括对各种自然资源的影响、周边生物多样性的影响、气候的影响等，从而确定土地资源利用方式的合理性与可持续性。具体的指标有：环境污染状况、地理环境状况、气候状况、水资源状况（特别是地下水的状况）、自然灾害防治能力等。

效益指标主要反映的是土地资源利用方式对经济效益、社会效益的影响，因此可以分为经济效益指标和社会效益指标。经济效益指标主要反映土地资源投入产出的比率，从而分析土地资源利用的合理性，主要是通过城镇建设用地所产出的城镇社会总产值与城镇建设用地面积之比和农用地所产出的农作物总产值与农用地的面积之比的比率来反映。具体指标有：GDP、产量、成本、利润率等。社会效益指标主要反映土地资源的开发、规划、利用及相关政策措施对社会、经济发展的影响，具体指标有：土地政策实施有效性、社会经济发展水平、社会承受能力等。

判断对土地资源的利用是否达到可持续利用的标准，必须根据各地的具体情况，分别制定土地资源可持续利用指标标准。通过划分全国土地利用区域，确定不同的土地资源可持续利用标准指标体系，包括土壤质量、生态环境、经济效益、社会效益四方面的等级标准。由于我国幅员辽阔、土地类型多样，使用统一的标准指标不具有科学合理性，最好以县级为单位，分区订立土地资源可持续利用标准指标，同时还可以参考国内外已有的土地资源可持续利用标准指标体系来建立模式。

2.5.3.2 建立健全土地资源可持续利用反馈机制

土地资源可持续利用反馈机制是通过政府统一组织，在各县市区设立土地资源可持续利用调查机构（主要由国土部门负责），在调查了解土壤质量指标、效益指标、生态环境指标的基础上，将这三类指标的调查数据与土地资源可持续利用标准指标比对，进行定性和定量的分析。再由相关机构和专家对土地资源利用中存在的不可持续问题，进行分析并提出建议及相关整改措施，用来指导下一阶段的土地资源开发利用。这种动态的土地资源管理制度，能够及时反映土地资源可持续利用的现状和存在的问题，并为制定和实施土地资源可持续利用的政策、措施提供科学的依据。

思 考 题

2-1 叙述土地资源可持续利用的意义与内涵。

2-2 什么是土地资源“质”和“量”的可持续利用?

2-3 叙述土地资源可持续利用的研究现状。

2-4 中国可持续发展的土地资源的战略目标是什么?

3 土地功能退化及其防治

土壤的主要功能可概括为三个方面：一是生产力，即土壤肥力质量，指土壤提供植物养分和生产生物质的能力；二是环境功能，即土壤容纳、吸收和降解各种环境污染物和病菌损害的能力；三是土壤的生态功能，即土壤影响或促进人类和动植物健康的能力。土地功能退化是指人类不合理活动导致土壤肥力、环境功能和生态功能的退化。

3.1 土地退化及其防治

据联合国环境署估计，全球有 100 多个国家 36 亿公顷的土地受到土地退化的影响，由此造成的直接经济损失达 423 亿美元，间接经济损失是直接经济损失的 2~3 倍，甚至 10 倍，全球拟用于强度退化土地治理的直接投资年均 152 亿~380 亿美元，间接投入费比这个数字要高好几倍。土地退化的最终结果除了造成贫困外，还可能对地区性和全球性的安全构成威胁。

我国是世界上土地退化比较严重的国家之一，加之人口众多，人均土地资源占有量低，要实现可持续发展，就必须针对不同的退化过程采取相应的治理措施。

3.1.1 我国土地退化现状

人类活动导致的土地退化过程可以分为两类：一类指土壤物质的迁移，特别是通过水和风的作用导致表土丧失、地表粗化和不利于人类经济活动的劣地发育等；另一类是通过土壤内部化学性质的变化、营养物质丧失导致土壤肥力下降或丧失。

3.1.1.1 风蚀

在我国北方干旱、半干旱地区及其毗邻的半湿润地区，风蚀是一个严重的问题。在人类活动干预下，风蚀已导致 37.1 万平方千米的土地成为沙漠化土地，约占用土地面积的 3.9 %，其中 12.7 万平方千米或 34.2 %的沙漠化土地分布在内蒙古及长城沿线半干旱草原农牧交错区。

我国沙漠化土地以轻度和中度居多，分别占沙漠化土地面积 47.2%和 14.3%，严重和极严重沙漠化土地分别占 18.3%和 10.2%。需要指出的是，土地一旦沙漠化，其发展速度会越来越快。如农牧交错区中的中部地区轻、中、严重沙漠化土地发展速率分别为每年 4.1%、9.2%和 12.6%。因此，防治那些具有潜在危险或刚开始出现轻度甚至中度沙漠化的土地是十分重要的。

3.1.1.2 水蚀

我国水蚀面积已从 20 世纪 50 年代的 153 万平方千米发展至目前的 179.6 万平方千米，

主要分布在黄土高原、南方丘陵山区和北方土石山区等。其中耕地水土流失面积 45.4 万平方千米，占总水蚀面积的 25.4%。因水蚀全国每年丧失表土 50 亿吨，其中耕地表土流失量约 33 亿吨，占流失总量的 66%。

在我国 179.6 万平方千米的水蚀土地中，轻度和中度水蚀分别占 51.1%和 27.8%。因水蚀导致的土地生物或经济产量明显下降或丧失的土地约有 37.8 万平方千米，占水蚀面积的 21.1%，也即强度侵蚀以上的水蚀造成了明显的土地退化。

3.1.1.3　盐渍化

我国有 81.8 万平方千米的盐渍化土地，其中现代形成的盐渍化土地面积为 36.9 万平方千米，原生盐渍化土地 44.9 万平方千米，还有易于发生盐渍化的土地 17.33 万平方千米。盐渍化土地主要呈斑点状分布于我国北方内陆河流域以及沿海地带。次生盐渍化通常发生于农业灌溉地区，特别是西北干旱区绿洲灌区和北方半湿润的平原灌区，总计 6.3 万平方千米（表 3-1）。

表 3-1　我国次生盐渍化分布及其面积

地　区	面积/km^2
东　北	7.60×10^3
华　北	20.60×10^3
黄土高原	3.50×10^3
西北干旱区	20.80×10^3
青藏高原	0.10×10^3
长江中下游	7.00×10^3
华　南	1.10×10^3
西　南	1.90×10^3

3.1.1.4　土壤肥力丧失

在过去 40 余年中，我国为增强土壤肥力做出了巨大努力，但是粮食产量的增加预示着土壤中营养物含量消耗量的加大，这些营养元素会随粮食收获带出土外。研究表明，农耕地中的一些元素已经出现了短缺。如 K 元素在 20 世纪 60 年代仅在南方的一些耕地中表现出不足，但现在 K 元素不足的耕地在南方已占耕地面积的 54%。同时全国 52.6%的耕地 P 元素不足，25.6%的耕地 B 元素不足，缺 Mo、Mn、Zn 和 Cu 的耕地分别为 34.8%、15.8%、38.0%和 5.2%。

3.1.1.5　土壤酸化和污染

随着工业的发展，特别是工矿建设排放的污染物导致的土地退化问题变得越来越引人关注。统计表明，酸雨导致土壤酸化，南方 70%的茶园受到影响。另据报道，中国约 1900 万公顷耕地受不同物质、不同程度的污染。每年因污染损失的粮食达 1165 万吨。

3.1.2 我国土地退化成因

土地退化是自然因素与人为因素综合作用的结果。自然因素仅为土地退化提供了外在条件，而人类不合理的活动，如过牧、过樵、滥伐、工矿建设、陡坡开垦，甚至不适当的营林方式等，才是导致土地退化的主要原因。

自然因素在我国北方地区主要表现为地表疏松的沙质沉积物，干旱季节与多风季节在时间上的同步性；在南方则表现为降雨多而集中，风化壳较厚，地表组成物质松散。

人类对土地退化的影响是复杂的。从北方土地沙漠化形成看，过牧导致的沙漠化占30.1%，过度农垦占26.9%，过度樵采占33.7%，水资源利用不当占9.6%，工矿交通建设破坏植被占0.7%。据若干南方土地退化例子分析，因滥伐导致的土地退化占37%，陡坡开垦占35%，不适当的植树造林占18%，工矿交通建设占10%。

值得注意的是工矿建设导致的土地退化虽然所占比例较小，但其发展速度快、影响大、危害严重。晋陕蒙接壤地区是我国最大的能源基地，随着能源开发，水蚀、风蚀、污染等环境问题日益严重。据调查，该地区未退化的土地仅占总面积的0.52%。退化土地中轻度退化土地占3.28%，中度占45.88%，严重的占50.38%。

人类不合理的活动源于人口的急剧增加，人口增长过快加大了对土地资源利用的强度，加剧了人地矛盾，导致资源短缺，甚至破坏。如薪柴消耗量的增长曾一度导致山地裸露面积增多，水蚀加剧。

粗放型经济活动是人为造成土地退化的一个重要原因。土地退化发生区域自然条件恶劣、经济基础差、生产方式落后。在沙漠化地区地广人稀，农业生产广种薄收，管理粗放，农田产投比仅为1.08，低于全国平均水平近60%。为了满足不断发展的人口需求，以及由于落后生产方式导致的土地生产力衰竭，单位面积产量下降，必须依靠增加土地数量来补充，结果一部分耕地因风蚀严重沙化。

3.1.3 我国土地退化危害

水蚀、风蚀及次生盐渍化导致的土地退化，无疑对我国的工农业生产构成了极大的威胁，主要有以下几种表现：

（1）破坏土地资源，使可利用土地面积减少。自20世纪50年代以来，我国仅因沙漠化灾害每年损失可利用土地达1830km^2，20世纪末累计达到23.3万平方千米。在南方山地丘陵区，由于流水侵蚀导致土地退化也很严重，我国南方坡耕地水土流失面积达17万平方千米，每年有3.7万平方千米的耕地表土严重流失。

（2）土壤肥力丧失，使土地生产能力下降。我国8万平方千米沙漠化农田、草场，每年有机质、N、P的风蚀损失量为354.52万吨，相当于各种肥料17047.44万吨，价值达105.75亿元。通常退化土地的作物产量只有未退化土地产量的20%~50%，甚至8%~10%；同时沙漠化还造成草场产草量下降，大部分草场产量下降30%~40%以上。

（3）造成生产条件恶化，加重了贫困。土地退化使人类立足生存的最基本资源遭到了破坏，从而导致经济条件的恶化。据统计，我国271个贫困县中分布在水土流失区的就有235个，占87%左右；我国北方的贫困县中60%分布于沙区。

3.2 土壤酸化及其防治

土壤酸化指土壤吸收性复合体接受了一定数量交换性氢离子或铝离子，使土壤中碱性（盐基）离子淋失的过程。我国土壤酸化呈现面积大、分布广、酸化程度高及危害大等特点。其中酸化土壤的总面积高达2.04亿公顷，约占全国土壤面积的22.7%；主要分布在长江以南的热带、亚热带地区及西南红、黄壤上，另外北方的菜地、果园及部分旱地农田也存在酸化现象；大部分酸化土壤 pH<5.5，还有一部分 pH<5.0，酸化严重的甚至低于4.5，而且酸化的程度及面积有增加的趋势。土壤酸化导致土壤有毒金属离子活度增加，肥力降低，土壤结构变差，影响作物生长发育，并带来一系列环境问题，已经成为影响我国粮食安全及农田可持续发展的主要障碍因素之一。

目前，土壤酸化的发生机理及相关防治措施已成为土壤学及作物学等相关领域研究的热点，但关于土壤酸化改良过程中的一些关键技术的机理仍需进一步研究，如：作物耐酸性与致酸性之间的相互关系，种植制度与土壤酸化的关系等。本节内容主要对土壤酸化成因、土壤酸化的危害、耐酸作物品种筛选及土壤酸化防治措施的研究进展进行介绍，为我国土壤酸化的改良治理提供一定的借鉴。

3.2.1 土壤酸化的成因

自然酸化是农业生产中普遍存在的一种不可避免的酸化现象，主要是指南方地区由于降水量大，而引起土壤中盐基离子大量淋失，交换性氢及铝含量大量增加的现象。这种酸化速度较缓慢。与自然因素相比，人为因素则加速了土壤酸化，主要包括酸沉降、肥料的不合理施用、连作及种植致酸作物。

3.2.1.1 酸沉降

酸沉降是指煤、石油或天然气的燃烧及汽车尾气排放过程中产生的二氧化硫（SO_2）和氮氧化物（NO_x）等，经过扩散、降水或重力作用等过程降落到地面的现象。酸沉降造成土壤养分匮乏，重金属含量增加，土壤结构变差，植物生长受到抑制。近年来，随着工业化的发展，由酸沉降带来的危害越来越大。其中，酸雨是酸沉降的主要形式。我国是世界第三大酸雨区，酸雨地区面积已达全国面积的40%，具有区域性强、频率高及酸性强等分布特征。我国主要有华中、华南和华东沿海酸雨区。20世纪90年代以来，以长沙、株洲、赣州和南昌等城市为中心的华中酸雨区污染水平超过西南酸雨区，成为全国酸雨污染最严重的地区，中心区年平均降水 pH 值低于4.0，酸雨频率最高达90%以上。在酸雨较严重的鼎湖山自然保护区，通过长期监测发现，土壤 pH 值下降了0.3~0.5个单位，土壤中的交换性钙也持续下降，其含量仅有20世纪50年代的60%左右。

3.2.1.2 氮肥施用不当

施用硫酸铵、氯化铵等生理酸性肥料，铵根离子氧化后被作物吸收带走，而氢离子和铝离子含量增加，导致土壤 pH 值降低。随着工业化进程，我国农田氮肥用量大幅增加，截至2007年，氮肥用量已达 3.26×10^7t。因施氮肥导致每年向土壤中释放 2×10^4~2.21×10^5mol/hm^2 的氢离子，为酸沉降的10~100倍。

3.2.1.3　连作和种植致酸作物

作物生长过程中吸收大量的盐基离子，是造成土壤酸化的重要原因之一，尤其是长期种植单一植物，通过秸秆和籽粒带走的盐基离子长期得不到补充，导致土壤离子失衡、pH 值降低。

羽扇豆等豆科作物在生长过程中根系会分泌一定的酸性物质，活化土壤磷素营养，但如果连作及单作豆科作物会导致土壤 pH 值下降，呈酸化趋势，而且随着时间的延长，酸化趋势加剧。茶树、水稻及杜鹃花等富铝作物的残体释放的铝离子也会加剧土壤酸化。

3.2.2　土壤酸化的危害

3.2.2.1　对土壤质量的影响

国内外研究证实，酸化会引起土壤中 K^+、Na^+、Ca^{2+}、Mg^{2+} 及 NH_4^+ 等盐基离子淋失。主要是因为酸化土壤中正电荷增加，吸附在土壤胶体上的盐基离子的数量会减少，使得这些离子比较容易随水淋失，导致土壤贫瘠、肥力降低，尤其是在酸雨淋洗的作用下这种现象更为明显。钙、镁、钠及钾等四种盐基离子被 pH＝2～5 的酸雨 10 年的淋失总量分别为 5070.8mg/kg、780.7mg/kg、566.5mg/kg 和 529.7mg/kg，而且随酸雨氢离子浓度的增加淋溶量呈增加趋势。土壤酸化对于氮、磷等矿质营养元素的有效性及含量的影响较大。一般认为，土壤速效氮（硝态氮、铵态氮或碱解氮）在中性、微酸及微碱条件下有效性最高，当土壤 pH 值低于 6.0 时，硝化速率明显下降；pH 值低于 4.5 时，硝化作用基本停止，碱解氮也随土壤 pH 值下降呈直线下降趋势。随 pH 值下降铵态氮下降速率缓慢。土壤 pH 值在 6.0～7.0，磷的有效性最高。酸性土壤中，磷酸根离子易与铝离子和亚铁离子结合，形成难溶性磷酸盐。而且酸性土壤中的 1∶1 型黏土矿物的晶格表面所解离出的 OH^- 能够和磷酸根离子进行阴离子交换，导致磷酸根离子被黏粒所吸附，从而影响磷的有效性。尤其是在 pH 值低于 5.5 时，土壤对磷的固定作用更加明显。然而也有研究表明，由于大量施用化学氮、磷肥而导致酸化土壤中，有效氮、磷含量呈增加趋势。因此，酸化土壤中的氮磷有效性与土壤酸化程度及施肥水平有很大关系。有研究表明，在中性和微碱性土壤环境条件下，细菌及放线菌活性高，易使土壤中的有机碳矿化，当 pH 值低于 4.5 时不利于有机质的矿化；然而，也有研究表明，在土壤 pH＝4.6～7.5 内，随 pH 降低土壤有机质矿化作用增加。

酸化严重影响土壤健康质量。研究表明，酸化导致土壤交换性酸、铝增加，这是酸化土壤对作物产生危害的主要原因。湖南祁阳的 18 年定位试验研究表明，施用化学氮肥旱地土壤交换性铝增加了 53.4～65.7mmol/kg。另外，土壤酸化能够增加土壤中铁、锰、铜及铅等重金属元素危害，不但影响作物生长发育及产量形成，还降低了农产品品质，而且果实中重金属元素的积累也会通过食物链危害人或动物的健康。湖南祁阳红壤试验站经过 18 年的研究表明，不施肥及单施化肥处理的旱地土壤镉及镉活化率与土壤 pH 值呈显著负相关，在酸化严重的氮处理上活化率高达 95.7%，而且小麦和玉米籽粒中的镉含量也越高，存在着严重的镉污染的安全风险。上述结果表明，虽然化肥的投入表面上补偿了土壤养分的消耗，从而掩盖了土壤实质上的退化，使得人们对目前高度集约化农业利用导致的土壤酸化问题的实质并不十分清楚，但长此以往只能加剧土壤酸化程度，导致土壤健康质量进一步恶化。而且不同类型土壤对酸输入的耐受能力和缓冲能力差异较大，目前对土壤酸化临界阈值及相应的指标表征方面的认识仍相当薄弱，亟待在理论及应用实践上加强这方面的研究。

3.2.2.2 对作物生长发育的影响

A 对根系形成及营养吸收的影响

酸化土壤中铝毒对根系的抑制作用最为明显，当植物受到铝胁迫时，根尖和侧根变得短而坚硬，根生长受到抑制。铝进入细胞后短时间内与细胞壁上的负电荷结合，降低细胞壁的弹性，抑制细胞的膨胀和伸长，随着时间延长，细胞染色体粘连，纺锤丝遭到破坏，最终影响细胞的有丝分裂。铝还能破坏膜脂的流动性及脂类与膜蛋白的相互作用，引起膜质过氧化伤害。

土壤酸化影响作物对大量元素及有益中量元素的吸收。研究表明，在酸化土壤中，铝抑制硝酸还原酶的活性和合成，干扰作物根系对氮的吸收、同化和转移。铝与钾竞争吸附位点，降低了植物对于钾素的吸收。关于铝对钙吸收影响的机制有多种猜测，但多数认为是铝阻塞了钙通道。

B 对作物地上部生长及生理特性的影响

从表观上来讲，受酸化伤害（铝毒）的作物矮小，叶子呈墨绿色，叶尖发黄甚至枯死，生长点或叶柄萎蔫，与缺钙和缺铁的症状类似。铝诱导植物细胞产生大量的活性氧，叶片丙二醛（MDA）含量增加，使超氧化物歧化酶（SOD）、过氧化物酶（POD）及过氧化氢酶（CAT）等保护酶做出应激反应。另外，土壤酸化导致作物叶片可溶性糖（SS）及硝酸还原酶（NR）活性降低，叶片光合能力下降，干物质累积受到抑制。

C 对作物产量的影响

土壤酸化导致作物产量降低。湖南祁阳研究表明，长期施用化学氮肥加剧红壤酸化，18 年土壤 pH 值降低 1.2~1.5 个单位，导致作物产量随施肥年限呈降低趋势，其中小麦产量平均每年下降 11~104kg/hm^2，玉米产量平均每年下降 24~210kg/hm^2。盆栽试验研究表明，在浇灌水 pH=3.5~6 内，随着 pH 值降低，水稻每穗粒数减少，结实率和产量降低。与杂交稻相比，常规稻对土壤酸化反应更为敏感，当土壤 pH 值降低时，产量下降也更为明显。

3.2.3 耐酸作物品种筛选和耐酸机制

3.2.3.1 耐酸作物品种筛选

不同作物及不同品种对土壤酸度的适应范围不同，筛选耐酸品种，明确作物的耐酸范围，对于在生产实践中优化作物种植布局，充分挖掘酸化土壤的生产潜力具有重要作用。作物耐酸性往往通过耐铝性来体现，目前筛选耐铝种质资源的方法主要包括田间鉴定、盆栽试验和营养液培养试验等。普遍认为，营养液培养是最有效的方法，而苏木精染色和根系再生长量测定则是最常用的筛选指标。目前分子技术也应用到耐酸（铝）品种筛选中。

3.2.3.2 作物耐酸机制

外部排斥和内部耐受机制是植物耐铝毒性最重要的两种生理机制。其内部忍耐机制包括细胞质中的有机酸、可溶性蛋白及其他有机配体对铝的螯合、液泡的区室化、诱导酶活性等；外部排斥机制主要是分泌有机酸、酚类化合物、可溶性糖、可溶性蛋白及黏胶质等来适应环境胁迫。普遍认为，在耐铝机理中，根系有机酸的分泌是作物最重要的耐铝机制。在遭受铝胁迫时，不同作物分泌的有机酸种类不同。例如，大豆、玉米等分泌柠檬酸，小麦分泌苹果酸，荞麦分泌草酸，萝卜和油菜可以同时分泌苹果酸和柠檬酸。另外，按照有机酸分泌对铝胁迫的响应时间，可将有机酸分泌分为快速模式和慢速模式。快速模式以小麦和荞麦为代表，此类作物可在铝胁迫后几十分钟内向介质中释放有机酸；而慢速模式以燕麦、玉米及绣球花等作物为代表，一般在遭受铝胁迫数小时后才做出反应。有研究认为，柠檬酸阴离子结合铝离子的能力大于草酸和苹果酸，柠檬酸解铝毒的能力更强。因此，作物根系有机酸分泌种类及分泌量对其耐铝程度具有重要作用。然而，到目前为止，不同作物的根系对特定有机酸分泌的调控机制仍不清楚，需进一步研究。

3.2.4 酸化土壤的防控与改良

3.2.4.1 土壤酸化的防控措施

A 控制酸沉降

随着现代工业的发展，酸沉降已成为导致土壤酸化的重要原因。因此，需从源头上控制二氧化硫、氮氧化物等污染物的排放。例如，采用新型的环保能源，采用高效农业废弃物处理技术。

B 科学合理施用氮肥

目前，我国的化学氮肥施用量高、氮肥利用率低已成为造成土壤酸化的最主要因素之一。减少氮肥施用量、多施用生理碱性肥料，以及根据土壤氮肥背景值及作物的需氮规律施肥是减少土壤中氮素残留，防止土壤酸化的重要措施。

3.2.4.2 土壤酸化的改良措施

已酸化的土壤很难通过自身作用得以恢复，因此酸性土壤的改良成为研究的热点。作为传统的改良方法施有机肥、石灰等碳酸钙类肥料或化学改良剂及间作轮作等改良措施已经得到了广泛应用，而生物碳、高分子化合物等新兴改良技术也处于研究阶段，另外硅肥及某些有机酸对酸性土壤也有一定的改良效果，逐步在农业生产中推广。

A 增施有机肥

对于土壤酸化来讲，有机肥的投入与农产品的收获是两个互逆的过程，有机肥的投入可有效补充由于农产品的移除而引起的盐基离子损失。长期施用有机肥能够有效调节土壤pH值，稳定或提高土壤酸碱缓冲能力，降低交换性酸及铝含量，缓解土壤酸化。有机肥对土壤酸化的改良机理在于：(1) 直接作用。有机肥通常为碱性，随着有机肥的施用，大量盐基离子进入土壤中，增加了土壤溶液的离子强度和阳离子交换量，有效缓解土壤酸化，这种直接的中和作用及阳离子输入的交换过程作用迅速。(2) 有机物在矿化的过程中产生大量富含羟基、苯酚等官能团的酸性物质，与土壤中羟基铝、铁水合氧化物发生配位体交换，消耗土壤中的质子，提高土壤pH值，而且有机物分解产生的有机酸在进一步脱羧过程中释放的CO_2将消耗氢离子。然而，有研究认为，有机肥中的有机氮到硝态氮的转化过程是一个酸化的过程，因此有机肥对土壤酸度的长期效果取决于有机肥质子消耗能力和随后过程中硝化产生的酸，大量有机肥施用是否会引起土壤酸化，与有机物料的有机酸盐含量、作物种类及土壤背景值有关，需进一步观测。

B 施用碳酸钙类肥料或化学改良剂

钙对植物的抗逆性具有重要作用。酸性条件下钙可以维持细胞膜的正常结构，增强植物的耐铝毒能力，降低植物对重金属元素的吸收。目前，碳酸钙类肥料或化学改良剂，如碳酸钙粉、钙镁磷肥、白云石粉以及含重金属少的冶金炉渣，均可用来改良酸性土壤。石灰在传统农业中应用较为广泛，是较经济、便捷的酸性土壤改良剂。施用石灰可以中和酸性土壤中的活性酸和潜在酸，缓解铝毒，生成氢氧化物沉淀，增加土壤中的钙含量及土壤酶活性。但由于石灰只能撒在土壤表面，且移动性较差，用来改良 15cm 土层以下的酸性土壤费用较高，而且大量施用石灰将引起土壤板结、复酸化作用和阳离子不平衡。

C 种植制度

豆科作物在吸收养分时会通过根系向土壤中释放氢离子，加速土壤酸化，而豆科作物与禾本科作物间作或轮作会有效缓解这一现象。盆栽条件下的研究表明，鹰嘴豆与小麦间作可以缓解单作鹰嘴豆而带来的土壤酸化现象。

D 作物秸秆及生物碳

作物收获后从土壤中带走了大量碱性物质，作物秸秆还田能够增加土壤碱性。生物碳是作物秸秆在缺氧条件下加热而成的。生物碳中含有的碱性物质在进入土壤后可以很快释放出来，中和部分土壤酸度，增加盐基离子含量和阳离子交换量。生物碳可以提供植物所必需的氮、磷、钾、钙及镁等营养元素，并钝化酸性土壤里面的重金属元素，促进作物生长。另外，生物碳良好的孔隙结构和吸附能力也为土壤微生物的生存提供了附着位点和较大的空间。生物碳对酸性土壤具有一定的改良效果，但其改良机理仍需进一步明确。目前我国对生物碳的研究仍处于理论研究，由于生物碳收集及运输成本较高，在一定程度上阻碍了生物碳的推广、应用。

E 高分子化合物

近年来随着科学技术的进步，许多高科技产品也应用到土壤酸化的改良中来。一些高分子聚合物（如聚丙烯酰胺、纳米羟基磷灰石等）在改良酸性土壤方面取得了许多成果，研究表明聚丙烯酰胺可增加酸性土壤中大团聚体数量，提高土壤孔隙度，吸附重金属元素，提高作物叶片抗氧化酶活性，促进作物生长。

F 综合治理技术

每一种改良技术都有优点和不足，将几种改良技术综合起来才能充分发挥改良效果。有机肥与石灰配合施用是常用的综合改良措施之一，在旱地红壤上种植作物的初期施用一次石灰可迅速提高土壤 pH 值，然后通过施用有机肥来稳定并逐步提高土壤 pH 值。盆栽条件下的研究表明，石灰和磷肥配合施用使旱地红壤 pH 值提高 38.4%、交换性铝含量降低 96.3%。

3.3 土壤水土流失及其防治

全世界水土流失的范围主要发生在北纬 40°与南纬 40°之间，美、苏、印度及非洲大多数国家都存在着不同程度的水土流失现象。

欧洲移民和牲畜的大量增加是澳大利亚发生水土流失的主要原因，移民滥垦和不合理的放牧方式破坏了澳大利亚的天然植被，导致比较严重的水土流失。美国的土壤流失主要来源区域是耕地，小部分来自坡地和丘陵地。自 1934 年美国发生史上有名的“黑风暴”事件后，美国多地肥沃的表土被刮光，农作物产量下降严重，给美国带来了极大的灾难。

目前，人类面临着诸多世界性环境问题的困扰和严峻挑战。其中，人口与粮食是最为突出的问题，而水土流失是造成人口与粮食问题的根源。据统计，由于水土流失人类已损失了大约 20 亿公顷的耕地，全球每年因水土流失造成的直接经济损失大约为 1000 亿美元。土壤侵蚀和水土流失也是我国最主要、危害最严重的土壤退化形式。

水土资源是人类生存的重要依赖因素，水土流失严重影响了人类生存与经济发展。我国的水土流失面积广、流失量大，据调查数据的统计显示，水土流失已经遍及每个流域、每个省份，不仅广泛发生在农村，还发生在城镇和工矿区。第一次全国水利普查水土保持情况公报（2013 年）显示，我国土壤侵蚀总面积 294. 91 万平方千米，占普查范围总面积的 31. 12%。可见水土保持势在必行。

我国是一个水土流失严重、水旱灾害频繁的国家。土壤的大量流失，不仅严重影响农业生产，而且泥沙淤积河道及水利工程，危及下游防洪安全。水旱灾害历来是中华民族的严重忧患。因此，防治水土流失，是一项功在当代、利及千秋的长期的战略任务，需要几代人坚持不懈地艰苦奋斗，无私奉献，才能达到预定的目标。

3. 3. 1 水土流失概念

水土流失（water and soil loss）是指在水力、重力、风力等外力作用下，水土资源和土地生产力的破坏和损失，包括土地表层侵蚀和水土损失，亦称水土损失。1981 年科学出版社出版的《简明水利水电词典》提出，水土流失指“地表土壤及母质、岩石受到水力、风力、重力和冻融等外力的作用，使之受到各种破坏和移动、堆积过程以及水本身的损失现象”。这是广义的水土流失。狭义的水土流失特指水力侵蚀现象。

水土流失是在陆地表面由外力引起的水土资源和土地生产力的损失和破坏。它是在地球表面的重力场中发生的，在太阳能的作用下水、空气的流动和温度都能造成水土流失。土壤侵蚀是指在陆地表面，水力、风、冻融和重力等外力作用下，土壤、土壤母质及其他地面组成物质被破坏、剥蚀、转运和沉积的全部过程。

水土流失，严格地讲应属土壤侵蚀中的水力侵蚀范畴，而且除指土壤、母质的流失外，尚包括水的损失。不过习惯上，人们常将“水土流失”和“土壤侵蚀”两词等同起来使用。目前，我国已把“水土流失”作为“土壤侵蚀”的同义语，水土流失的含义也相应扩大了，包括风力侵蚀等在内。

3. 3. 2 水土流失分类

根据产生水土流失的“动力”，分布最广泛的水土流失主要可分为水力侵蚀、重力侵蚀和风力侵蚀三种类型：

（1）水力侵蚀分布最广泛，在山区、丘陵区和一切有坡度的地面，暴雨时都会产生水力侵蚀。它的特点是以地面的水为动力冲走土壤。如黄河流域。

（2）重力侵蚀主要分布在山区、丘陵区的沟壑和陡坡上，在陡坡和沟的两岸沟壁，其中一部分下部被水流淘空，由于土壤及其成土母质自身的重力作用，不能继续保留在原来的位置，分散地或成片地塌落。

(3) 风力侵蚀主要分布在中国西北、华北和东北的沙漠、沙地和丘陵盖沙地区，其次是东南沿海沙地，再次是河南、安徽、江苏几省的“黄泛区”(历史上由于黄河决口改道带出泥沙形成)。它的特点是由于风力扬起沙粒，离开原来的位置，随风飘浮到另外的地方降落，如河西走廊、黄土高原。

另外还可以分为冻融侵蚀、冰川侵蚀、植物侵蚀、化学侵蚀和混合侵蚀。

3.3.3 水土流失特点

总体而言，我国水土流失呈现出分布范围广、流失面积大、流失强度大、侵蚀严重区比例高、流失成因复杂以及区域差异明显等特点。据调查，全国水土流失面积356万平方千米，其中，西部地区水土流失面积占全国水土流失总面积的81.7%。由于黄土高原特殊的自然因素以及人为因素的影响，土壤侵蚀十分强烈，水土流失面积62万平方千米，是我国乃至世界上水土流失最严重、生态环境最脆弱的地区之一。坡耕地是我国水土流失的主要策源地，每年产生的土壤流失量约为 1.5×10^9t，占全国水土流失总量的1/3。黄土高原丘陵沟壑区坡耕地面积所占比重较大，是该地区水土流失最严重的部位，水土流失量一般占流域水土流失总量的40%~60%。

我国的水土流失具有以下特点：

一是分布范围广、面积大。中国水土流失面积356万平方千米，占国土面积的37%，其中水力侵蚀面积165万平方千米，风力侵蚀面积191万平方千米。其中黄河流域水土流失状况最为严重，现已达45万平方千米，占流域面积的60%。

二是侵蚀形式多样、类型复杂。水力侵蚀、风力侵蚀、冻融侵蚀及滑坡、泥石流等重力侵蚀特点各异，相互交错，成因复杂。西北黄土高原区、东北黑土漫岗区、南方红壤丘陵区、北方土石山区、南方石质山区以水力侵蚀为主，伴随有大量的重力侵蚀；青藏高原以冻融侵蚀为主；西部干旱地区风沙区和草原区风蚀非常严重；西北半干旱农牧交错带则是风蚀水蚀共同作用区。

三是土壤流失严重。据统计，中国每年流失的土壤总量达50亿吨。长江流域年土壤流失总量24亿吨，其中上游地区达15.6亿吨；黄河流域黄土高原区每年进入黄河的泥沙多达16亿吨。

3.3.4 水土流失的侵蚀形式

传统水土流失以自然地貌的侵蚀形式为主，人为加速侵蚀主要是毁林毁草、开垦荒地造成的。水土流失是一种极为剧烈的人为加速侵蚀，形式非常复杂。其特殊性表现为：一是水循环系统和水资源的破坏与损失，二是侵蚀搬运物质复杂化，三是人为诱发水土流失严重，四是特殊的水土流失形式。

侵蚀可以分为正常侵蚀和加速侵蚀两个一级分类，加速侵蚀包括水力侵蚀、风力侵蚀、重力侵蚀、冻融侵蚀、植物侵蚀、泥石流侵蚀等。尽管没有明确人为因素的作用和表现，但相对于正常侵蚀（或者叫自然侵蚀、地质侵蚀等），加速侵蚀显然有人为因素，暗含人类活动影响存在。目前的侵蚀是加速侵蚀阶段，水土流失表现为自然侵蚀和人类活动综合影响的结果。

3.3.5 中国水土流失与其地貌环境的关系

我国土壤侵蚀的区域分异与地貌的区域分异基本吻合。东部水蚀区正好与地貌的季风湿润区相吻合。山地与丘陵、平原相间分布，丘陵和盆地、山地和平原的交接地带是发生土壤侵蚀（水蚀和重力侵蚀）的主要部位；同时由于地质活动造成相间分布的地貌结构，形成若干个“侵蚀—沉积”单元，成为东部地区侵蚀地域分异的基础。

西北风蚀区与西北内陆干燥区的界线大体一致。内陆盆地地势起伏较小，为风力的剥蚀作用提供了良好的地貌条件。青藏高原的土壤侵蚀表现为冻融侵蚀。青藏高原的高海拔形成了常年积雪，为冻融侵蚀的发生提供了动力条件。三级阶梯状的地势及平原和山地、丘陵相间分布的地貌格局加剧了土壤侵蚀的产生。土壤侵蚀的强烈地段多位于三地形阶梯的平原和山地—丘陵的过渡地带。如华北平原周围的山地丘陵、东北平原周边的漫岗台地以及江南丘陵地区的一系列小型盆地的外围地区等。面积广大的山地、高原和丘陵为土壤侵蚀的发生提供了广阔的空间。如黄土高原质地疏松的黄土经流水强烈侵蚀，已呈现出千沟万壑、梁赤遍布、地表十分破碎的景象。再如江南丘陵由于其厚层砂岩和砾岩经流水切割作用形成了许多的奇峰峭壁；两广的花岗岩丘陵受流水作用而被切割得十分破碎，沟谷纵横；山东的变质岩和花岗岩丘陵久经流水切割侵蚀，地形低缓破碎。

3.3.6 水土流失的影响因素

诱发水土流失的原因，大致可以分为自然原因和人为原因两类。自然原因包括气候、地形、土壤、植被等，它为水土流失创造了潜在的可能性；人为原因包括对土壤侵蚀有相关作用的人类不规范的生产活动，它是激化和增加水土流失的本质原因。

（1）气候因素。影响水土流失的气候因素主要包括降水、风、温度等。其中降水关系最为密切。降水过程是发生水土流失，造成土壤侵蚀的动力因子。它的影响有两个方面：一是经过雨滴的冲刷作用使地表产生剥蚀，二是通过汇集形成地表径流，对地表产生击溅作用，在相互作用产生土壤侵蚀的各类因子中，降雨在土壤侵蚀中扮演着举足轻重的作用。一般地，有降雨才有可能造成土壤侵蚀，没有降雨就没有损失。在水土流失的发生过程中，水土流失量与雨量成正比关系，随雨强的增大而增大；另外，在雨量和雨强相同的条件下，雨滴直径大，则雨滴质量和降落速度大，其动能和土壤侵蚀量也大。过多的前期降水也是导致暴雨形成径流，产生严重水土流失的重要因素。在气候干燥地区，风也会引起地表风蚀，形成地表沙漠化。冰冻和解融也对重力侵蚀有直接影响，尤其是土体和基岩中含有一定水分时，引发泻溜、滑塌等重力侵蚀。

（2）地质因素。土壤对各种外力的影响存在着抗侵蚀的作用，这可以从土壤的可蚀性和抗蚀性这两个方面进行说明。土壤抵抗侵蚀的能力从根本上讲，是与土壤的机械组成、结构以及有机质含量等各种属性密切相关的。土壤母质对风化过程、风化产物、土壤类型及其抗蚀能力均完全不同，所以一个区域的侵蚀状况会因为土壤本身而相互制约。岩性是对风化过程、抗蚀力等有着重要影响的因子，主要有岩石的抗侵蚀力、透水性、蓄水性和风化性。岩石具有一定的孔隙率、渗透系数和吸水率，因而表现出不同的透水和蓄水能力。透水性强的岩石可以降低径流量，透水性弱的则径流系数高，暴雨时易出现洪灾。若上覆强透水性岩层，下存弱透水性岩层，在一定条件下，易产生滑坡。岩石风化后，易出现碎屑，容易发生水土流失。

（3）地形地貌因素。土壤侵蚀受到绝大多数地貌因素如地面的坡度、坡长、坡向、绝对高度与相对高度等的制约与影响。一般地，水土流失量与坡度陡缓成正比。在其他条件不变时，地面坡度越大，径流速度越大，土壤侵蚀越严重；在坡度相同的情况下，坡面越长，汇聚的径流量越多，水土流失越多。坡形通过对坡面径流的分布及变化的影响来影响土体的搬运、迁移和沉积。

（4）土壤和植被。土壤本身的透水性、抗蚀性、抗冲性和抗剪强度是影响水土流失的主要特性。质地疏松且具有良好结构的土壤，透水性强、径流量小；构造坚实的土壤则透水性低，易产生径流和冲刷。土壤抗蚀性强，对雨滴的击溅、分散有强抵抗力，不易被分散、悬浮和搬运；土壤抗蚀性越弱，越容易被冲刷崩解成小块，并在地表径流的作用下，产生水土流失；土壤的抗剪强度主要影响重力侵蚀的发生。

植被可截留降水，削弱降雨能量，地上的枯枝落叶能防止雨滴击溅，分散和滞缓地表径流。在拦截和过滤泥沙的同时，植被能够改良土壤结构，增强土壤透水性，根系可以固持土体，增强其抗冲性和抗剪强度。在植被覆盖率大的区域，其水土流失量小；反之，则大。植被与土壤侵蚀的关联是相互制约互相影响的。茂密的植被覆盖能够很好地维护水土，阻止流失；相反，损坏植被必将让土壤侵蚀变得越发不可收拾。大量调研发现，森林、草被对防治土壤侵蚀均有明显的关联。

（5）人为因素。人为因素发生在人类社会不合理的生产建设活动，损坏了地面植被和地貌所形成的土壤侵蚀。长久以来，我国陡坡开荒、超载放牧、乱砍滥伐、破坏森林和植被现象日益明显，人为地加剧了土壤侵蚀。特别是最近，伴随着我国经济的大发展，国际化过程中开发建设项目和城市基础设施建设的迅速增加，运输道路的修建、管线的铺设以及各种矿产资源的开采等各项活动加速，对矿产和石料、土壤和土地等自然资源的需求日益上升。工程项目建设过程中，开挖边坡、采石放炮等，破坏了坡面的平衡，形成了很多破碎面，使坡面侵蚀基准面结构受到破坏，坡面系统的各要素发生变化，潜在的土壤侵蚀加剧；加上施工过程中，土石方的开挖、搬运以及填筑，使土壤结构遭到破坏，土壤抗侵蚀的能力很快下滑；有的又随意乱倒废土、弃石、矿渣等，也为土壤侵蚀提供了物质基础和环境条件。

人们不规范的社会经济活动发展增加的土壤侵蚀本身是可以理清的，但经济效益的提高却使得人们不重视对自然环境的保护，不注重水土保持。开发建设项目在施工过程中因匮乏实用的水土防治措施和存在不合理行为等，往往导致或诱发崩塌、滑坡、泥石流等水土流失灾害。所以，防止人为因素所造成的土壤侵蚀是当前防治水土流失的重中之重。

3.3.7 水土流失对生态环境的影响

严重的水土流失导致土壤及养分的大量流失，土地的生产力水平低下，社会经济条件落后，人民生活困难，给该地区自然环境、经济和社会带来了极大危害。水土流失主要来自农田，农田水土保持是农业生产的根本，是我国治理水土流失的重要内容。

3.3.7.1 恶化水环境减少可持续利用的水资源

（1）涵养水源功能变差。地表水、土壤水和部分地下水都是以土壤为载体，附着在土壤上。水土是不可分的，土地资源的良好状况是水资源存在的保证。水土流失使得土层变薄、土壤结构发生改变、土壤持水量降低；同时又为新的加速状态的水土流失创造更为适宜的条件，引发新的水土流失，形成恶性循环。最终水土流失导致区域涵养水源的功能变差，加剧旱涝灾害，降雨作用下坡面径流增加，容易诱发洪涝灾害。

（2）大量泥沙进入江河湖库。水土流失作为原动力携带大量土壤泥沙进入江河水系，对于下游造成严重的危害：水系河道淤堵，河床抬高，泄洪能力大大下降。河流泥沙含量过高，综合利用功能降低，水土流失引起的泥沙下泄淤积湖库，使得水利工程设施的调洪蓄水、灌溉、发电等功能不能有效发挥甚至失效，对国民经济造成巨大的损失。水土流失引发的面源污染使得大量的农药、化肥进入水系，导致水质严重恶化。

3.3.7.2 蚕食土地资源

（1）导致可利用土地资源急剧减少。水土流失最为直接的危害就是将土地资源的表层土壤层层剥蚀和冲蚀，使有限的土地资源遭到严重破坏。土层变薄使得土地资源的农业或非农业利用价值降低甚至无法利用，造成可利用的土地资源急剧减少。由于土壤的侵蚀导致土地沙化、荒漠化、石漠化的面积增加，农业可利用价值降低。

（2）耕地数量和质量双重下滑。水土流失导致土地生产力严重衰退，沟壑密布，地形支离破碎，耕地因此大量减少。同时水土流失导致土壤肥力严重流失，耕地质量下滑。土壤中含有大量氮、磷、钾等各种营养物质，水土流失尤其是表土的流失，致使表层土壤变薄、保水能力减弱、肥力下降，最终导致耕地生产力下降。严重的水土流失不仅使土壤肥力不断下降，而且导致我国化肥用量逐年升高，土壤肥力却越来越低，从而形成恶性循环。

（3）土地资源的人口承载力下降。土地生产力越高，土地资源的人口承载力就越大，而生产条件是决定土地生产力的关键因素。由于水土流失，导致土地资源中含养分最丰富、肥力最高的表土层流失，土地肥力降低导致土地资源的生产力以及潜在生产力的降低，使得土地的生物产出量降低。当土地生产条件和消费水平不变时土地资源能供消费的人口数量必然降低，即土地资源的人口承载力下降。

3.3.7.3 毁坏和减少生物资源

（1）生态环境呈现退化。生态环境破坏甚至丧失使生物栖息地缩小或荡然无存，将直接引发生物种的种数和数量的减少，致使生物多样性大幅度下降。严重的水土流失导致生态环境恶化，使适宜野生物种栖息地急剧减少，野生物种分布范围日益缩小。如果水土流失继续加剧则会导致物种濒危或灭绝的趋势加速发展。

（2）生物群落逆序演替。在自然状态下群落有一系列的顺行发展过程，如群落的生物多样性、生物生产力、群落的高度、土壤的肥力等增加，并且群落的结构趋向于复杂化，最后形成一种稳定的群落。但是，水土流失作为外界环境中一种重要的干扰，可导致群落逆向演替，即生物群落退化。逆向演替的结果造成系统中生物多样性减少、群落结构简单化、生物生产力降低、土壤有机质含量减少等退化过程，如水土流失引发的草地退化、沙化。

（3）生物多样性锐减。水土流失在生物多样性剧减过程中的作用是非常显著的。生物多样性锐减的后果是灾难性的。生物多样性的破坏，特别是生物的食物链和食物网的断裂和简化，将导致生物圈内食物链的破碎，引起人类生存基础的坍塌，严重威胁人类的生存和发展。

3.3.7.4 恶化区域气候

（1）温室效应增强。生态系统通过固定大气中的碳减缓地球的温室效应。水土流失破坏生态环境导致生物多样性的降低，使得生态系统固持大气中的碳量减少，导致温室效应增强。

（2）环境自净功能衰退，空气质量变差。陆地生态系统的生物净化作用包括植物对大气污染的净化作用和土壤植物系统对土壤污染的净化作用。植物净化大气主要是通过叶片的作用实现的。

（3）风沙灾害天气增多。水土流失导致草场退化、植被覆盖率减少，生态系统防风固沙能力减弱。

3.3.8 水土流失重点防治区域划分

水土流失重点防治区实行分类防治、分类指导，与国家的“主体功能区划”政策相吻合。“主体功能区划”首先在《“十一五”规划纲要》中被提出，2010 年《全国主体功能区划》正式出台，对各类功能区进行了明确的规定，指出：应贯彻可持续发展观，坚持在发展中解决生态问题，以此来应对日益严峻的区域间生态问题。按照对各类主体功能区的定位，实行分区战略，即将国家级水土流失重点防治区分为：国家级重点预防保护区、国家级重点监督区和国家级重点治理区，不同的区域实行不同的政策，实行分类防治、分类管理。不同区域水土流失的防治重点、措施、对象不同，“三区”应相互独立，其边界范围不应交叉重叠。但现实中的“三区”出现了交叉重叠的现象，同时为了与“主体功能区”相协调，《中华人民共和国水土保持法》（2011）将水土流失重点防治区调整为“四级两区”。

为进一步贯彻落实水土保持法，并完成《全国水土保持规划》中国家级水土流失重点预防区、重点治理区复核划分工作，制定了《国家级水土流失重点防治区复核划分技术导则（试行）》。

该导则指出两区划分的要求是：国家级重点防治区以县级行政区为单元，两区相互不得交叉，并划分为国家水土流失重点预防县和治理县。“两区”复核划分是在原国家级水土流失防治区划分为“三区”成果的基础上，根据《全国水土保持规划国家级水土流失重点防治区复核划分技术导则》，同时借鉴《全国主体功能区划》等进行复核划分的。目前，国家级的水土流失重点防治区划的复核成果已经公告，共包括 40 个重点防治区，重点防治面积为 93.36km^2，约占国土面积的 9.8%。

3.3.8.1 重点预防区

根据水土保持法规定，水土流失重点预防区是依据水土流失调查结果，水土流失存在潜在危险较大的区域。该区域的特征是：人为活动较少；水土流失现状较轻，但潜在的水土流失危险程度较高；对国家或区域生态安全、防洪安全和水资源安全有重大影响。根据此次复核划分成果，全国共划分了大小兴安岭、长白山、三江源等 23 个国家级水土流失重点预防区，涉及 460 个县级行政单位，重点预防面积 43.92 万平方千米，约占国土面积的4.6%。

划分条件：

第一，这些区域属于国家、省级、某些区域的重点生态区，特征是目前的植被覆盖率较高，水土流失轻微。

第二，这些区域的较严重的水土流失是人为原因造成的，表现为人为毁坏地表的覆盖物。

第三，这些区域属于特定的生态功能区，主要包括重要的大江大河源区、饮水源区等。

划分指标：

第一，定性指标。即区域是否涉及水源涵养、水质维护、生态维护、防灾减灾等水土保持功能；土壤侵蚀潜在危险分级，其分析判定按《土壤侵蚀分类分级标准》（SL 190—2007）附录A执行。

第二，定量指标。即区域的土壤侵蚀强度、森林覆盖率、人口密度。

第三，辅助指标。即区域的集中连片面积，如国家级的是面积大于10000km^2。

3.3.8.2 重点治理区

水土保持法规定，水土流失重点治理区是指依据水土流失调查结果，水土流失严重的区域。该区域的特征是：人口密度较大、人为活动较为频繁；现状水土流失相对严重；水土流失是当地和下游经济社会发展主要制约因素。根据此次复核划分成果，全国共划分了三峡库区等17个国家级水土流失重点治理区，涉及631个县级行政单位，重点治理面积49.44万平方千米，约占国土面积的5.2%。

划分条件：

第一，这些区域严重的水土流失较大地影响着重要流域、重要湖库。

第二，这些区域具有治理水土流失的急迫性，土地资源受到严重威胁，土地生产力下降，对农村的生产、生活有直接的影响。

第三，这些区域包括一些特定区域，如边疆地区、革命老区、少数民族聚居区等。

划分指标：

第一，定性指标。即区域的治理需求迫切，预期治理成效明显，水土流失治理程度较低。

第二，定量指标。即区域的土壤侵蚀强度，坡耕地面、水土流失及中度以上水土流失的面积比。

第三，辅助指标。即区域的集中连片面积，如国家级的是面积大于10000km^2。

水土流失重点防治区的“四级两区”划分是由中央到地方的一种自上而下的方式。首先，根据国家主体功能区划、生态功能定位和水土流失现状，以县级行政区域为单元，划定了国家级水土流失重点预防区和重点治理区；其次，在国家级“两区”划分的基础上，根据省级的生态功能需求和生产力布局，以县级行政区域为单元，划分省级重点防治区；最后，在结合国家级和省级区划的基础上，以小流域或片区为单元，划定市级和县级的重点防治区。这种自上而下的划分方式，可以避免区域间的交叉和重叠，便于区域间的监督管理。较之“三区”而言，“两区”涉及的面积更小，划分更加集中和细化，而且一些区域由原来的预防保护区变为了治理区，如嘉陵江上游、大兴安岭东麓；一些重点治理区重新划定为重点预防区，如丹江口水源区；还有一些区域是新划定为重点防治区的，如燕山、阴山北麓、天山北坡、阿勒泰山等被新划为重点预防区，伏牛山、中条山区、滇黔桂岩溶石漠化区、西南诸河高山峡谷区等新划定为重点治理区；还有一些区域不再是水土流失重点防治区，如三门峡库区等。

水土流失重点防治区划的演变反映出我国在不同的阶段在不同区域的防治重点不一样，而且随着国民经济和社会发展的需要，以及水土流失防治的情况，重点防治区之间是会相互转变的。"三区"演变为"两区"，是根据生态文明建设和主体功能区划的需要进行调整的，也是为了推进水土保持工作、满足经济社会发展的需求。

3.3.9 水土保持的概念

在水土保持法中，我国的水土保持明确为"是指对自然因素和人为活动造成水土流失所采取的预防和治理措施"。在《水利水电工程技术术语标准》中，对水土保持的解释为：防止水土流失，保护、改良与合理利用水土资源的综合性措施。

国外开发建设项目水土保持起源于土地复垦，并伴随着土地复垦而不断发展。国外土地复垦过程中包含大量的水土保持工作，而复垦结束后的主要任务是，防治已恢复利用土地的土壤侵蚀，改良、维护和提高新垦土地的生产力。其重点是矿区水土保持，而矿区水土保持与矿区土地复垦有着密切的关系，它是矿区土地复垦的保障性措施，它们之间存在着很大的同一性。开发建设项目水土保持实际上与土地复垦是不可分割的，土地复垦中的许多问题是水土保持问题。除此之外，国外开发建设项目水土保持还包括城市边缘废地的整治和重新利用，公路、铁路边坡稳定与绿化，大型工程和城市建设的水土流失防治等。

国外开发建设项目水土流失控制技术主要是确定和设计合理的边坡角度。人工堆置和修筑形成的边坡角度，直接关系到斜坡的稳定及其水土流失防治。确定和设计边坡角度必须考虑其稳定性、经济可行性、植被恢复难易度等诸多因素。

防蚀工程措施，主要是指土石方工程，包括截短坡长、陡坡起垄、松动地表、开沟排水、修筑防水堤以及多种斜坡固定工程。

植被恢复措施，主要目的是迅速覆盖地表，控制水土流失。包括立地条件的调查、分析和评价，先锋植物种的试验遴选、立地改良措施，播种与种植技术和特殊植被恢复技术等。特别值得一提的是，许多国家在植物筛选上，首先是在实验室气候箱中进行，然后做大田试验，最终选出适宜于该地区生态条件的牧草和树木。

3.3.10 水土保持措施

我国农田水土保持措施主要包括工程措施、林草措施以及农业技术措施，这三大水土保持措施紧密结合，构成了我国农田水土流失综合防治体系。

3.3.10.1 水土保持林草措施

水土保持林草措施是指以保护地表土壤免遭雨滴直接打击为目的，为增加地表植被覆盖率而采取的植树种草措施，称为水土保持生物林草措施。由于林草措施对土壤的破坏小，因此具有更强的防治水土流失的功能。植被覆盖面积大、生存时间长，可以在较大范围内长期起作用，所以改善植被是水土流失治理的根本措施。

决定土壤侵蚀量大小的因素主要是植被状况。随着森林覆盖率的提高，流域的径流深和输沙模数都显著减小，即使在森林覆盖率不太大的情况下，减沙效果也是非常显著的。林草措施防治水土流失的作用主要是通过林冠层、枯落物层以及植物根系三方面的作用来实现的。其中，林冠层发挥水土保持的作用一方面是林冠层截留降水，减少直接到达地面的降雨量；另一方面是林冠层通过对雨滴的拦截，减弱降雨侵蚀力。有研究表明，一定程度上林冠层对降雨动能的减弱作用随着林分郁闭度的增加而增大，林冠层与灌木草本层都对降雨动能有明显的削弱作用，但是削减降雨总动能的效果不同。林冠层可以削弱降雨总动能的17%~40%，而灌木草本层可达44%。草本层在地面覆盖度达90%时，可以有效拦蓄90%以上的径流，基本无侵蚀发生。有研究发现，在油松林地，当地面枯落物的厚度达2cm就可以完全消除雨滴对土壤的击溅侵蚀。林地枯落物像一层海绵一样覆盖在地面上，具有很强的水分吸持能力。枯落物层吸收作用的大小，除了与枯落物的厚度有关外，还与树种以及枯落物的分解程度等因素有关。枯落物吸水饱和后，多余的水分会形成地表径流。一些学者认为枯落物具有增加地表粗糙度的作用，从而延长林地地表径流的汇流时间，降低径流速度，林地枯落物越厚，地表粗糙率系数越大，枯落物拦蓄径流的能力越强。研究指出，紫花苜蓿能够通过冠层截流以及增加土壤的降雨入渗来改善土壤的水分状况。森林植被能通过根系增强土壤的抗蚀和抗冲能力。另外，根系还能通过与土壤之间的摩擦力以及胶合力增强土壤的抗剪强度，从而减少土壤侵蚀量。由此可见，草本植物以及林下枯落物层的情况对森林植被发挥保持水土作用具有重要影响。

3.3.10.2 水土保持工程措施

农田水土保持工程措施是指为了防止农田上发生的水土流失，提高农田降水利用效率，提高农作物产量，通过改变微地形而在农田上兴修的一种保持水土、蓄水拦泥、排水防漏、聚肥增长的工程措施。

梯田是黄土高原基本农田的重要组成部分，也是其坡耕地治理的一项主要措施。我国是世界上最早修筑梯田的国家，其历史可追溯到春秋战国时期。

与坡耕地相比，水平梯田改变了地面坡度和径流系数，缩短了坡长。因此，田面超渗产流不具有冲刷土壤的能量，梯田具有更强的蓄水保土作用。不同学者对不同地区梯田蓄水保土效益的研究结果不同。研究发现，在黄土丘陵区次降雨条件下水平梯田蓄水效益的最大值为97.5%，最小值为70.5%，平均值为86.7%；其保土效益最大值为98.4%，最小值为71.3%，平均值为87.7%。对红壤坡地坡改梯蓄水保土效应分析发现，坡耕地改梯田后，蓄水效益高达67.6%，保土效益达85.0%以上，坡改梯防治水土流失效应显著。坡改梯以后，表层土壤容重降低，土壤总孔隙度和毛管孔隙度增加，改善了土壤结构，土壤的入渗性能增强。在一定的土层深度内，梯田较坡耕地的土壤含水量大；坡耕地在降雨强度为1.45mm/min，降雨23min时即产生径流，梯田却没有径流产生。在同一坡位上，降雨量相同的条件下，梯田拦蓄雨水的功能比坡耕地好，保证了充足的土壤水分。研究发现梯田的聚水效率平均可达92.4%，基本能够实现雨水的全部入渗，入渗到土壤中的水分基本能满足当地春小麦的水分亏缺；梯田土壤水分含量对于缓解干旱地区的“卡脖旱”具有极其显著的作用。

虽然梯田可以变“三跑田”为“三保田”，提高旱作农田的生产能力，但权衡坡改梯的综合效益后发现，并不是所有坡度都适宜进行坡改梯。5°~15°之间的坡耕地适宜进行梯田建设，并且随着坡度的增大，梯田保水减沙效益越明显，作物产量越高；坡度大于15°

时，坡耕地修建梯田的综合效益较低，因此不宜进行坡改梯，而应实施退耕还林还草等林草措施；对于坡度小于5°的坡耕地不需要修建梯田。坡改梯后其切土部位呈现出土壤紧密、容重增大、孔隙度小、入渗量小、肥力低等现象。新建梯田性能不够稳定，梯田新建后的第一季农作物一般会减产；建成3年以上的梯田增产效果比较明显，且以后随着耕种年代的增加，增产率还会增加。新建梯田经过几年的耕种逐渐表现出比坡耕地优越的特点，且优越性能逐渐趋于稳定。在新修梯田初期迅速提高土壤肥力以及采取各种技术措施保证农作物产量是首先要解决的问题。否则，新修梯田2~3年内难以增产，甚至还会低于原来的坡地产量。

近年来，梯田田埂崩塌和滑坡侵蚀的危害逐渐增多。埂坎崩塌不仅成为梯田效益发挥的制约因素，而且埂坎土地资源难以利用，容易出现资源浪费和埂坎裸露，是黄土丘陵沟壑区景观生态恢复的难点。因此，开展梯田埂坎绿化具有重要意义。我国学者针对梯田地埂的保护和合理利用开展了一系列研究。其中，对梯田生物地埂的研究较多。所谓梯田生物埂是为防治水土流失，改善农田生态环境，提高单位土地生物生产能力和经济生产能力，增加农林复合经营系统的稳定性，而将适宜的乔木、灌木或草本植物配置在梯田埂坎上形成的一种农林复合生产类型。虽然梯田地埂在保护梯田方面发挥了重要作用，但埂坎植物会造成胁地效应，引起梯田内作物减产。研究发现，距田坎1m以内单位株作物产量较坡地减少18.2%。在梯田田埂种植萱草会影响其2m以内的作物产量，但萱草的收益远远大于作物减产所造成的损失，农民的总体收入还是有很大增加。

3.3.10.3　水土保持农业技术措施

水土保持农业技术措施是水土保持三大措施之一，是指通过少耕、免耕或者改变微地形地表状态技术及地面覆盖、合理布局作物等综合配套措施，减少农田土壤侵蚀，保护农田生态环境，并获得生态效益、经济效益和社会效益协调发展的可持续农业技术。吴发启提出将水土保持农业技术划分为以改变微地形为主的蓄水保墒技术，以提高土壤抗蚀力为主的保护性耕作技术和以增加植物覆盖为主的栽培技术三大类。人们经过多方面的实验研究及实践经验发现，耕作、灌溉、覆膜、施肥、合理的轮作顺序等农业措施通常都可以提高作物的产量和水分利用效率。随着水土保持农业技术措施的发展，单一的技术措施逐渐向多种技术措施结合的方向发展，如保护性耕作与覆盖措施的结合等。研究表明，多种水土保持农业技术措施的结合较单一措施能够发挥更好的效应。

3.3.10.4　建设项目水土保持

根据水土保持措施的工程性质类别，水土保持措施的种类有工程措施、绿化措施、物理化学措施等。《开发建设项目水土保持方案技术规范》将水土保持措施分类为拦渣、护坡、土地整治、防洪、防风固沙、防治泥石流、绿化等七方面。具体措施如下：

拦渣工程，主要形式有挡渣坝、拦渣墙、拦渣堤、拦渣围堰、尾矿坝等，主要设置于弃土、弃石、弃渣和其他废弃固体物质的堆放场地。

护坡工程，主要形式有削坡分级工程、植物护坡工程、砌石骨架护坡、混凝土骨架护坡、综合护坡工程。

土地整治工程，建设项目中的土地整治工程主要是在微地形上的地表坡面整治，主要形式有人工回填整平、人工夯实、机械碾压整平夯实。

防洪工程，主要形式有拦洪坝、排洪渠、防洪堤、护岸护滩工程及涵洞或暗管工程。

防风固沙工程，主要形式有种植防风固沙林草、平整沙丘和引水拉沙造地、客土造林等。

泥石流防治工程，主要工程措施有蓄水保土工程、支护、引渡和各类固沟工程、格栅坝和桩林、停淤工程与排导工程。

绿化工程，主要有植草、植树、景观绿化。当前的工程绿化技术方式较为丰富，并向本土化、成活快、生命力强方向发展。

3.3.10.5 小流域治理

我国是世界上开展水土保持较早的国家之一，早在3000多年前的西周时期，就有“平治水土”的方法。我国南方在1000多年前就采用梯田作为灌溉农田。清代农民利用泥沙打坝淤地，并对黄土高原水土流失地“汰沙澄源”做田。20世纪80年代以后我国水土流失治理措施的研究进入了全面发展的阶段。小流域尺度的研究一直是资源环境研究的重点之一，在水土流失的治理中，小流域的治理更被视为中国水土保持的基本方式之一。国内外很多学者都以小流域为单位，开展土壤侵蚀的研究，并取得了可观的成果。

我国幅员辽阔，水土流失多种多样，水保工作者们在对不同地区的水土流失治理过程中，探索出了各种水土流失治理模式。刘秀兰根据黄土丘陵区的陕西省清涧县的老舍古流域治理特点提出了黄土丘陵沟壑区五道防线综合治理模式。潘树森等根据黑龙江省拜泉县的水土流失治理模式提出了东北黑土漫岗区综合治理模式，主要为丘陵区建立坡、水、田、林、路综合防治体系。山东省泰安市岱岳水土保持办公室根据山东省泰安市岱岳区石屋志小流域的治理方式提出了山顶乔灌草，山中栽果树，山下建粮田，沟道梯级拦蓄，渠道环山绕的北方土石山区综合治理模式。

各种水土流失的治理模式是各个地区水土流失治理过程中实践经验与研究总结，证明是比较有效的治理措施。但是由于地带性的因素，不同地区的治理模式建立的目的不同，如黄土高原区的治理模式是以提高水资源利用率、推进生态环境建设为主要目的；而西南紫色土地区的治理模式以抢救土壤资源、提高土壤承载力为目的；东北黑土漫岗区是以保障粮食生产为目的。

3.4 土地盐渍化及其防治

盐渍化（salinization）又称“盐碱化”，目前已经成为全世界共同面临的一个全球性环境问题。不同专业的学者从各自的领域出发，对这一问题进行了深入的研究。就盐渍化的概念而言，基本上已经形成共识，即各种营力使盐分在土壤中或地表集聚的过程，尤其是在干旱—半湿润的气候条件下，地表水和地下水中的盐分通过蒸发作用在地表聚集，造成地表土层含盐量增高、植被生态环境恶化的一种地质现象。这种地质现象为气候和地质环境变化所控制。

盐渍土（salt-affected soil），即浸取液电导率（electrical conductivity of extract solution, ECe）大于4dS/m的土壤。

盐土与碱土以及各类盐化、碱化土壤统称盐渍土或盐碱土。盐土是指土壤中可溶盐含量达到对作物生长有显著危害程度的土类。碱土则含有危害植物生长和改变土壤性质的多量交换性钠，又称钠质土。表层含盐量一般不超过0.5%，土壤溶液中含有一定量的苏打，土壤胶体的交换性钠占交换性阳离子总量20%以上，一般pH值为9或更高的土壤称为碱土。盐碱土形成的共同特点是盐分不断向土壤上层累积，而这种盐分在地表层的迁移和积聚是在一定的环境条件下形成的。

土壤盐渍化是一个世界性的问题，同时也是世界上解决土地退化中最大的难题。世界上除南极洲尚待调查研究外，其余五大洲及其大多数主要岛屿的海滨地区和干旱、半干旱地带，涉及100多个国家和地区，都有各种类型的盐渍土分布。盐渍土主要分布于气候上的干旱地带、地貌上的大陆洼地、水文地质上的高矿化地下水及其随时可能抬升而达到“临界深度”的高地下水位区域。从盐类迁移的地球化学过程来看，盐渍土形成主要是由于盐渍土地区或周围高低存在的聚集作用、地壳深层的承压作用、低地生物还原作用以及海水顶托的补给作用，导致多类型与高浓度的各种盐类在土壤中积累，危害植物生长，甚至沦为不毛之地。据联合国教科文组织（UNESCO）和粮农组织（FAO）不完全统计，全世界盐渍土面积约有9.55亿公顷，世界上有50%以上的灌溉土地遭受次生盐渍化影响。根据中科院南京土壤所2002年的调查，我国各种类型的盐渍土总量为14.87亿亩。其中潜在盐渍土1734万公顷，次生盐渍土约占盐渍土总面积的1/6，主要分布在东北、华北、西北内陆地区以及长江以北沿海地带，每年因土壤盐渍化造成的直接经济损失高达25亿元。松嫩平原草地盐斑比例已由20世纪50年代的5%~15%增加到20%~50%以上，平均每年增加盐斑面积6000~7000公顷。每年由于土壤次生盐渍化的影响，有数百万公顷灌溉土地失产弃荒。这些土地广泛分布于干旱及半干旱地带，雨量稀少。干旱气候带的降水量一般不足250mm，半干旱气候带的年降水量也仅250~500mm。发展灌溉是这些地区发展农业的主要的或唯一的手段，但是灌溉不合理或灌溉量过大，就会造成灌区土壤的次生盐渍化。如印度、巴基斯坦、伊朗、伊拉克、叙利亚、阿塞拜疆、乌兹别克斯坦、乌克兰、俄罗斯和澳大利亚等国家的农业生产都受到这一问题的严重威胁。土壤次生盐渍化问题威胁人类自身的生存和发展，因此，一直以来都为世界各国广泛重视。

我国是一个土地资源匮乏的国家，14亿人口仅有1亿公顷耕地，而且以每年30万~40万公顷的速度减少，我国目前人均耕地不到世界人均耕地的1/3。随着工农业飞速发展，人类干预周围环境的活动越来越强烈，规模越来越大，人口的迅速增长及人类活动的不断加剧引起环境污染日趋严重。加之对土地保护意识的淡薄，对土地资源的不合理开发利用，土地盐碱化程度不断加剧，对生态环境与经济发展构成了严重威胁。因此，开发利用盐渍土和防止土壤盐渍化不仅是21世纪必须高度重视的生态问题，而且也是解决我国人口粮食问题的一条重要途径，更是我国实施可持续发展战略的必由之路。

我国是盐渍化影响严重的国家之一，其分布范围广，覆盖了热带和寒温带、滨海和内陆、低地和高原地区。盐渍土面积占全国可利用土地的4.88%，西部六省区中，盐渍土占可利用土地面积的9.4%，占全国盐渍土面积69.03%，其中新疆盐渍土面积最大，占可利用土地面积的19.25%，占全国盐渍土面积的36.8%。全国耕地中盐渍化面积占全国耕地总面积的6.62%，西部盐渍化耕地占西部地区耕地面积的13.93%，占全国盐渍化耕地的37.4%，新疆耕地盐渍化最重，占耕地面积的30.85%。西部六省区的后备耕地资源总面积占全国后备耕地资源总面积的63.7%，在西部后备耕地资源中，盐渍土占后备耕地资源的33.2%，新疆后备耕地资源面积较大，单盐渍土地占58.49%，而且盐碱化呈加重趋势。

但是，干旱的气候条件造就了新疆为土壤盐渍化大区，盐渍土种类多，被称为世界盐渍土的“博物馆”。新疆盐渍土总面积 $8.476\times10^6hm^2$。现有耕地中 31.1%的面积受到盐渍危害。

我国的干旱区面积占国土总面积的1/3，干旱、半干旱区的盐碱土分布广泛。土壤盐渍化问题一直是干旱区可持续发展研究的热点，也是改善环境质量的研究焦点。

目前，在美国、加拿大、澳大利亚等发达国家，全球定位系统（GPS）、地理信息系统（GIS）、遥感技术（RS）和电磁感应地面电导仪（EM）盐分勘察系统等先进的技术已经被充分应用到土壤盐分灾害监测、大规模土壤盐分勘查、新灌区灌排系统的精确定位，及时、准确地获得了实时实地的土壤盐分和作物数据，为准确快速地改良盐渍土提供了条件。但随着全球气候变迁，尤其是温室效应的加重引起全球温度的普遍升高，使土壤次生盐渍化日益加重。另外，随着我国人口的不断增长与耕地面积萎缩，水资源短缺矛盾日益突出，客观上要求我们必须充分利用现有的土地资源尤其是具有较大开发潜力的盐渍土资源。因此，无论是从科研的角度还是从我国国情的客观实际需要，加强盐渍土的治理和防止土壤次生盐渍化都是当今的一项重要任务。

3.4.1 土地盐渍化的分类

盐渍土又叫盐碱土，包括盐土和碱土两种不同的土壤。

其中盐土是盐碱土中面积最大的一种类型，主要是指土表层含可溶性盐超过0.6%~1%的一类土壤。含盐量小于这个指标的，就不列入盐土范围，而列为某种土壤的盐化类型，如盐化棕钙土、盐化草甸土等。

碱土是盐碱土中面积很小的一种类型，碱土中吸收性复合土体中交换性钠的含量占交换总量的20%以上。小于这个指标的只将它列入某种土壤的碱化类型，如碱化盐土、碱化栗钙土。土壤的碱化程度越高，土壤的理化性状愈坏，并表现出湿时膨胀、分散、泥泞，干时收缩、板结、坚硬、通气透水性都非常差的特点。

盐土是含有过多水溶性盐分的土壤。它的盐分多属中性盐，如氯化钠、硫酸钠（芒硝）等。盐土仅呈微碱性反应，pH值在7~8.5之间。由于盐土含有过多的水溶性盐，土壤溶液的浓度较高，使作物的根系难以吸取土壤中的水分，造成作物减产，严重时将萎枯死。

碱土中所含的水溶性盐分多属碱性盐，如碳酸钠（碱面，又叫苏打）、碳酸氢钠（小苏打）等，呈较高的碱性反应，pH值在8.5以上。土壤胶体和腐殖质中吸附有很多的钠离子，破坏了土壤的良好结构，湿时分散泥泞，干时龟裂板结，致使作物出苗困难，同时由于碱的腐蚀性较大，破坏根系的组织细胞，危害作物生长。

盐碱土的分类方法很多，根据分类标准不同可分为以下几类：

（1）按土壤的全盐量划分。一般是根据1m土层内所含可溶性盐类占干土重的百分数来划分，见表3-2。

（2）按盐分组成划分。根据土壤中易溶性盐中的各种阴离子的相对含量（mg当量/100g土）来划分。

表 3-2 土壤盐化分级标准

分 级	土壤含盐量（SSC）	
	滨海、半湿润和半干旱地区	干旱、半荒漠和荒漠地区
未盐化	SSC<0.1%	SSC<0.2%
轻度盐化	0.1%≤SSC<0.2%	0.2%≤SSC<0.3%
中度盐化	0.2%≤SSC<0.4%	0.3%≤SSC<0.5%
重度盐化	0.4%≤SSC<0.6%	0.5%≤SSC<1%
极重度盐化	SSC≥0.6%	SSC≥1%

氯化物盐土：土壤盐类绝大部分为氯化物，Cl^-与 SO_4^{2-} 的当量比不小于 4，俗称油碱或叫卤碱、潮碱、万年湿。其主要成分为氯化物，吸水性强，表层通常潮湿，土色灰暗至棕黑，干时形成坚而脆的盐结皮，尝之有苦咸味。油碱对作物危害较大，pH 值为 8 左右。

硫酸盐氯化物盐土：土壤盐类以氯化物为主，硫酸盐次之，Cl^- 与 SO_4^{2-} 的当量比为 4~1。

氯化物硫酸盐土：土壤盐类以硫酸盐为主，氯化物次之，Cl^-与 SO_4^{2-} 的当量比为 1~0.5；俗称白碱或称面碱，干旱时地面呈现白色盐霜。主要成分为 Na_2SO_4，其次是 NaCl，尝之有凉味，但不咸。白碱土表层有蓬松层，踏踩时能陷鞋底，故又称蓬松盐土。因白碱可熬皮硝，又名硝碱。白碱对作物危害较轻，pH 值为 8 左右。

硫酸盐盐土：土壤盐类绝大部分为硫酸盐，Cl^-与 SO_4^{2-} 的当量比≤0.5。

苏打盐土：土壤盐类以碳酸盐和重碳酸盐为主，$HCO_3^-+CO_3^{2-}$ 与 $Cl^-+SO_4^{2-}$ 的当量比>1。俗称马尿碱，含有较多的 Na_2CO_3、$NaHCO_3$ 和 NaCl。由于碳酸钠能溶解土壤中的腐殖质，以至呈黄棕色的盐霜出现在土壤表面，尿碱对作物危害最大，pH 值在 8.5 以上。

（3）根据交换性钠的含量占阳离子交换量的百分数划分。非碱化土：钠化率（碱化度）Na^+含量小于 5%；弱碱化土、钠化率（碱化度）Na^+含量为 5%~10%；强碱化土：钠化率（碱化度）Na^+含量为 10%~20%；碱土：钠化率（碱化度）Na^+含量大于 20%。

土壤盐碱化类型和程度的不同表现为土壤质量和植被群落的差异，见表 3-3。

表 3-3 盐碱化土壤程度评价指标

类型	轻度盐碱化	中度盐碱化	重度盐碱化
植被类型	羊草、虎尾草	杂类草、萎棱草	碱蓬、碱蒿
土壤类型	碱化草甸土	草甸盐碱土	碱土、盐土
碱斑占面积比例/%	<15	15~30	>30

（4）根据荒漠化分类原则，结合土地利用类型及遥感影像目视解译的可读性，将盐碱地景观划分为盐碱化耕地（盐碱化水田、盐碱化旱地）、盐碱化草地、盐碱化沼泽湿地及碱斑地（盐碱化林地面积很小故忽略）等四种类型。

盐碱化耕地：指在土体中对作物生长有害的水溶性盐类的积累超过一定限度，达到危害作物正常生长，产生危害的一种耕地类型。

盐碱化草地：指生长在盐碱化土壤上，以适盐、耐盐或抗盐特性一年生或多年生草本植物为主，碱斑覆盖率在 15%~70%之间的各类草地，包括以牧为主的灌丛草地和郁闭度在 10%以下的疏林草地。

盐碱化沼泽湿地：指地势平坦低洼、排水不畅、长期潮湿、季节性或长年积水和过湿的、土体表层盐碱聚集的、生长湿生耐盐碱植物的一种湿地类型。

碱斑地：指碱斑覆盖率达70%以上的、盐碱化程度严重、难以利用的盐碱地。

我国于1978年公布的《中国土壤分类暂行草案》中根据盐渍土的形成条件、成土过程和土壤特性等，又将盐土划分为草甸盐土、滨海盐土、沼泽盐土、洪积盐土、残系盐土和碱化盐土6个亚类。将碱土划分为草甸碱土、草原碱土、龟裂碱土3个亚类。

（5）盐渍化按其成因可分为原生盐渍化和次生盐渍化两种。

原生盐渍化是指不受人为影响、自然发生的土壤盐渍化；次生盐渍化是指土壤以前不受盐渍化的影响，或仅轻微地受到盐渍化的影响，但在灌溉一定时期以后，它们变成了盐渍化土壤，这通常是由于人类不合理的灌溉和使用（如大水漫灌、排水不良等）方式引起，是人类活动对土地资源的破坏。

3.4.2 土地盐渍化的危害

土壤盐渍化不但造成资源破坏、农业生产的巨大损失，而且还对生物圈和生态环境构成威胁。

由于人口不断增长，未来将有更多的土地在人为影响下发生次生盐渍化过程，盐渍化范围将不断扩大，耕地作物产量降低和土壤肥力降低的风险也将不断增加。大范围的土壤盐渍化会导致土地质量急剧下降、农业粮食大幅度减产、水资源污染和生物多样性降低等，已对全球粮食安全和环境质量造成了巨大威胁。

当土壤中含有过多盐分时，土壤溶液的浓度增高，作物细胞液的浓度相对降低，以至作物吸收水分的速度变慢甚至停止。在盐碱地上种植作物，一般是种子发芽率降低，幼苗生长不良，发生不同程度的缺苗断垅现象，并使开花成熟期推迟。当土壤中含碳酸钠、重碳酸钠等碱性盐类多时，还会腐蚀作物的纤维组织，破坏作物对养分的吸收，造成营养失调；当土壤中钠离子过多时，会代换出土壤胶体上的钙离子，造成土粒分散，结构破坏，以至湿时泥泞，干时坚硬，严重影响耕性和通气透水性，危害作物生长；土壤盐分过多和酸碱度过高时，还会抑制微生物活动，降低土壤肥力，妨碍作物生长。

3.4.3 土壤盐渍化的生态效应

3.4.3.1 土壤盐渍化对生态环境的影响及危害

土壤盐渍化不像其他土地退化过程，其对土壤表面的破坏力并不大，但其对环境的影响和危害却十分严重。例如，土壤中过多的盐分限制了植物利用水的能力，从而危及植物生长，对农业生产造成致命的打击。再如，旱地主要通过灌溉不断开垦为农用地，这容易产生不合理的水土管理行为，导致土壤中的盐分不断增高，对农作物产量造成巨大损失。未来，在人口压力下，将有更多的旱地用于农业生产，从而盐渍化的风险进一步扩大。另外，土壤盐度还能影响其他的土壤退化过程，如加速土壤分散和板结、加剧土壤侵蚀、腐蚀工程建筑结构等。土壤盐渍化导致农作物生产力和产量的损失，对灌溉工程造成经济影响。例如，由于次生盐渍化，美国科罗拉多河谷每年造成的经济损失估计为7.5亿美元，巴基斯坦西北部省份每年的经济损失为3亿美元，澳大利亚墨累河流域每年的损失为2.08亿美元。而且，这些损失还未将农场的房价、河流和河口的富营养化、公路和房屋等基础设施损毁、农场经济的社会价值等间接损失计算在内。一份由澳大利亚国家水土资源部于2000年提交的旱地土壤盐度风险评价中估计，已有2万千米的主要公路和1600km铁路受到盐渍化腐蚀，如不采取任何控制手段的话，到2050年，主要道路受威胁的数字将上升为52000km，铁路受威胁的数字将上升为3600km。

3.4.3.2 土壤盐渍化对全球变化的反馈及影响

土壤盐渍化集中发生的干旱、半干旱及滨海地区的生态环境高度脆弱及敏感区域，在全球气候变化的影响下，土壤盐渍化对环境的影响更为显著。近百年来，全球气候系统正经历着以全球变暖为主要特征的显著变化，其对生态系统大尺度影响包括全球变暖（CO_2浓度升高、平均气温升高）、极端气候事件频发（如洪涝、台风、暴雨等），以及海平面升高。全球变暖将导致陆地和水域蒸发量大增，这意味着蒸发量增加而雨量下降的区域将发生更为严重、持续时间更长的干旱，全球干旱、半干旱面积增大，即更多的区域处于盐渍化风险之下。另外，由于气温升高、蒸发量增加、降水量减少、径流量改变，导致土壤水平衡变化，将加重盐渍区的盐渍化程度。持续干旱或气温上升还将导致农业对水资源需求增加，开采地下水容易过度，使地面沉降，盐水更易入侵。在全球变暖的影响下，冰川融化，海平面升高，这使滨海或其他地势低平的区域，盐水极易倒灌入侵，地下水矿化度增高，地下水盐淡水界面内移，加大盐渍化风险。最后，极端气候如风暴潮、洪涝的频发，给盐渍化农业区的排水系统造成很大负担，盐分不能及时排除，从而加重该区的盐渍化程度。全球气候变化对土壤盐渍化影响如图3-1所示。全球变化加剧了土壤盐渍化过程或使更多的土地处于盐渍化风险之下，自然资源、粮食安全进一步遭受威胁。

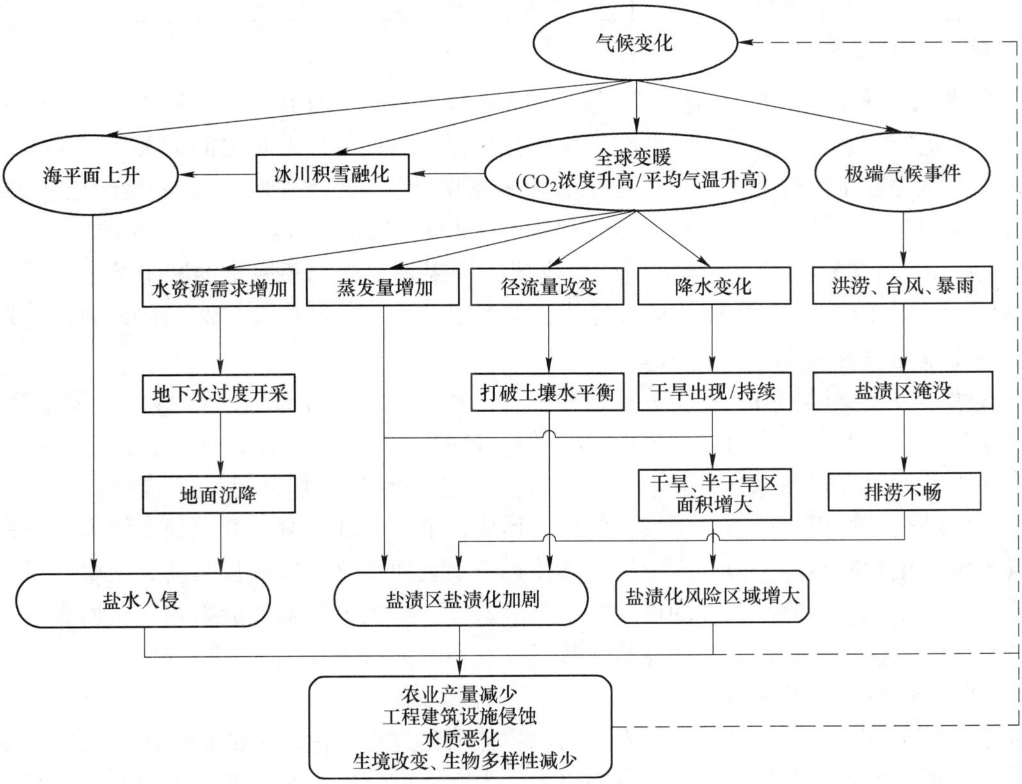

图3-1 气候变化与土壤盐渍化相互关系网络

全球气候变化不仅加大了土壤盐渍化风险，反过来，日益严峻的全球土壤盐渍化过程可能同样对全球气候变化有巨大的影响。土壤中的有机碳在气候、植被、土质及人为扰动的条件下，经微生物分解，以二氧化碳的形式释放入大气。甲烷可在长期淹水的土壤经发酵作用产生。有机氮在土壤中转化为无机氮，无机铵态氮可在硝化菌作用下变成硝态氮，而硝态氮在反硝化菌作用下转换成多种状态的氮氧化合物，氧化亚氮（N_2O）可在硝化和反硝化过程中产生。二氧化碳、甲烷、氧化亚氮等温室气体（greenhouse gas，GHG）在大气中所占比例，是评价生态系统对全球变暖贡献大小的一个重要指标。在全球范围内，二氧化碳、甲烷、氧化亚氮等气候变暖的贡献比例分别是76.7%、14.3%和7.9%。从二氧化碳、甲烷、氧化亚氮增温效应及在大气中的浓度（表3-4）可以看出，尽管甲烷及氧化亚氮只占大气极小的比例（浓度单位级别为亿分之一，ppb），但这些温室气体有着比CO_2强得多的增温效应，CH_4为CO_2的21倍，N_2O为CO_2的310倍，而全球一半以上的N_2O来自土壤的硝化和反硝化过程，由人类活动导致的CH_4从前工业时代的700 ppb增长至1700ppb。因此，土壤作为一个重要的温室气体来源或巨大的碳、氮储存库，土壤中所发生的生态过程将影响其温室气体的去向。

表3-4 温室气体增温强度及其浓度比较

温室气体	增温系数	大气浓度/ppb
二氧化碳（CO_2）	1	379000
甲烷（CH_4）	21	1760
一氧化二氮（N_2O）	310	320

数据来源：IPCC，2007。

全球性土壤退化，极大地改变了土壤中的各类指标，如湿度、pH值、土壤有机碳（SOC）。土壤学家已经着力研究各类土壤退化过程和温室气体通量之间的关系。例如，一些科学家认为在土壤侵蚀中，由于土壤有机碳密度低于无机矿物质，易聚集于土壤表层，导致有机质流失及转化速率加快，该过程是一个CO_2排放的净碳源，每年的排放量为1Gt C/a。另一些科学家发现，土壤沙漠化最主要的后果是土壤总碳库量的减少及全氮含量显著降低，并以无机C、N气体的形式排放至大气中。由于沙漠化的加速，估计现今旱地区域的碳排放速率为0.227~0.292pg C/a。

作为一类土壤退化过程，土壤盐渍化的发生致使土壤化学成分和土壤性质发生改变，包括土壤质地、湿度、聚合度、SOC、pH值、矿物质组成、水分含量。通常，土壤中盐分含量上升后，随之而来的是土壤碱性的增强。土壤碱性的增强导致土壤颗粒分散度上升、土壤结构破坏更为严重、土壤盐结皮的形成，最后侵蚀土壤，并致使土壤退化；高盐同样导致土壤颗粒破碎分散、土壤结构熟化贫瘠、表面硬化或形成盐结皮。土壤性质的这些变化能对土壤中水分和气体的运动、根系渗透度、有机质分解造成影响，从而影响土壤水分、碳、氮的动态变化，最终在大尺度范围内深深改变植物生长和温室气体（如CO_2、CH_4、N_2O和NO）排放格局。

最近几十年来，较自然状态下发生的原生盐渍化过程，由人类活动引起的次生土壤盐渍化过程更为严重，对世界环境的危害更为巨大。人们施以各种目的的土地管理活动，如水文管理、翻耕、施肥、补充农家肥，对土壤盐渍化或有减缓或有加重的作用。这些活动能极大地改变土壤性质，如溶解有机质、土壤物理结构（颗粒大小、枯土比例）及 pH 值等，从而影响微生物的活动，最终影响由微生物驱动的土壤生物地球化学过程的速率，如分解作用、硝化作用、反硝化作用、发酵作用等过程。因此，盐渍化土地上进行的人类管理活动可能对温室气体排放的影响十分巨大，大气中温室气体是否能维持稳定也可能与之密切相关。

3.4.4 土地盐渍化的形成机制及原因

3.4.4.1 土地盐渍化的形成机制

土壤盐渍化最开始的形成是自然过程，是含盐丰富区域可溶性盐转移或传播至非盐渍化区形成的。初始土壤盐渍化形成后，后续过程主要受人为影响，也被称为次生盐渍化。次生盐渍化主要是由于不合理的水土管理，导致盐渍化过程加重，或污染未盐化区域所引起的。土壤盐渍化主要发生在干旱或半干旱区域，这些区域降水量少、蒸发量大，限制了土壤盐分向下淋溶。当没有合理利用土地时，如进行不当的农业活动，这一效应将被放大。20 世纪 80 年代统计全球次生盐渍化土地达 0.76 亿公顷，占人为引起的土壤退化总面积的 3.9%。除却自然因素（如气候、水文），影响土壤盐渍化的主要人为因素有修建供水及控水系统（灌溉、排水系统）、作物种植活动（植被类型、密度及根系特征）等。

在灌溉区，次生盐渍化发生的主要机制有四种：(1) 过度灌溉导致地下水位上升。在农用地灌溉过度，同时不及时排水，导致灌溉区地下水位上升；或者，种植的农作物为浅根作物，不能吸收多余的土壤水分，同样导致地下水位上升。地下水位为地下 1.5~2m 深即能使植物根系区域盐分大量聚集，水分易从地表蒸发，盐分析出加重。以上两种情况造成的地下水位上升都会使盐分倾向存留于地表或表层土壤中。(2) 使用矿化度高的地下水进行灌溉。使用矿化度高的地下水灌溉作物，尤其在土壤内部排水受限、淋溶作用不充分的情况下，容易导致盐分聚集于植物根部区域。这类盐渍化发生于干旱环境中，影响范围较小。尽管灌溉水含盐量较少，但在高蒸散作用下，长期灌浇含盐水，土壤中的盐分同样将累积增加。(3) 盐水渗透作用。在灌溉水渠沿线、水库及农业鱼塘附近，经常发生盐水渗透现象，从而导致排灌区土壤产生盐结皮。若该区同时遭遇过度灌溉和排水不畅，盐水渗透将导致地下水位升高，甚至有可能形成上层滞水面。(4) 海水倒灌或高盐地下水。灌溉或城市用水过度，导致地下淡水过度开采、消耗殆尽，盐水水体附近的区域（盐水湖或海）的淡水蓄水层容易遭受盐水倒灌。盐水地下水位随之上升，土壤中盐分升高。

在干旱区，次生盐渍化的机制主要有三种：(1) 盐水渗溢。在地势低洼的半干旱区，如盐湖和浅滩边缘区，土壤的水分常来自这些盐水水体，加上高蒸发量，导致该区土壤地表盐分聚集。在这类水源稀少、气候干旱地区进行农耕活动，地表盐渍化程度加剧，最终成为重度盐渍化区，土地不得不遭到荒废。(2) 蒸散作用加剧的影响。在干旱区，地下水补—排系统或多或少在林地或灌区覆盖区下更为平衡，使盐分较为均匀分散于土被。若破坏自然植被，将其开垦用于耕种农作物，由于农业区蒸发量大于降水量，土壤水分大量流失，导致盐分大量聚集于土壤母质或地下水中。(3) 蒸散作用减弱的影响。相比前一种情形，蒸散作用减弱发生在自然林地转化为谷物种植地的过程中，或发生于谷物种植系统中引入夏季休耕措施时。这类土地覆盖利用方式发生改变，即地表植被从深根系林地转向浅根系一年生农作物，浅根植物不能吸收多余的水分，致使土壤水分增加，通过淋溶至土壤底层。在土壤水分运动过程中，含可溶盐的水分移动并在山坡底部或低洼处渗漏出来，当水分蒸发时，盐分析出聚集于土壤表面。若浅根系的农田或草地不能吸收的这些多余水分不能顺畅排出，则使地下水位上涨，土被中隐含的盐分随之溶解并集中，最终向上移动至上层土及土表。

在我国，尤其是西北地区，气候干旱，土壤蒸发强烈，土壤中的水分含量极少，导致在地表蒸发过程中地下水会沿着土壤毛细管上移，盐分随之上移，水分随蒸发过程耗散于大气，而盐分则留在土壤表层。当盐分离子积累达到一定高的浓度时，就发生土壤盐渍化。

3.4.4.2 土地盐渍化的形成原因

盐渍土的形成是由多种因素综合作用而成的。其形成的实质是各种易溶盐在地面做水平方向与垂直方向的重新分配，使得盐分在集盐地区的土壤表层逐渐积聚起来。我国盐渍化土壤多分布在干旱、半干旱地区，地貌以高原、盆地和山地为主，地形破碎，沟壑纵横，土质疏松，气候干旱，降水量小，蒸发量大。土层中所含盐分随着水分的蒸发从底层向表层转移，最后积聚在土壤表层。东北、华北地区的盐碱土有明显的脱盐、返盐季节；而在西北地区，由于降水量很少，土壤盐分的季节性变化不明显。封闭的地形使水盐不得外泄，盐分随地面、地下径流由高处向低处汇集，使得洼地成为水盐的汇集中心，受干燥气候影响，水分蒸发强烈，地下水或土壤溶液浓缩形成盐渍土。地下水越浅，矿化度越高，土壤积盐就越强。

其次，不恰当的人为活动也可导致土壤积盐，即土壤的次生盐渍化。人类的盲目开荒破坏了天然的植被，使得土质疏松，水土流失，土壤结构发生变化。有些地方浇水时采用大水漫灌、串灌、引灌苦水，低洼地区只灌不排，以致地下水位很快上升而在土壤表层积盐；或者在平地修建无防渗设施的蓄水池，乱砍滥伐林木等，都会加速土壤盐碱化和沙化，使得原来的耕作状况良好的土壤变成盐碱地。

盐渍化的形成主要是可溶性盐类在土壤表层重新分配的结果，而盐分在地表层的迁移和聚集是在一定的环境条件下形成的。

不同土壤类型、地貌和海拔高度对土壤盐分含量的积累表明：不同土壤质地对盐分含量的运移有影响，灌溉农田耕层土壤盐分含量大小顺序为：黏壤土>粉壤土>砂壤土；不同地貌类型土壤盐分含量表现为：冲洪积扇下部>冲洪积扇中部>沙漠边缘>冲洪积扇上部，主要与不同地貌类型的地下水埋深、地下水矿化度有直接的关系。

3.4.4.3 人为影响因子的综合量化评价

目前，剧烈的人类活动是影响土壤盐渍化格局的主要因素（图3-2）。了解区域土壤盐渍化的人为影响因子，并进行综合的、量化的评价，有助于制定可持续的、健全的管理政策。现有的评价大多集中于研究土壤盐渍化人为影响成因机制。一方面，林地的破坏是导致湿地土壤盐度升高的主要因素。另一方面，人口增长、过度放牧以及不合理的水土资源利用方式也导致盐渍化废弃地的扩张。此外，农用地中发展鱼塘养殖会造成土壤盐度升高。尽管这些研究探索了在盐渍化区域的人为影响主因，但可能还不够全面。理解土壤盐渍化的人为影响，不仅需要确定主因，还需要了解这些人为因子影响的范围，以及其影响对土壤盐渍化是起加重作用还是减缓作用。各种基于不同目的的人类活动导致了截然不同

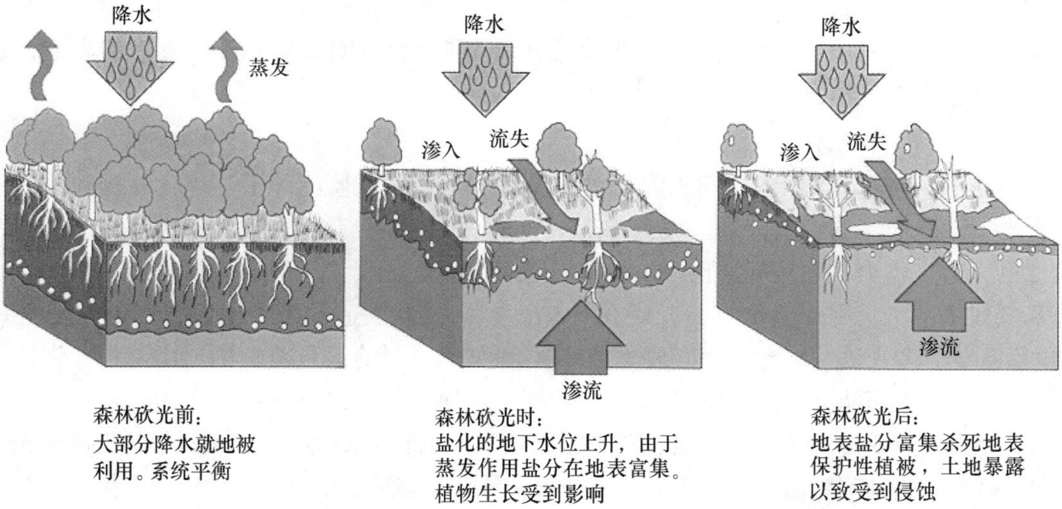

图 3-2 森林砍伐引起土壤盐渍化

的土壤盐度变化过程。例如，大规模的灌溉农业存在大量的不合理的土地和水文管理，致使次生盐渍化大面积发生。同时，一系列为缓解土壤盐渍化的措施也在积极展开，如大面积的植树，推广种植耐盐作物，用水管理合理化。因此，为了提供详尽的信息，更好地帮助土地管理者建立健全的政策，需要综合量化评价土壤盐渍化的主要人为驱动因子。

在复杂的环境因子和剧烈的人类活动共同影响下，土壤盐渍化在空间和时间上显示出了高度的异质性，进行综合量化评价主要有两大难点问题：

（1）导致原生土壤盐渍化发生的自然环境因素，如气候、土壤类型、地形和水文，是土壤盐度本底空间格局异质性的决定因素。影响土壤盐度本底的一个重要因素，是土地利用历史因子（land-use history factor）。随着时间的推移，大多数人类活动会导致土地利用变化，地表植被的覆盖和功能也发生相应的变化。植被格局的改变使当地水文状况也发生变化，这将影响地下水层中盐度和水的平衡，进而影响土壤盐度格局。这些非人为因素对土壤盐度格局的影响重大，若不进行排除处理，将干扰分析土壤盐渍化人为驱动因子的结果。以往研究土壤盐渍化机制中，有分析人为因素的同时将气候因子或土壤因子考虑在内的案例，但这些评价并未排除或归一化多种非人为因子的影响，这可能会导致对人为驱动因子评价的偏差或片面化。

（2）对人为驱动因子进行综合量化评价，这涉及各个方面，需要采用多功能的空间统计方法。尽管前人的评价研究大多确定了主要的人为驱动因子，但由于选用的方法不是空间统计方法，因此结果并不能满足提供详尽、量化信息的要求。例如，有的研究是利用土地覆被动态变化间接监测；有的是进行对比实验评价；还有的是进行空间叠加分析。这些研究仅能进行定性方面的探讨，对不同尺度下决定因子并未做定量确定，而且分析统计的主要因子也较为模糊。因此，为了更好地理解土壤盐度的异质性，需要环境、人类活动和土地利用历史因子的综合评价，以便进行更加量化的评测。

3.4.5 土地盐渍化的监测分析手段

作为农业生产基础资源的土壤，是由固体、液体和气体物质组成的体系。土壤盐渍化的调查必须考虑其组成成分在土壤中彼此相互结合、相互依赖和相互制约的作用。土壤水分含量、土壤有机质、土壤粗糙度、土壤盐分和质地等特性直接影响土壤肥力的高低，是精准农业中重要的信息。

3.4.5.1 传统方法

传统的识别和监测土壤盐渍化的方法包括地下水位钻孔监测、土壤理化分析和地面土壤电导率测量等。当对大范围区域进行高精度监测时，必然需要采集大量样品，这会耗费大量的人力、物力，监测周期也相对较长。随着世界土壤盐渍化程度的加剧，寻求一种快速和低成本的工具用于监测土壤盐渍化的热度越来越高。近年来，遥感技术的广泛应用（包括航空、多光谱、高光谱和微波等多种遥感平台），结合有针对性的地面调查，弥补了传统监测方法的不足，已成为动态识别和监测土壤盐渍化过程的主要手段。

传统的土壤调查分析价格昂贵、费时费力，并且可能带来环境污染问题。基于可见光—近红外光谱、遥感影像等分析技术测定土壤相关参数，监测盐渍化的变化，具有快速、花费少和非破坏性的特点。光谱检测具有简单、快速、无损的特点，已经成为现代无损检测的代表和主要发展方向。土壤光谱的测定分析对于描述土壤水分、盐分、类型等特征和调查有重要意义。

3.4.5.2 利用植被监测土壤盐渍化

根据土壤盐渍化监测的对象，应用遥感技术监测的盐渍化土地大致可分为两类：无植被覆盖的裸地（bare soil）和有植被覆盖区域的盐度监测（包括农作物区和自然林野地，cropland 和 wildland）。

初期遥感监测土壤盐渍化是直接以盐渍化土壤光谱作为解译对象。由于盐渍化土壤有盐分积累、结晶，形成盐结皮（salt crust），有特殊的光谱曲线，积累了大量盐分甚至形成盐结皮的土壤容易被遥感影像识别，且当植被覆盖度低于 25%~35%时，土壤的光谱特征差别明显，因此有大量研究围绕直接监测土壤盐度进行，在不同盐渍土类型的光谱特征描述、土壤盐度动态监测、遥感图像处理方法等方面进行了大量的、卓有成效的工作。然而，随着对监测与制图要求的提高，以土壤光谱直接监测的限制性凸显出来。首先，土壤诊断性的光谱信息十分弱，即在量化土壤盐渍化上突破有限；其次，土壤本身性质（表面粗糙度或土壤湿度）和气候（降雨）降低监测有效性；最为重要的是，土壤光谱易与其他地物光谱混合，当植被覆盖度过高时（如生长季），植被会影响盐渍化土壤的光谱特性，这种影响在红色和绿色波段表现得尤为明显，使得识别精度下降。

有研究表明，受盐分胁迫的植物可通过积累蛋白质、盐离子和叶绿素等化学组成来调节内部渗透压适应环境变化。在个体水平上，植物的形态发生适应性变化，如叶面积、干重、湿重、根长及植被高度等，在盐胁迫下都会有相应的变化。在群落水平上，盐生和耐盐植物群落的多样性、盖度、优势度与植物生长状况，都会随植物对盐分的适应性或耐性的变化而变化。植被这一系列生理生态响应能产生一系列特殊的光谱反应，并能被遥感探测器所探知和描述，这成为了利用植被光谱监测土壤盐渍化的理论依据。因此，若以植被光谱信息为土壤盐渍化的监测指标，则既可以避开土壤指标的限制条件，又同样能有效地监测土壤盐渍化，还能使监测过程在生长季进行，更好地确保监测的连续性和及时性。另外，相对土壤光谱信息，植被光谱信息有助于土壤盐渍化风险的评估和土地管理。

3.4.5.3 基于遥感技术的区域土壤盐渍化监测

调查某个地区盐碱地成因、数量、类型、程度和分布现状，是增强该地区农业综合生产能力、改善人民生活水平和提高土地有效利用率必不可少的工作，是进行区域土壤盐渍化监测预报的重要根据。长时期的自然条件（地形地貌、成土母质、水文地质、气候）和人类的各种生产生活的综合作用，都会对盐渍土的形成、发展和改良利用途径产生不同影响。在某一特定时期，研究分析盐渍土中总盐的组成、类型、数量和等级，以及盐分在土壤剖面垂直分布和区域水平空间的分布状况的调查属于静态盐渍化状况研究；而研究调查时间轴上土壤总盐在数量和空间上的变化状况，则指的是动态盐渍化状况研究。区域土壤盐渍化状况的调查，主要包括这两个方面。在制定区域盐碱化土地利用措施时，必须以盐渍化调查的时空变化规律为依据，才能提出合理有效的利用方式。由微观的点尺度到宏观的区域尺度（如田间、县级尺度、全球尺度等），多尺度性的土壤水盐运动会随着尺度水平的变化，表现出不同的运移规律。近年来，随着信息技术和计算机技术的发展，利用地理信息系统技术和地统计学的原理与方法可以实现土壤盐分评估由点到面尺度的扩展。而多波段、多时相的遥感技术，可以大面积实时动态监测盐渍土的状况。通过融合田间和实验室遥感数据进行分析是盐渍化区域监测的较优方法。

盐渍化土壤遥感研究的理论依据是：同一类地物在相同的光照、平台和近似的外界环境和条件下，在其光谱数据中应具有相同或相似的光谱和空间信息特征，这正是某种具有相似物理化学性质的地物对光谱有相近反映，也就是说遥感影像上，处于相同或相近状态的地物像元的特征向量会在同一特征空间内集群；不同状态的地物其光谱特征值差别很大，而被分散表现在多个特征空间区域。

在充分理解各类盐渍土光谱特征的基础上，利用各种遥感数据监测土壤的盐渍化状况的空间分布和制图成为可能。相关学者在对土壤实地调查和分析其光谱特征数据的过程中发现：盐渍化土壤的特征光谱信息主要与该土壤物理化学组成和成分含量密切相关：最主要的影响因子包括矿物质、有机质、含水量、土壤质地以及其表面粗糙状况与土壤颜色等。通过对不同时相的卫星 TM 数据和实测同时相近地土壤光谱数据进行分析，研究得到了盐渍土的光谱敏感波段在可见光和近红外波段，在特征谱段内盐渍土光谱反射率与土壤盐渍化程度趋势一致，即盐渍化程度越重，土壤的反射率也就越高。其中，强碱化的重钠质土壤比一般重盐渍化土壤的反射率高。在不同的外界条件下，如太阳高度角和土壤水分状况，盐渍土的光谱响应变化较大。盐化土壤中含有较多的 Na^+、Mg^{2+}、Cl^-，极易吸收土壤环境中的水分，由于水分吸收使得土壤总体反射率降低，表现出实测盐渍土光谱反射率与含盐量负相关的现象。

盐碱土中不同的盐分离子组成使得其土壤光谱表现出相异的特征。通常含有较多 Na^+、Mg^{2+}、Ca^{2+}、Cl^-和 SO_4^{2-} 等离子的盐渍化土壤往往由于土壤表面的蒸发使得土壤表面形成由这些化学物质聚集而成盐壳和盐晶。而不同化学组成的盐结皮和结晶物质具有不同的化学键，它们与水结晶后，将影响水分子对太阳辐射的吸收，从而改变盐渍化土壤的光谱响应。在澳大利亚 Murray-Darling 盆地，利用包络线去除法分析轻度、中度、重度和盐壳土壤的光谱数据得到：这四种土壤吸收特征峰在 505nm、920nm、1415nm、1915nm 和 2205nm 附近都有明显表现，在 680nm、1180nm、1780nm 处较高程度盐渍化的土壤表现出更明显的吸收特征；在 800~1300nm 之间，随着土样盐分的提高反射率曲线的斜率反而减小；在 2200nm 处，羟基吸收的强度随着盐渍化度的提高而减弱。通过对干燥土壤中的氯化盐和硫酸盐的中红外波段光谱进行分析，证明利用陆地资源卫星 TM 数据热红外波段 10.4~12.5nm 能区分出盐土和碱土，中红外波段吸收峰可以识别表面含有 $CaSO_4 \cdot 2H_2O$ 的土壤。

土地覆盖和利用模式影响不同程度的盐渍化，土壤地表单元在遥感图像上的颜色、形状、纹理、结构等直接解译标志。而盐渍土的判读也可依靠植被类型、地貌形态、地下水埋深、相关布局等间接标志进行土壤含盐量的解译，利用各种地表景观要素的相互关系对盐渍土的分布和程度进行推理。

在干旱、半干旱的条件下，土壤盐分的光谱响应特征在很大程度上受到地表覆盖的植被类型及其长势的影响，因此，植被覆盖率是一个间接反映盐渍化程度的良好指标。各种盐分敏感植被的长势、消失、耐盐植被的出现，是土壤盐渍化的最好且最易辨认的表征之一，所以很多学者应用植被特征进行盐渍化土壤的调查与制图。基于遥感波段特征进行代数运算得到的归一化植被指数 NDVI，可以表征地表植被绿色生物量的多少，该指标与土壤溶液的电导率间相关性较高，因此，广大学者在判别土壤盐渍化程度时也常常采用 NDVI 值作为一重要间接指标开展相关研究。盐渍化土壤对农业生产和作物生长的危害表现是多方面的：土壤盐分影响种子的发芽出苗，且大量盐分离子进入植物体内会破坏作物地上器官和组织，造成作物体内非营养物质饱和，使作物营养失调。同时，过多的土壤盐分含量会抑制植物从土壤中吸收水分的能力，若土壤溶液的渗透压超过了植物根毛细胞液的渗透压就会产生生理脱水，轻者植物体发育不良，重者则导致植物体萎蔫死亡。有研究表明可以利用棉花的表面阻抗对土壤的总盐含量水平进行评价，因为在盐渍土溶液的电导率与棉花的表面阻抗间进行模拟结果的相关系数 R^2 高达 0.86，可以得到很好的预测结果。植被的生命活力在近红外波段的反射率有很强的特征表现，当然也成为反映土壤盐渍化程度的最好指标之一。采用连续统去除法对 samphire（圣彼得草）等五种耐盐植物的遥感影像光谱和野外测量光谱研究发现，在近红外和可见光波段内耐盐植物的光谱特征比一般植被的光谱特征更明显。

国外利用卫星遥感进行土壤盐渍化监测研究始于 20 世纪 70 年代。进入 80 年代，多波段、多时相的遥感数据被广泛应用于盐渍土和盐生植被的监测、调查、制图研究中。这一时期，主要是结合盐渍土和盐生植被的光谱特征实验研究进行目视判读，少数人用监督分类法提取盐渍土信息。90 年代以来，遥感数据源更加丰富，方法日趋成熟。常用的遥感数据有 Terra、MSS、TM、ETM+、Quickbird、ASTER、SPOT、RADARSAT 和 IRS 等卫星遥感数据及 Hy Map、AME 等高光谱数据。尽管遥感数据的光谱分辨率、辐射分辨率、时间分辨率和空间分辨率都在不断提高，但目视判读仍然是盐渍土监测研究和动态分析的重要手段。与以前不同的是研究内容更加广泛。

国内开展土壤盐渍化卫星遥感监测研究比国外大约晚 10 年，从 20 世纪 80 年代开始，即在黄淮海平原地区利用彩红外航片、卫星影像进行农业自然资源和自然灾害情况的调查和制图，进行盐渍化的研究。利用遥感影像进行目视判读是进行盐渍土定性、定量和动态分析的重要手段，数字图像处理技术在早期的盐渍土监测研究方面也发挥了一定的作用。

3.4.6 国内外研究进展

历史上关中平原存在着大面积的盐碱地，在一定程度上影响关中膏壤的美誉，其改良利用的历史也很悠久。早在1931年前后，就有人开始研究盐碱土壤及其改良事宜。如实业部地质调查所曾多次做过此方面的研究；北平大学农学院中也有人从事此工作；1935年长芦盐运使署邀请、组织考察团，调查研究冀南盐硝土，以谋改良；李树茂曾于1935年探得陕西省、绥远土壤百余份，就其碱性方面的问题加以研究。这种工作，虽在短期内未能收获明显效果，但也是我国农业及学术发展的一大进步。李树茂认为：使国人对于碱土问题有所认识与注意，须先使其明了碱质之为害的作用，并为此写了一系列文章说明此问题。要改良盐碱土壤，首先要清楚盐碱土壤的分布范围和危害程度。因此，研究历史时期关中地区盐渍化土壤的分布及改良对这一地区土地利用及农业开发有着重要的借鉴意义。

早在民国时期已经有人给盐碱土壤做了界定，称为钠化土壤或碱化土壤。也有直接称盐碱地的，盐碱地这个称谓也是民国时期相关文献中才出现的。

我国从20世纪50年代以来，盐渍化研究主要是应用调查统计法。通过大面积土壤和水文地质调查，统计地下水埋深（矿化度）与表土盐渍化现象的关系，获得地下水临界深度H_K。但不能精确区分地下水水质、水位动态的具体影响，不涉及溶质迁移的动力机制，所称“表土盐渍化”难以量化，只能作自然现象的宏观描述。

60年代，我国用土壤强烈毛管水上升高度（毛管破裂点）加主要根系活动层深度计算H_K（或安全深度）。在构成H_K的微观揭示和量化方面较国外传统理论有较大进步，但仍不能对饱和—非饱和流连续体的积盐和脱盐能量转化过程进行深入揭示。进入80年代，黄淮海平原的盐渍土利用改良工作取得了重大进展，采取“因地制宜、综合治理”的原则，排、灌、平、肥、林综合运用。90年代，由于对土壤性质空间变异问题的揭示，电磁感应地面电导仪（EM）的出现，美国、加拿大、澳大利亚等发达国家充分利用全球定位系统（GPS）、地理信息系统（GIS）、遥感技术（RS）和EM盐分勘查系统，形成了精确盐碱土改良的高新技术。建立土壤盐分灾害监测、大规模土壤盐分勘查、新灌区灌排渠系位置的精确定位，及时、准确、方便、完整地获得当时当地的土壤盐分胁迫和作物数据，为准确快速的改良决策创造了条件，建立了盐碱土改良决策咨询服务体系。

此后我国学者的研究主要集中在盐渍化土壤的植被及景观生态、土壤盐分积累及运移模型、生态水位、生态地质环境及水化学环境等方面。例如，潜水位在人为调节区域和土壤水盐运动中起到杠杆作用，盐渍土区生态地下水位成为灌溉、排水规划设计改善盐渍化状况的一个主要依据。但是由于生态地下水位并非一个常数，它受到多种因素的影响，主要有气候、土壤（质地、特别是土壤的毛管性能）、水文地质（特别是地下水矿化度）、植被以及人为措施，是一个随时空变化的函数，因而在对生态水位的定量化研究中存在一定的困难。针对华北平原地下水生态环境水位的研究表明，华北平原地下水合理生态水位的上限为防止土壤盐渍化水位，下限为地下水获得最大补给的理想水位。从地学的角度，我国学者在盐渍化土壤，包括次生盐渍化的管理、信息提取、监测与预报方面也都做了大量工作。这些工作主要以RS为手段并结合GIS进行研究。

3.4.6.1 土壤水盐运移研究进展

目前人们对土壤水盐迁移转化规律的研究，一是通过室内土柱试验和野外大田试验进行实测模拟分析；二是通过建立数学模型来进行数值模拟分析，通过模型模拟来预测盐分浓度的时空变化规律，以便采取控制措施，使土壤和地下水环境受影响的程度降为最低。根据水盐在土壤及地下水系统中的迁移途径，研究者分别从表层土、含水层及非饱和带三个方面进行了研究，并取得了一系列成果。

A 水盐在表土层中迁移转化的研究

由于土壤环境的复杂多样性，而且盐分种类、运移途径、水盐与环境各要素作用机理不同，因此对各种类型的盐分情况必须分别研究。由于表层土壤中含有大量的有机质和微生物，使得各种污染物在其中发生了复杂的物理、化学和生物反应。考虑到表土层比较薄，国内外大多都采用黑箱模型来描述盐分的迁移转化规律，对于内部机理的研究成果较少。

B 水盐在非饱和土壤中迁移转化规律的研究

对在非饱和土壤中迁移转化规律的研究开始于20世纪80年代，美国、英国等西方发达国家，在研究饱和带水分运动的基础上，开始研究其在非饱和土壤中的迁移规律。通过大量的野外及室内土柱试验，确定了非饱和带垂向一维弥散系数和衰减系数，此阶段的示踪剂大都采用保守性物质。随着研究工作的深入，逐步开始研究重金属在非饱和带的迁移转化规律。考虑土壤液相和固相浓度的分配系数，并借助于Freundfich和Longmuir等温吸附模式来表示液相和固相浓度吸附和解吸问题。对于弥散系数的研究，将恒定常数扩展为随时空变化的动态参数。对土壤介质结构的研究，由结构不变的刚性体，发展为研究可变的介质体；由均质土壤研究到分层土壤。在土壤水分运动方面，由非饱和的平均孔隙速度发展到研究可动水体和不可动水体，并综合考虑水、气、盐分及土壤四者之间相互作用关系。在数学模型求解方面也在不断发展，由非饱和带的简单解析解发展到考虑复杂因素的数值解，求解的初始条件和边界条件也在不断改进，使之更加接近于污染物迁移的实际情况。我国学者对在非饱和土壤中迁移转化的研究进行了大量的研究工作，对盐分在土壤—作物系统的吸附、迁移、转化、归宿和分布规律方面取得了较大的进展。

3.4.6.2 区域水盐运动规律研究

区域水盐运动是一种客观存在的自然现象，有其发生、发展和演化的规律。只有在充分认识区域水盐运动规律的基础上，才能对区域土壤盐碱化作出科学的预测预报。

A 水盐运动规律基本理论的研究

水盐运动规律是干旱、半干旱地区农业和生态环境保护及国土整治的主要依据。土壤中的水分既是土壤中盐分的溶剂，又是土壤中盐分的载体，许多学者认为水是盐渍土改良的重要物质，水盐动态和水盐平衡是盐渍土改良的重要理论。尤文瑞阐述了盐碱土水盐动态研究的重点问题：一是潜水蒸发过程中土壤的水盐动态，包括潜水蒸发过程中水盐运动机理、盐分累积速度、盐分累积的数学模型；二是水分向土壤入渗过程中的水盐动态，主要从水盐运动机理和盐分运移速度两个方面来研究。吕殿青、李朝刚等认为在干旱、半干旱地区强烈蒸发条件下，土壤盐分或地下水可溶性盐类通过水的垂直或侧向运动向地表累积，这是土壤积盐过程最为普遍的形式，也是发生盐渍化的主要原因。

根据地形地貌对地表水和地下水径流的影响，可以将水盐运动大致划分为下渗—水平运动型、上升—下渗—水平型、下渗—上升交替垂直运动型和逆向水平—上升型四种类型。土壤中的水分和盐分息息相关、互相影响。盐渍土中的盐分受地下水位、水矿化度等诸多方面影响。用放射性同位素方法对松嫩沙土蒸发过程中盐分移动状况进行研究表明，当土体中存在盐分时，地下水在蒸发过程中将溶解土体中的盐分，造成下部土体脱盐、上部逐步积盐。

B　水盐运动的季相研究

地面对象都有时相的变化过程，即它的发生、发展和演化的自然发展过程。同时，有些地物或自然现象在它发展的时间序列中表现出某种周期性重复的规律，因此把盐渍土的不同季节性研究归纳为季相研究，其中包括土壤冻结、消融期水盐运移的规律以及控制春季土壤返盐的措施。半湿润气候及有灌溉条件下，土壤剖面中的水盐运动主要是上层1m左右土体的上下垂直运动，表聚性强烈。春季3~5月土壤含水量出现一年中最低值；6~8月由于降雨的补给，土壤含水量出现一年中第一个高峰期；9~11月土壤含水量处于上述二者之间；在11月至翌年2月，由于降雪和土壤冻融的影响，出现第二个含水量高峰期。春秋两季由于昼夜温差变化较大，导致土壤中有冷凝水产生，温差愈大冷凝水产生愈多，对土壤具有一定的淋溶盐分的作用。针对松嫩平原冻结期水分变化的研究，总结了冻结期、融化期土壤水分的运移规律及其与地下水、潜水的关系。根据土壤盐分变化与气候，特别是降水与土壤冻融的关系，将年内可分为土壤冻结相对稳定期、春季土壤冻融返盐期、雨季土壤盐分下移为主淋盐期和秋季冻结前土壤返盐碱期四个时期。东北地区的盐渍土由于处在特殊的地貌区——季节性冻土存在区，土壤盐渍化受冻土影响。土壤冻结过程中，土壤中的水分发生迁移而重新分布，是土壤冻结作用中的一个核心问题。土壤冻融过程中的水热迁移是冻土物理学研究的基本内容，土壤冻结过程中的热量传输，水分迁移相互作用、相互影响，在研究土壤冻结过程中，只有综合考虑水、热耦合的作用，才能准确反映其运动的客观物理机制，从而掌握冬季水盐运移的规律，正确理解水盐运移的季相变化。

3.4.6.3　土壤盐渍化运动模型研究

区域水盐运动模型的研究从20世纪60年代起逐渐由简单的物质平衡发展到数学和计算机模型，使十分复杂的大尺度水盐运动概念更加明确和数量化。以流域为基本单位的区域水盐运动模型是以水盐平衡为基础，宏观地从盐分的各种来源表示水盐变化，进行盐渍化的预报，使人们对复杂的大范围水盐运动的认识进一步深化和定量化。区域水盐运动模型为宏观结果，与微观的水盐运动模型相比，它只能提供区域的整体信息。

土壤水盐运移模型主要有确定性模型、随机模型和传递函数模型三种。过去的几十年里，建立了大量的模拟土壤中水分和盐分运移行为的模型，如SWATNIT、LEACHM、SWIM、UNSATCHEM、HYDRUS模型等。这些模型在不同的试验条件下提出，在模型的构成和过程考虑上各有侧重，具有严格的适用范围和限定条件。其中由美国盐渍土实验室开发的HYDRUS系列模型，以其广泛的适用性和良好的图形化界面得到了好评，它可用于模拟不同土壤和环境条件下的水盐运移特征及其转化过程。

我国基于水盐运动机理的数学模型模拟研究工作是从20世纪80年代开始的，分别对水盐运动数值模拟进行了初步研究，并建立了一维土壤水盐运动的数学模型，用数值模拟方法探讨了降雨、蒸发及冲洗等条件下的土壤盐分动态规律。在黄淮海平原区域进行水盐运动系统分析，建立了区域水盐运动概念模型以及地下水水位、水质和土壤水分、盐分的基本方程。

3.4.7 盐渍化土地改良的迫切性和必要性

3.4.7.1 改良的迫切性

由于盐碱地面积逐年增加，造成生态环境恶化，直接威胁到农业、牧业等社会经济的发展。亚洲网络“有问题土壤”专家会议上明确指出各个国家有问题土壤开发重点，14个国家中盐渍土作为优先考虑的就有7个国家，显然，盐渍土是包括中国在内的大多数国家土壤资源管理中的重点。因此充分开发和利用盐碱地是我国面临的一个迫在眉睫的问题。治理土壤盐渍化，改善农林牧业生产环境是世界面临的一项共同长期艰巨的任务。随着对土壤盐渍化区域综合治理向科学化、系统化、综合化、工程化发展，其研究内容也向生态系统恢复与重建、加速生态系统物质和能量转换、提高生态系统功能与改善环境质量、人类生存和经济发展与环境协调的方向发展。

在人口不断增加、耕地日趋减少和淡水资源不足的严重压力下，如何利用大面积的盐碱土发展可持续农业，这是国际上和农业科学技术迫切需要解决的重大课题，因此，各国科研人员一方面利用传统的方法（水利工程措施、农业生物措施、化学改良措施和培育抗盐品种）改良盐碱土；另一方面更加注重时空变化条件下田间的植物耐盐性及其耐盐生理指标的研究，并建立新的植物耐盐特性及生理指标的数据库。

3.4.7.2 改良的必要性

由于盐碱地逐年增加，盐碱化程度逐渐加重，造成生态环境恶化，直接威胁到农业、牧业等社会经济的发展。特别是碱斑地（俗称“碱疤”），是盐碱土地区草原与耕地生态系统紊乱、生态环境恶化的一种特有现象，很难生长植物，多为光板地，就像“牛皮癣”一样分布在草原和农田上，没有任何利用价值。对碱斑地改造，不仅直接提高土地的利用率，增加经济效益，而且美化环境，促进人类进步。特别是对维护生态平衡，促进农业和草原生态系统良性循环及农、林、牧各业全面发展，都有着重大的现实意义和深远的影响。

3.4.8 盐渍化土地的改良措施

改良盐碱土的措施很多，如采用排水、冲洗、灌溉、种植水稻等措施的水利改良或物理改良，采用平整土地、施肥、轮作、间作套种等措施的农业改良，选育耐盐品种和提高作物抗盐性的生物改良，采用化学改良剂的化学改良，及其他改良措施。

3.4.8.1 物理改良

A 利用盐水灌溉

盐水中含有许多植物必需的营养物质，一些国家正探讨盐水灌溉的可行性。

埃及国家研究中心用含1000ppm $NaCl+CaCl_2$ 盐水灌溉豇豆30天后，用200ppm $ZnCl_2$ 喷布植株，改善了豇豆生长，蛋白质含量与产量也有所提高。美国用总盐分4%的水分灌溉 10 种滨藜属（Atriplex）植物，其中一些植物每英亩干物质产量为 17~23t。盐水灌溉要考虑植物种类与土壤类型相适应，合理设计排灌系统，并对盐渍化问题有较精确的估计，预先确定必需的最少用水量。在蒸发之外，考虑适当的淋洗，以减少植物根区之内的盐分，并对土壤的盐渍化采取相应的管理措施，可将盐渍程度减至最低限度。用盐水灌溉，使盐碱地区的地下水得到应用，还能降低地下水位，是盐碱地改良利用中一项很有前途的措施，值得进行深入研究。

B 覆盖物改良

依据盐渍土水盐运动“盐随水来，盐随水去”的特点，只要能控制土壤水分蒸发就可减轻盐分表聚，达到改良的目的。随着农业现代化的发展，机械化水平的提高，作物秸秆直接还田成为现实，生产上推广应用的面积逐年在扩大，随之而起的有关作物秸秆施用后对盐渍地改良效果的研究也不断深入。研究显示，在盐碱地上覆盖作物秸秆后，可明显减少土壤水分蒸发，抑制盐分表聚，阻止水分与大气间直接交流，对土表水分上行起到阻隔作用，同时还增加光的反射率和热量传递，降低土表温度，从而降低蒸发耗水。

秸秆覆盖是将农艺和水利相结合的综合措施，既起节水作用，又起培肥改土的作用。此外，应用免耕覆盖法，将现代土壤耕作制与覆盖措施相结合来治理盐渍地，类似于在加拿大草原区推出的残茬覆盖农作制（trash cover farming），可使原生植被所形成的黑土层（有机质层）不致被破坏，再通过人工种植绿肥，切碎茎叶覆盖，更能提高土壤保水保墒能力，减少机具对土体的压实和覆盖作物根系。除利用秸秆覆盖外，还有利用地膜覆盖、水泥硬壳覆盖进行盐碱地改良，减少农田土壤无效蒸发，调节盐分在土体中的分布，促进春播作物出苗，提高产量。

3.4.8.2 农业改良

A 深沟排水，修建沟渠条田

在低洼、排水不畅、地下水位浅、矿化度高、土壤含盐量重、受盐涝双重威胁的盐碱地，可采用深沟排水，修建沟渠条田。改治方法是开挖干、支、斗、毛深沟排水系统，修成沟渠条田。地下水位过浅、土质黏重的封闭重盐碱地，修建田间排水沟仍不能保证雨季排涝和旱季不返盐时，需挖沟垫高地面，修建沟渠条田，以相对降低地下水位。

B 平地围埝

平整土地，减少地表径流，以提高伏雨淋盐或灌水洗盐效果，同时能防止洼地受淹、高处返盐，也是根治盐斑的有效措施。围埝是在平地的基础上，于四周修筑埝埂，作用是使灌溉水均匀布满地面，提高洗盐效果。埝埂要夯实，严防跑水。

C 膜下滴灌

为了实现农业节水、高效、增产的可持续性发展目标，膜下滴灌技术被广泛地应用到农业生产中，许多学者针对滴灌条件下土壤的水盐运动做了大量工作。对滴灌条件下滴头流量、灌水定额、土壤初始含水率及土壤质地对水分运动的影响进行评价，结果表明，滴头的流量越大，越有利于水分水平扩散，而不利于垂直入渗；灌水量、初始含水量与湿润体的大小呈正相关。对滴灌积水条件下水分的入渗进行研究，发现积水范围与滴头流量、时间存在一定的函数关系，并且发现从某一时刻起积水半径基本上不再发生变化。在盐渍化土壤上进行膜下滴灌，由于采用点源模式灌溉，盐分在土层水平方向和垂直方向上的分布均不同于其他灌溉方式，土壤盐分的分布呈环状分布，盐分更容易在深层土壤和外围聚集。

3.4.8.3 生物改良

A 选育耐盐品种（系）

对耐盐机理和耐盐生理生化指标的研究，促进了耐盐品种选育工作。在盐渍条件下，用常规育种方法培育比较耐盐的水稻、小麦、高粱、番茄等作物品种取得较好效果。通过辐射育种获得了小麦抗盐品种，用盐水灌溉筛选耐盐的作物品种也取得了显著成绩。从20世纪40年代以来，苏联对植物耐盐性、盐碱地造林树种选择、造林技术、选育耐盐植物、林带对地下水位的影响、地下水位与盐碱地的关系、树木对盐碱土壤的改良作用、土壤次生盐渍化等问题进行了比较深入细致的研究，取得了一系列成果。美国的科学家在盐害机理和植物耐盐机理方面做了比较突出的工作，提出了原初盐害和次生盐害的理论，并从分子生物学的角度探讨了植物耐盐机制，利用海水灌溉试种小麦成功。印度和中国都筛选出了耐盐的小麦品种。由于生物技术的发展，通过用DNA重组方法，将耐盐基因DNA片段转移到所需的作物品种上，以提高耐盐能力。

B 研究耐盐生理

盐碱地改良利用中，重要而积极的措施之一是提高植物的耐盐能力，而要做到这一点，首先要了解植物的耐盐机理。因此，对植物耐盐机理的研究一直受到人们的重视。随着生物技术的不断提高，对植物耐盐生理的研究也逐步深入。美国一家研究机构曾报道，植物对盐分的胁迫反应除渗透调节和干扰酶的活力外，基因的表达也有改变。他们认为，整株植物的耐盐性，是多基因同时表达的综合表现。检验植物耐盐性的主要生理指标有脯氨酸、甘氨酞甜菜碱、脯氨酞甜菜碱、细胞质膜差别透性、植物体内K^+/Na^+比值、脱落酸、天门冬酰氨等。在多种植物中已经发现，盐分胁迫条件下，植物细胞质内脯氨酸、甜菜碱的含量显著提高。目前，已确认控制甜菜碱合成的渗透调节基因是近1万个碱基对组成的DNA片段。也已在细菌中发现了耐盐基因（OSM），此基因能产生过量的脯氨酸。

3.4.8.4 化学改良

在一个区域内，针对某些特定的盐碱成分，化学改良是有效的，它可使盐碱土理化性质明显改善，作物产量显著提高。其作用主要体现在：（1）改善土壤结构，降低容重和坚实度，提高土壤孔隙度土壤水稳性团聚体数量增加，从而增强土壤的渗透性，减少地面蒸发，抑制水盐向上运行，加速水盐向下淋洗，有利于盐分的淋洗和减少盐分向地表积聚，使土壤盐分含量减少。（2）降低pH值；盐分组成Ca^{2+}、SO_4^{2-}含量增加，Na^+、Cl^-、CO_3^{2-}、HCO_3^-含量减少，土壤理化性质向良性方向发展。

在盐碱地治理中，碱土较难改良。1990年美国盐土实验室的Rhoades和澳大利亚CSIRO的Loveday在评述碱化土壤（sodic soil）的改良指出，碱化土壤的改良需加入含钙物质来置换土壤胶体表面吸附的钠，或采用加酸或酸性物质的方法改良。美国土壤学专家将纸屑、鸡粪、原质土按4∶1∶5的比例混合均匀，平铺在贫瘠的土层上。掺入纸屑中的纤维素在鸡粪基肥内多种细菌作用下迅速“分化瓦解”，生成胶状白色黏附物，这样土壤在3个月内变得异常松软，与基肥形成具有吸附、代换、贮水等多功能的土壤团粒结构，改良了盐渍化土壤。随着工业的发展，人们开始重视利用工业废渣来改良碱土，如苏联利用制碱业副产品氯化钙，橡胶工业副产品硫酸等改良苏打盐化碱土和碱土都有明显效果。

巴基斯坦国家农业研究中心用1%的盐酸，在自由淋洗条件下改善石灰质的钠化盐渍土壤，降低了土壤电解率、pH 值和氯化钠含量。菲律宾国际水稻研究所在钠化盐渍土上，采用深翻与石膏相配合，并采用水稻与小麦轮作制度，使土壤中可交换性钠的百分率降低。有研究也指出，利用黄铁矿作为垦殖碱化土的改良剂可显著增加作物产量，降低土壤 pH 值。柠檬酸厂排出的柠檬酸渣，生产沼气后的残余物沼渣、沼液等对改良碱土都有显著作用。

中国新疆生产建设兵团采用废酒糟改良盐渍化土壤。该农场有近 1 万亩土地是盐碱土质。近年来，团场借助毗邻几个酒厂每年废弃大量酒糟的有利条件，对盐碱最严重的土地进行改良。结果发现，1 亩盐碱地只需 4t 多废酒糟便可改良成好地。改良后的地块，土质疏松，庄稼长势好。内蒙古农牧学院的吕凤山和农科院的吴云霞采用粉煤灰改良盐渍化土壤，施加粉煤灰对土壤容重（容重增大说明土壤黏度增大；容重减少则黏度降低，孔隙度增加，通透性改善，有利于土壤耕层盐分的排洗，同时也切割了毛细管，降低土壤水分蒸发，使土壤深层的盐分不随水分蒸发而带到土壤表面，从而可以减轻盐碱对作物的危害）具有降低的作用，改良了土壤的物理性质：粉煤灰中含有大量的硫酸钙（$CaSO_4$），可以降低盐渍化土壤中的碱性物质含含量，具有改良盐渍化土壤的化学性质。东北师范大学国家生态工程实验室采用枯草改良盐渍化土壤，用枯草改良盐碱土，可彻底改善土壤的物理特性：土壤质地变疏松，容重减小；土壤孔隙度变大，通透性增强；土壤水分含量增加，使土壤保持湿润状态，保证植物得到充足水分。枯草的混入增加了土壤有机质，在化学性质上，可以降低土壤的 pH 值、含盐量、电导率、碱化度和 Na^+。枯草中含有大量的营养物质（如 N、P、K 等），可以增加盐渍化土壤中的营养成分，有利于植被生长。采用磷石膏改良碱土在国内已属成功的经验，并且仍受到极大的关注。磷石膏中的有效钙进入土体可使土壤胶体复合体中的 Na^+ 代换出来，降低钠碱化度，而且吸收的钙离子多，增加土壤的团聚体，从而改善土壤的通气透水等物理性状，也增加黏质土的渗透速度，所以用磷石膏化学改良盐碱地并结合冲洗可将代换出来的 Na^+ 及其他盐分及时冲掉，快速脱盐脱碱。磷石膏中的游离酸可以快速中和土壤的碱度，使 pH 值下降。磷石膏中富含有效磷和有效钙及作物生长所必需的营养元素，适量施用可增强土壤肥力。由于污泥含有大量的有机质和 N、P、K 三元素，又有农作物生长所必需的中、微量元素，同时污泥中有机质含量也很高，能够起到农家肥的作用，并且疏松土壤，达到改良土壤结构的目的；同时，污泥中的各种养分，不会造成长期使用无机化肥使土壤板结等现象。

3.4.8.5 *存在的问题*

利用灌溉方法改良盐渍化土壤工程大、投资高，而且还可能导致地下水位升高，加快土壤盐渍化进程。保护植被和引入抗盐植物让盐渍化土壤自然恢复，见效慢，且难以在大面积裸碱地进行，植物恢复比较慢。化学改良研究普遍采用单一的物质进行试验，缺乏对比性。一些本身含有对植物有毒害的改良物质，在改良盐渍土时缺乏使用量的限制，例如粉煤灰和磷石膏中都含有氯化镁（$MgCl_2$），污泥中含有寄生虫卵和病原微生物，这些都对生物有影响。在不同程度的盐渍化地区改良物质使用量的多少缺少依据，试验地的类型不全面。

在改良盐渍化土壤的过程中，要根据因地制宜原则，采取农业、生物、化学等技术措施进行综合治理。在用化学改良剂的同时，也要结合使用有机肥，种植耐盐碱环境的植物等措施，不仅可以改善土壤物理性状及增加土壤营养，而且也可解决由于改良物质的试验地和不同程度盐渍化土壤之间存在的矛盾。

3.5 中国土地沙漠化、水土流失和盐渍化的原因和驱动力

我国面临的主要三大生态环境问题——沙漠化、水土流失及盐渍化，直接威胁社会经济发展和人民生活水平的提高，已经成为制约我国可持续发展战略实现的重要问题。近年来出现了大量有关沙漠化、水土流失和盐渍化的研究报告，既有国家管理部门的综合调查报告，也有科研单位的集中研究和各种专业期刊上的研究论文。但是，由于不同作者的立足点、调查手段、分析方法和关注问题、区域的差异，得到的结论差异较大，很难得出一致的决策意见。如对生态环境问题产生的原因和驱动力的探讨，有的学者强调人类活动对环境的影响，有的学者着眼于地质地貌本底对环境问题进行剖析，还有的学者对政策管理进行研究，提出了一系列决策方面的问题。如何深化生态环境问题的研究，首先应该回答生态环境问题的形成原因和驱动力，即沙漠化、水土流失及盐渍化产生原因和驱动力有何共同点和差异性，区域差异如何，各原因和驱动力的贡献多大，相互间关系如何。面对如此复杂和区域差异大的工作，很难从一个具体调研工作回答这些问题，这就需要对大量现有的科学研究报告进行综合集成。

通过对沙漠化、水土流失及盐渍化的案例研究进行统计，列出沙漠化、水土流失及盐渍化的原因及驱动因子，并对各种原因及驱动因子的出现次数进行统计，各原因和驱动因子的发生频率可以反映各因子的相对重要性。在所有案例分析中，引发这些生态环境问题的原因及驱动因子可能是单一的，也可能是几个因子的交互影响。统计各因子交互发生作用的次数和频率，再统计所有驱动因子及原因的出现次数和频率，综合各种原因和驱动因子的出现频率可得到原因与驱动因子的关系，从中找到驱动因子与原因之间的对应关系，对这些生态环境问题的形成机制有一个总体把握，从而对决策起到一定的参考作用。

导致沙漠化、水土流失及盐渍化的原因分为四类，即基础设施建设、农业扩张、资源利用（包括草原植被采集、森林采伐等）以及自然因素（即生态脆弱性）。驱动因子包括五大类，即人口因素、经济因素、技术因素、政策和制度因素、文化因素（图3-3）。各类原因和驱动因子又分为多种具体形式。原因和驱动力是导致生态环境问题的两个层面的因素，前者可直接引发生态环境问题；后者通过引发前者来促使生态环境问题的发生。

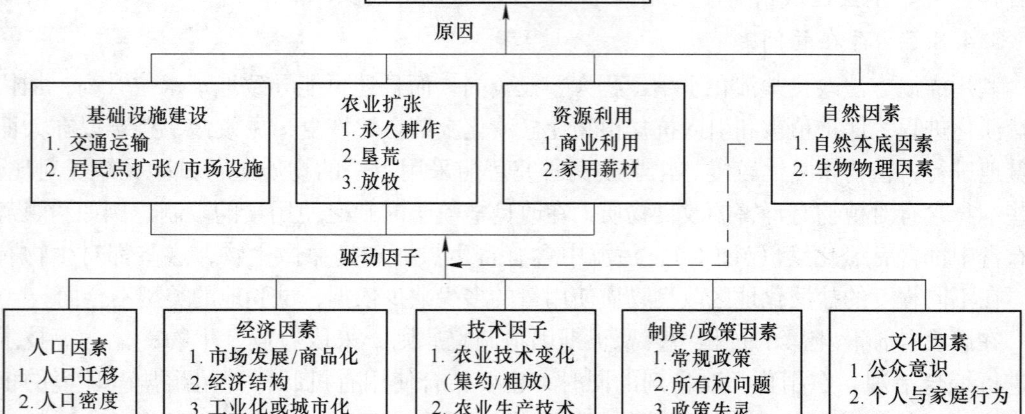

图3-3 三种生态环境问题的原因及驱动因子

3.5.1 原因分析

3.5.1.1 沙漠化

仅有1%的案例研究认为沙漠化的原因为单一因子所引起，45%的案例研究用所有4个因子的联合作用说明了沙漠化的过程，农业扩张、资源利用和自然因素三因子对环境退化的贡献率为12%，其他联合因子的作用都在2%~5%之间。农业扩张因子在各类原因中表现最为活跃，有92%的案例含有农业扩张因素，其中垦荒是最大的原因，占55%，其次是放牧（46%）；资源利用是仅次于农业扩张的另一个重要原因（87%），其中商业目的利用非常严重（71%），如草原地区挖发菜、药材等对植被造成的严重破坏大大推进了沙漠化进程；自然因素也占了相当大的比重（73%），这是因为沙漠化区域大多生态环境脆弱，而且往往是近代历史上遭受破坏严重的地区，故自然因素容易与其他因子联合发生作用（表3-5）。

表3-5 三种生态环境问题的四类原因发生频率

影响因子	沙漠化案例（$n=120$）		水土流失案例（$n=79$）		盐渍化案例（$n=64$）		所有案例（$n=245$）	
	绝对数	比例/%	绝对数	比例/%	绝对数	比例/%	绝对数	比例/%
单一因子								
农业扩张	1	1	0	0	0	0	1	0
资源利用	0	0	3	4	0	0	3	1
基础设施建设	0	0	0	0	1	2	1	1
自然因素	0	0	0	0	0	0	0	0
双因子								
农业扩张-资源利用	20	20	3	4	6	9	29	12
农业扩张-基础设施建设	2	2	0	0	0	0	2	1
农业扩张-自然因素	5	5	6	8	11	18	22	9
资源利用-基础设施建设	3	3	2	2	2	3	7	3
资源利用-自然因素	2	2	9	12	3	4	14	6
三因子								
农业扩张-资源利用-基础设施建设	3	3	9	12	2	3	14	6
农业扩张-资源利用-自然因素	12	12	26	33	19	29	57	23
农业扩张-基础设施建设-自然因素	5	5	6	8	6	9	17	7
资源利用-基础设施建设-自然因素	3	3	3	4	10	15	16	6
四因子								
所有	46	45	10	13	6	9	62	25
共计	102	100	79	100	64	100	245	100

3.5.1.2 水土流失

多因子造成的水土流失占所有案例的96%，单因子只有资源利用占4%；多因子贡献最大的是农业扩张、资源利用和自然因素三者的联合作用（33%）；所有因子的联合作用造成的水土流失占13%，资源利用、自然因素二者的联合作用，以及农业扩张、资源利用及基础设施建设三者的联合作用造成的水土流失案例均为12%（表3-6）。从各因子发生频率来看，资源利用因子最为活跃，有90%案例受该因子的影响，其中以商业目的利用为主（61%）；农业扩张因子和自然因素均有76%，居第二位，表现为垦荒因子所占比例最大（71%），如陡坡开荒、毁林开荒等对水土流失的结果影响最大；放牧因子也具有相当大的破坏性（53%）；基础设施建设（38%），以交通运输（29%）的公路建设占多数（24%）（表3-6）。

表3-6 三种生态环境问题的具体原因发生频率

影响因子	沙漠化案例（$n=102$）		水土流失案例（$n=79$）		盐渍化案例（$n=64$）		所有案例（$n=245$）	
	绝对数	比例/%	绝对数	比例/%	绝对数	比例/%	绝对数	比例/%
农业扩张	94	92	60	76	50	78	204	83
永久耕作	20	20	40	51	33	52	94	38
放牧	47	46	42	53	26	41	115	47
垦荒	56	55	56	71	42	65	154	63
基础设施建设	62	61	30	38	27	42	119	49
交通运输	55	54	23	29	10	15	88	36
公路	50	49	19	24	10	15	79	32
居民点/市场扩张	31	30	13	16	20	31	64	26
资源利用	89	87	71	90	48	75	208	85
商业目的利用	72	71	48	61	24	38	145	59
薪材采伐	42	41	30	38	27	42	99	40
自然因素	73	72	60	76	55	86	188	77

3.5.1.3 盐渍化

有2%的盐渍化案例由基础设施建设引发，其余98%均为多因子的联合作用造成；其中农业扩张、资源利用及自然因素共同造成了29%的案例的盐渍化后果；农业扩张和自然因素二者联合作用引发了18%的案例的盐渍化后果；资源利用、基础设施建设和自然因素联合产生的盐渍化案例占15%；其他联合因子的作用都在10%以下。自然因素影响了86%的案例，在所有原因中居首位，即有86%的案例探讨了自然本底对盐渍化的影响；其次为农业扩张因子78%，其中以垦荒因子为首（65%），永久耕作居于其次（52%）；资源利用因子居第三位（75%），其中薪材采伐比重偏大（42%）；基础设施建设因子所占比例较小（42%），其中居民点/市场扩张因子比例最大（31%）。

3.5.2 驱动力分析

3.5.2.1 沙漠化

多因子驱动沙漠化的案例占绝大多数（98%），单因子中仅文化因素和人口因素各占

1%；经济和技术因子的联合驱动力为 21%，居于首位；其次为人口和经济的联合作用；经济、技术、制度和文化 4 个因子解释了 13%的案例；有 7%的沙漠化案例是由所有因子驱动的，所占比例较小（表 3-7）。经济因素在所有驱动因子中最为活跃（86%），其中市场发育/商品化发展占了最大比例（54%）；技术因素位居第二（63%），其中农业生产技术的滞后是它的主要表现（55%），尤其以水资源的低效利用最为突出；人口因素与技术因素并列居于第二位（63%），主要表现为人口密度过大（55%）；制度/政策因素占 44%的影响，主要表现为常规政策不当（34%）；文化因素占 39%，多数是因为公众意识低下（35%）（表 3-8），可见退化区域的生态教育问题亟待解决；从整体来看，经济和人口因素是导致沙漠化最为常见的驱动因子，这二者能引发多种原因的发生发展并最终造成沙漠化的后果。

表 3-7 三种生态环境问题的驱动因子发生频率

影响因子	沙漠化案例（n=120）		水土流失案例（n=79）		盐渍化案例（n=64）		所有案例（n=245）	
	绝对数	比例/%	绝对数	比例/%	绝对数	比例/%	绝对数	比例/%
单一因子								
经济	0	0	2	3	0	0	2	1
制度	0	0	0	0	0	0	0	0
技术	0	0	0	0	3	5	3	1
文化	1	1	0	0	0	0	1	0
人口	1	1	0	0	0	0	1	1
双因子								
人口-经济	15	15	3	4	0	0	18	8
经济-技术	21	21	0	0	14	22	35	14
人口-制度	5	5	0	0	0	0	5	2
经济-文化	0	0	11	14	0	0	11	5
制度-文化	0	0	0	0	4	6	4	2
三因子								
人口-经济-技术	11	11	23	29	8	13	42	17
人口-经济-制度	4	4	2	3	2	3	3	8
人口-经济-文化	6	5	0	0	2	3	8	3
人口-技术-制度	4	4	3	4	0	0	7	3
经济-制度-文化	2	2	4	5	5	8	11	4
技术-制度-文化	1	1	9	11	0	0	10	4
四因子								
人口-经济-技术-制度	2	2	6	8	1	2	9	4
人口-经济-技术-文化	3	3	1	1	1	2	5	2
人口-经济-制度-文化	4	4	1	1	3	4	8	2
人口-技术-制度-文化	2	2	3	4	0	0	5	2
经济-技术-制度-文化	13	12	2	3	2	3	17	7
五因子								
所有	7	7	9	10	19	29	35	14
共计	102	100	79	100	64	100	245	100

3.5.2.2 水土流失

水土流失由多因子驱动的案例占97%，单因子中仅经济因子占3%；人口、经济与技术三者联合驱动的水土流失案例占29%；其次为经济、文化的联合作用（14%）；再次为技术、制度与文化的结合（11%）；其他联合因子的驱动力均不超过10%（表3-7）。经济因素对81%的案例具有驱动作用，居于首位；其次为技术因子（71%），其中农业生产技术因子具有最大的驱动力（67%）；人口因素位居第三（65%），其中人口密度因子占有较大比例（52%）；制度/政策因素最小（49%）（表3-8）。从水土流失案例研究的原因和驱动因子分析，脆弱生态环境往往是前提，经济、人口和技术因子的作用，如贫困、人口密集和开荒等容易引起生物资源过度利用、植被严重破坏和农业活动无节制的扩张，进一步破坏地形地貌，原有植被和土壤固土保水能力下降，造成水土流失，加剧自然因素的恶化，形成恶性循环。

表3-8 三种生态环境问题的各个具体驱动因子的发生频率及百分比

影响因子	沙漠化案例（n=120）		水土流失案例（n=79）		盐渍化案例（n=64）		所有案例（n=245）	
	绝对数	比例/%	绝对数	比例/%	绝对数	比例/%	绝对数	比例/%
经济因素	88	86	64	81	57	89	209	85
市场发育/商品化发展	62	61	21	27	50	78	133	54
市场失灵	42	41	5	6	14	22	61	25
城市化-工业发展	50	49	13	16	31	48	94	38
制度/政策因素	44	43	39	49	36	56	119	49
常规政策	35	34	31	39	13	20	79	32
所有权问题	22	22	18	23	5	8	45	18
政策失灵	34	33	30	38	3	5	67	27
技术因素	64	63	56	71	48	75	168	69
农业技术变迁	26	25	44	56	10	16	80	33
农业生产技术	55	54	53	67	40	63	148	60
文化/社会政治因素	39	38	40	51	36	56	115	47
公众意识	36	35	34	43	30	47	100	41
个人/家庭行为	20	20	30	38	6	9	56	23
人口因素	64	63	51	65	36	56	151	62
人口迁入	42	41	20	25	12	19	74	30
人口密度	56	55	41	52	30	47	127	52

3.5.2.3 盐渍化

在盐渍化案例中，技术因子驱动了5%的案例；其余95%的案例为多因子驱动。所有因子的联合作用驱动了29%的案例使之发生盐渍化；经济和技术因子二者的作用驱动了22%的案例；有13%的案例由人口、经济和技术三者驱动；其他各联合因子的作用相对较小，不超过10%（表3-7）。各因子中影响最为广泛的是经济因素（89%），其中市场发育

/商品化因子最大（78%）；其次为技术因子（75%），主要表现为生产技术滞后（63%）；制度/政策因素、文化因素和人口因素表现出相等的影响程度（56%）。文化因素以公众意识为主（47%）；人口因素以人口密度最大（47%）；制度/政策因素以常规政策的土地利用政策为最大值（16%）（表3-8）。较为常见的驱动机制为：在自然条件脆弱（母岩、土体、地形地貌及地下水矿化度等因素）的环境背景下，经济原因驱使人们盲目开荒，不成熟的管理方式和灌溉技术通常导致地下水位上升，把地下水中的矿物带入土体，加之蒸发强烈，土壤中盐分增加，形成盐渍土。

3.5.3 讨论

从245个案例研究的统计结果来看，导致这三类生态环境问题的原因绝大多数为多个因子的联合作用，其中3个因子的联合作用导致了42%的案例的生态环境问题，其次是双因子的联合作用（31%），有25%的案例用所有原因解释了环境问题；单个因子导致环境恶化的案例仅占2%。资源利用因子最为活跃（85%），紧接着是农业扩张因子（77%），再次为自然因素，说明土地理化性质、自然灾害、历史原因等造成的脆弱生态环境对各种环境退化埋下了伏笔；最后是基础设施建设（49%）。人口、经济和技术三者的结合造成了17%的案例发生环境问题，是最具威胁的联合因子，其次是5个因子联合以及经济与技术的联合。具体表现形式上，垦荒因素首当其冲（63%），商业目的利用位居第二（59%），放牧因子第三（47%）。驱动因子依然是多因子驱动占主导地位（97%）。在具体表现形式上，农业生产技术因素居首位（60%），这与中国传统的耕作方式密切相关；市场发育、商品化发展因素位居第二（54%），经济转型与农业落后的现状相结合必然导致市场发育/商品化发展成为导致退化的强有力因子；人口密度居于第三位（52%）。

3.5.3.1 三种生态环境问题原因和驱动力的差异

三种生态环境问题类型在形成机制上表现出不同的特点。农业扩张单因子可以引起沙漠化；资源利用单因子可造成水土流失（4%）；基础设施建设单因子可导致盐渍化（2%）。在三种生态环境问题中表现最活跃的因子各不相同，在沙漠化案例中出现最频繁的是农业扩张，在水土流失案例中为资源利用（90%），盐渍化则往往以自然因素为先决条件（86%）。具体形式上，商业目的利用和垦荒因子在沙漠化案例中所占比例较大，分别为71%和55%；而水土流失和盐渍化案例以垦荒和永久耕作居前两位；在沙漠化扩张中公路建设是一个比较重要的因子，明显高于水土流失和盐渍化案例；居民点/市场扩张因子在盐渍化和沙漠化过程中影响较大。所有因子共同引起沙漠化的案例最多（45%），而引起水土流失最多的因子是农业扩张、资源利用和自然因素三者的联合作用（33%）。从引发原因来看，水土流失和盐渍化的原因有较多相似之处，但由于土壤质地、母岩、地下水质等自然因素的原因二者形成了不同的退化类型。在具体的形成过程中，沙漠化与水土流失有很多相似之处，在半干旱区域这两种生态环境问题往往是相伴的。

导致这些原因的驱动因子也是多因子作用占据主导地位。经济因素是影响各种案例最频繁的因子，它在所有案例中出现的频率高达85%，可见，经济发展的要求是导致环境退化最常见的因素。在西部的案例中有不少沙漠化和水土流失并存的情况。经济欠发达和人口增加导致对自然资源开发力度加大，由于技术因子的限制，常常引起资源的低效和过度利用，植被遭到破坏，地形地貌发生改变，抗逆能力降低，最终导致生态环境问题，这是沙漠化和水土流失最为常见的驱动过程。而盐渍化的驱动因子中，技术因素（75%）是仅次于经济因素的第二位影响因子；其中农业生产技术（63%）的落后现状（在盐渍化案例中主要表现为灌溉、施肥技术的落后局面）是造成盐渍化土壤的主要因子。

3.5.3.2　原因与驱动力的关系

生态环境问题不仅由多个因子造成，也可以由它们之间的相互作用造成，这就需要了解驱动力与原因之间存在的复杂动态关系。研究表明，多个驱动因子会驱动多个原因的发生，资源利用和农业扩张可以被任一因子驱动；经济、文化和制度因子都能驱动基础设施建设因子的发生；人口因素（人口迁移和自然增长率）常伴随其他因子驱动农田耕作和牧业的扩张，但人口单一因子驱动力有限；制度因素可以驱动除自然因素外的所有因子；经济因素是驱动力最强的因子，也可以导致除自然因子外所有原因高频率地发生。

而各种原因对驱动因子的反馈作用会加速环境退化的进程，例如：公路扩建和居民点的扩张会刺激经济因素（如局部市场）的发展；贫困地区由于薪材采集，维持耕作等基本生活资料的来源问题制约了政策的有效实施；农民根据市场信号改变自己的生产行为存在技术滞后的问题等。

3.5.4　结论

相同的驱动因子在不同的地区所引发的原因不同，二者不存在固定的引发模式。因此，对这些案例的分析并不能对沙漠化、水土流失和盐渍化的解释提供统计学的支持，但可在诸多案例中寻求共性；任何一个局部区域的生态环境问题必然有其个性与共性的双重特征，相同的驱动因子在不同历史背景和地理环境中所引发的原因不同，造成的环境问题也不一样。

在原因层面上，对沙漠化、水土流失和盐渍化案例影响最频繁的因子分别是农业扩张因子（92%）、资源利用因子（90%）和自然因素（86%）；从驱动因子的层面上看，对沙漠化、水土流失和盐渍化案例影响最频繁的都是经济因素，影响频率分别为86%、81%和89%。

驱动因子是导致环境问题的根本因素，生态环境问题由单因子驱动的案例很少，因此可以认为：如果一个地区存在的驱动因子只有1个，或者各驱动因子的作用不会引发导致生态环境恶化的原因，那么这里的生态环境就不会恶化；事实上，在脆弱生态环境背景下，如果措施得当，人们可以使生态环境恶化的趋势得到逆转，研究中不乏这种案例。

总体来看，在我国环境退化区域中普遍存在多因子共存的局面，其中以经济因素最为常见（85%），其次为技术（69%）和人口因素（62%）。因此，应该改变不合理的经济增长方式，研究先进的治理技术，有效控制人口增长速度，制定旨在消除驱动因子的措施来缓解和扭转环境恶化的局面。

3.6　采选矿对土地资源的破坏及其修复措施

矿产资源是重要的自然资源，是人类生存和社会经济发展必不可少的物质基础，也是影响综合国力和社会经济发展的重要因素。但在开发过程中也存在许多严重的环境问题。随着环境保护意识的逐步加强，人们开始重视矿山地下开采对地质环境和资源造成的破坏。目前，矿山地质环境保护与恢复治理已经成为有关部门和国内矿山企业管理人员共同关注的问题。

3.6.1 我国矿产资源的特点及现状

矿产资源是重要的自然资源，是人类生存和社会经济发展必不可少的物质基础，也是影响综合国力和社会经济发展的重要因素。目前，世界矿产资源形势和矿产资源的供给问题、“能源危机”以及“资源危机”问题是世界商讨的热门话题，也是备受各国关注的重大问题之一。我国是矿产大国，矿产资源储量总值占全世界的12%，位居世界第三位。新中国成立以来，我国重视矿产资源的勘探和利用，通过几十年的发展，我国已在矿产勘查开发上取得一些成就，探明了大批的矿产资源，建成了比较完善的矿产供应体系。

随着我国经济规模的迅速扩大，资源消耗速度也明显加快，需求量迅速增长，资源供需形势日益严峻，一批大中型的矿产资源明显不足，供需缺口逐渐扩大，进口依赖程度越来越高，严重制约了我国的经济发展。全国能源和重要矿产资源潜力分析结果显示，我国的矿产勘查程度较低，总体资源探明度不足，开发潜力巨大。同时，我国的矿产资源利用方式比较粗放，很多地方采富弃贫、一矿多挖、大矿小开的现象很普遍。据统计，我国矿产资源总回收率和共伴生矿产资源综合利用率分别为30%和35%左右，比国外先进水平低20%左右。随着矿产资源开发强度的增大，矿山保护与恢复治理难度也加大。

全面把握矿产资源形势是国家制定矿产资源战略的基础，就我国三大类矿产而言关于能源的需求呈现高增长趋势，特别是煤炭和原油的需求量较大，致使我国面临消费结构和供应能力不可持续的双重压力；短缺的固体矿产资源需求无序扩张，主要集中在对铁矿、铜矿和银矿的需求，面临国内资源缺乏和境外获取难度大的双重困难；我国的优势矿产资源，如稀土、钨、锑、锡、钼等矿产的储藏量位居世界第一，但是多年来的过度开采和过量出口，导致资源优势已经基本丧失，严重阻碍资源优势向经济优势转化。

我国矿产资源长期粗放式的过度开发，特别是长期以来没有节制和规划的乱采乱挖，使得生态环境破坏严重，污染问题突出，目前我国矿产资源短缺与严重浪费的问题并存，资源和环境已经成为我国社会经济可持续发展的最重要制约因素。因此，进行矿产资源合理开发利用和保护矿区环境方面的研究迫在眉睫。

3.6.2 矿产资源开发对环境的破坏

随着现代工业和人类社会迅速发展，人类对矿产资源的需求也越来越多，尤其是现代工业的高度发展，需要矿产资源的数量骤增。事实显示，一些国家或地区的环境污染状况，在某种程度上总是和这些国家或地区的矿产资源消耗水平相一致。矿产资源开发、加工和使用不可避免地会对植被和土地产生破坏，产生各种各样的污染物，给生态环境和人类健康带来诸多间接或直接、慢性或急性、近期或远期的不利影响。如露天采矿、地面塌陷、采选矿废弃物的大量堆存产生的矿山废弃地，造成严重的水土流失。

矿业开发工程对地质生态环境影响的重点问题是：

（1）地下水超采、疏干、污染及其相关的生态影响问题；

（2）土壤植被破坏导致的资源损失和水土流失或沙漠化加剧问题；

（3）地面形变或塌陷造成的地质灾害及其社会、生态影响；

(4) 矿业固体废弃物堆置引起的生态问题;

(5) 水土流失引起的污染和淤积问题;

(6) 扬尘影响农田、果园的收成和居民生活;

(7) 废液流入农田影响农业生产,污染地下水资源;

(8) 煤矸石自燃对农业的影响等;

(9) 采矿选矿废水污染水环境和影响灌溉等;

(10) 与土地占用有关的生态问题;

(11) 与水资源竞争性利用有关的生态问题。

这些问题在不同的矿区、不同的开采方式下表现的程度有所不同,为此,在对地质生态环境进行调控和保护之前,需找到矿业开发对地质生态环境影响的重点问题,以实现有效调控与保护地质生态环境的目的。

据地矿部门在2000年前后的初步统计,全国矿区累计破坏土地面积达288万公顷,每年以大约4.67万公顷的速度增大。我国矿山环境的研究工作始于20世纪90年代中后期,特别是国土资源部成立以后,提出了“在开发中保护,在保护中开发”的开采原则,提倡国土资源的开发与管理、资源开发与保护并重,并在矿山环境保护方面做了大量的工作。矿产资源是一种不可再生的自然资源,开发矿业所产生的环境问题,日益引起各国的重视。矿产资源开发过程中影响环境的因素很多,但其中采矿剥离地表岩土,产生大量尾矿等固体废弃物,是造成大量土地被压占与破坏、植被毁坏与水土流失、大量有毒和有害物质沉积地表、引发各种地质灾害的最主要因素。

3.6.2.1 采选矿废弃物的污染

矿区废弃地是指因采矿活动所破坏的、未经治理而无法使用的土地,同时还包括周边一定辐射范围的区域。根据其来源可分为四种类型,即露天采矿区场、排土场、尾矿场和塌陷区等。矿山开发利用过程中产生的固体废弃物主要有尾矿、废石、煤矸石,以及燃煤电厂的粉煤灰。采矿需要剥离地表土壤和覆盖岩层,开掘大量井巷,从而产生大量废石,选矿过程也会产生大量的尾矿。事实证明,矿山尾矿、废石等固体废料积存数量及其对矿区周边环境的影响比预计的要严重。首先,堆存尾矿和废石占用了大量的土地和农田,甚至会堵塞水体,因而破坏了生态环境;第二,采矿废弃物过多,如堆存不当则可能发生滑坡,造成严重后果;第三,大部分的废石堆或尾矿场会不断溢出或渗析出各种有毒物质污染大气、地表或地下水体;第四,有的废石堆若常年堆放,在一定条件下会发生自热和自燃,成为一种危害源,危及人们生命;第五,刮风季节会从废石堆、尾矿场扬起大量粉尘,造成大气污染,严重影响周边群众健康。因此,废石、尾矿对环境的污染主要体现在:占用土地,损害景观;破坏土壤、危害生物;堵塞河道、污染水体;飞扬粉尘,污染大气。

自新中国成立以来,我国对矿产资源经过半个多世纪的大规模开发,已成为居世界前列的矿业大国。但由于我国矿产资源的特点和综合利用技术水平,导致了我国矿山固体废物累积堆存量大,而且每年的排放量也不断增加,这主要是由于:(1) 我国小型矿山数量过多,不仅产生巨量的固体废物,而且资源浪费也十分严重;(2) 矿山固体废物综合利用程度很低,相对于主矿开发几十倍的高额利润,尾矿和废石的二次开发利用的价值往往显得微不足道。

A 采选矿固体废物的来源

矿物开发固体废物的来源主要为两类：一类是露天采矿部分产生的剥离地表土和废石；另一类是选矿部分产生的浸取钒渣、煤渣，除尘系统收集的除尘灰，以及污水处理系统产生的剩余污泥等。

（1）采矿废石。在矿山开采过程中，无论是露天开采剥离地表土层和覆盖岩层，还是地下开采开掘大量的井巷，必然产生大量废石。如在我国露天开采矿山中，冶金矿山的采剥比为1∶2~1∶4；有色矿山采剥比大多在1∶2~1∶8，最高达1∶14；黄金矿山的采剥比最高达1∶10~1∶14。矿山每年废石排放总量超过6亿吨，仅我国露天铁矿山每年剥离废石就达4亿吨。目前全国剥离废石的堆存总量已达数百亿吨，是废石排放量第一大国。另外，矿山采出的矿石中也夹有大量的废石。如金属和非金属矿每采1t矿石将产出0.2~0.3t废石，煤矿采掘和洗煤等过程中产生的煤矸石可达原煤产量的70%。每年我国煤矿排矸量达1亿~2亿吨，历年煤矸石堆积量已达40亿~50亿吨。

（2）选矿尾矿。大多数金属和非金属矿石经选矿后才能被工业利用，选矿也会排出大量的尾矿，如每选1t铁约排出0.3t尾矿。据统计，我国目前年采矿量已超过50亿吨，尾矿排放量2000年达6亿多吨，仅金属矿山堆存的尾矿就达50余亿吨，并以每年4亿~5亿吨的排放量剧增。

B 采选矿固废对生态环境的影响

矿山固体废物不仅严重污染土地、空气、水域和地下水，还可能会诱发环境地质灾害，因此其环境效应研究已成为当今世界环境科学研究的重要课题之一。

（1）污染矿山环境。在金属矿山和煤矿，黄铁矿、磁黄铁矿等金属硫化物普遍存在于开采产生的大量废矿石中，并常与重金属元素Cd、Cu、Hg、Mo、Pb、Zn及As等共生。由于金属硫化物由地下的还原状态暴露于地表的氧化环境而处于非稳定状态，经过一系列复杂的化学反应，释放出大量的H^+、Fe^{2+}、SO_4^{2-}及重金属离子，这些离子经雨水淋浸，发生扩散、渗透、迁移，污染水体和土壤。在煤矿矸石山，煤矸石普遍易发生自燃，特别是在高温季节，自燃产生大量的烟尘和H_2S、SO_2、CO、CO_2等有害气体，使矿区周围常常烟雾缭绕，严重污染大气环境，附近的畜牧业、农业以及林业都会受到不同程度的危害。矿山选矿产生的尾矿颗粒细小，其中的硫化物等矿物风化速度加快，使尾矿堆渗滤液中的重金属等有害元素含量明显升高，并产生酸化，导致实质性的环境污染。另外，矿山尾矿，尤其是浮选尾矿，其中残留的选矿药剂有氯化物、氰化物、硫化物、松油、有机絮凝剂、表面活性剂等，受到阳光、雨水、空气的作用以及它们的相互作用，会产生有害气体、液体或酸性水，加剧重金属的流失，严重污染地下水和土壤。除上述化学作用污染外，矿山废石、尾矿细砂也是沙尘暴产生的主要尘源之一。如在被称为新中国钢铁工业粮仓的鞍山，几十年的铁矿开发已在鞍山周边形成了大于30km^2的废石排土场和尾矿库，排土场和尾矿库内几乎寸草不生，就像一个人工造就的巨大戈壁、沙漠。粉尘在周边地区四处飞扬，特别是在干旱、狂风季节，尾矿细粒腾空而起，可形成长达数里的“黄龙”，造成沙尘暴灾害，严重影响当地居民的身体健康，已成为鞍山最大粉尘污染源。

（2）诱发环境地质灾害。近年来，因矿山固体废物堆放而诱发的地质灾害时有发生。如1986年4月30日黄梅山铁矿尾矿库溃坝，冲倒尾矿库下游3km^2的所有建筑，掩埋了几百亩土地，19 人在溃坝中死亡，95 人受伤；2000 年广西南丹县大厂镇鸿图选矿厂尾砂坝溃坝，殃及附近住宅区，造成 70 人伤亡，其中死亡人数 28 人，几十人失踪；最严重的是 1962 年 9 月 26 日云南锡业公司火谷都尾矿库溃坝事故，368 万吨尾矿和泥浆向下游倾泻，掩埋万亩农田和部分村庄，死亡 171 人，伤 92 人，导致选厂停产达 3 年之久；1999 年 7 月酒钢黑沟铁矿排土场发生泥石流，堵塞酒泉、嘉峪关两市唯一的水源北大河，并造成多处厂房被毁，直接经济损失 4000 多万元；本钢歪头山铁矿 1995~1999 年排土场多次发生滑坡，直接威胁沈丹铁路的安全。要治理这些地质灾害不仅难度大，而且代价高昂，有时甚至超过开采矿产品的价值。有效利用固体废物，减少并合理堆放固体废物，是预防这类地质灾害发生的关键。

我国矿山固体废物堆存的数量已经达到数百亿吨。这些固体废物占用大量的土地，侵占山林和耕地，直接影响农业生产。如果堆存不当，易加剧水土流失，引起生物链的不良反应，动物种群的迁移，导致大面积的地表变态，也引起了小区域的气候变异。例如，我国的某些矿区现已造成大面积地表植被破坏，导致了严重的风沙化，引起了小区域气候变异。某些矿区绿山变成了石山、秃山，水土流失逐年加剧。规模较大的废石堆在风力、水力、重力等自然力的作用下，容易引起滑坡、塌落，雨水量大时易导致泥石流的发生，破坏生态环境，使植物、动物的物种减少。可见，矿山固体废物会造成生态环境的难以恢复破坏。

C 矿山固体废物的无害化处理与处置

a 无害化处理

目前，矿山固体废物常用的处理方法有物理法、化学法、植物法和土地复原法。

（1）物理法。为防止受水冲刷、被风吹扬而污染环境，向矿山固体废物喷水，覆盖石灰、泥土、草根、树皮等。采用该法处理铜尾矿最为有效。

（2）化学法。矿山固体废物与化学试剂（水泥、石灰、硅酸钠等）反应，可在其表面形成坚固硬壳，以抵抗水和空气的侵蚀。此法成本高，化学试剂难选择。

（3）植物法。在矿山固体废物堆场上栽种永久性植物，可起到良好的稳定和保护作用。植物法可以和化学法结合进行处理。在尾矿场播下植物种子后，施加少量化学药品防止尾矿散沙飞扬，保持水分，利于植物生长。中国鞍山钢铁公司东鞍山选矿厂 20 世纪 80 年代在尾矿场试种成功旱快柳、刺槐、白榆、草木樨等草木类植物。目前，国内新兴一项无土植被技术，周连碧、过仕民等对此做了研究，效果不错。通过无土植被技术，不仅可以有效控制粉尘和水土流失，改善矿区生态环境，而且可大大降低治理成本。

（4）土地复原法。在被破坏的土地上回填废石、尾矿，待其沉降稳定后，加以平整，覆盖土壤、栽种植物，或建造房屋。中国一些地区的铁矿和铝矿废石场等已完成土地复垦，种植植物，发展生产。

b 最终处置

（1）充填采空区。将矿山固体废物回填采空区是一种既经济又安全的处置方法，既解决了固体废物的地面堆存和污染问题，又节省了固体废物的处理成本，是减少矿山固体废物处置场建设最直接最有效的途径，已被我国许多矿山所采用。

（2）尾矿用作井下充填材料。尾矿充填新技术具有代表性的是全尾砂胶结充填技术和高水固结充填采矿法。前者以水泥（或冶炼炉渣代替部分水泥）为固化剂，选厂全尾砂为骨料，与水按比例配制成一定浓度的料浆，用泵压或自重输送至井下采空区充填。后者不使用水泥而使用“高水速凝固化材料”作胶凝材料，尾砂作充填骨料，按配比与水混合后形成高水固结充填料浆，料浆浓度变化范围在30%~70%，充填采场后不用脱水便可以凝结为固态充填体。凡口铅锌矿每年产出10万~15万吨废石，采用废石回填工艺，每年井下回填废石量超过4万立方米。对于强度要求较高的采空区，采用废石棒磨制砂充填采空区技术，矿山环保取得明显成效。

（3）煤矸石回填采空区。新汶矿业集团实施煤矸石回填工程，仅一年时间回填矸石15万立方米，回填面积达119万平方米，有效改善了矿区环境，减少了二次污染。复垦造田中条山有色金属公司篦子沟铜矿两个服役期满的尾矿库，已复土植被造田27.3km^2，粮食、水果都获得了丰收。金川采用“覆盖、蓄水、恢复植被、引水建立人工植被方案”，对大型尾矿库进行环境治理，取得了明显的经济效益和社会效益。山东招远市的一些黄金矿山利用黄土冲沟建立起阶梯式尾矿库，先在坝库外种植灌木防雨水冲刷，库满后即覆土造田，种植红薯、花生等农作物，效果良好。晋城市采用分区排矸、分区碾压、分区覆土、分区改良、逐年归田或绿化的方法治理了15个矸石场，恢复了25km^{2}的土地使用价值，按当地荒山价格计算，其效益为1110.6万元；矸石山上生长的19.3万多株乔木，按林业部有关规定计算，到2007年直接经济效益为121万余元，加上大量灌木幼林、草本植物的效益和间接制造氧气、防止污染、防止水土流失等生态环境效益，综合效益十分可观。

（4）建立生态区。加拿大铁矿公司（IOC）一个位于拉布拉多市的铁矿厂，在40年里向Wabush湖内排放了2300万吨尾矿，严重危害了该湖的自然环境和生态环境。为解决这一问题，IOC联合当地政府、各投资方、环保组织和一些高校等积极制定尾矿管理方案，最终确立了“尾矿生态化”计划。计划主体工程是沿尾矿排放点在Wabush湖内修筑一道堤坝，以拦截尾矿，然后在尾矿排放区域建造一些陆地和人工湿地，种植植物，优化周围环境，提供野生动物栖息地，恢复生态系统。

国内有关学者和企业提出了建立矿区工业旅游及生态旅游的新思路，并取得了实质性进展，如招远市大秦家镇金矿的尾矿库，经过8年的排放堆积，已将原来的一条小山沟基本填平，形成占地面积约17.3km^{2}的尾矿库，排放量为140多万吨。将其建成漫溢型黄金尾矿库生态景观园示范区，即集休闲、娱乐、健身于一体的市级开放式生态公园。该示范区建成后，绿地面积达到总面积的80%，消除了尾矿库的粉尘污染，改善了周围的环境空气质量，有效防止了水土流失，为市民提供了一处良好的休闲娱乐场所，生态、社会效益显著。

D 矿山固体废物资源的综合利用

矿山固体废物的地表堆存给环境带来了巨大的压力，给自然生态、人类健康和生命财产安全带来了极大的危害和潜在威胁，给国民经济带来了巨大的损失。但这些固体废物中常含有许多有用金属元素，可通过技术回收利用，而且来源于矿岩的废石和尾矿本身所具有的物化特性使其具备了很好的二次开发的基础条件。因此，对矿山固体废物进行综合利用，变废为宝，是矿山固体废物处理的最佳途径。目前，对矿山固体废物综合利用的途径主要有以下几个方面：

（1）回收利用。目前的开采技术和选矿技术未能百分之百地利用矿产资源，矿山生产排放的废石中仍含有许多有用元素。以铁矿为例，我国铁矿资源共伴生组分很丰富，大约有30余种，但目前能够回收的仅有20余种。大量有用金属元素及可利用的非金属矿物遗留在固体废物中，造成矿产资源开发的巨大浪费。现在，这些废石中的金属资源可通过回收技术再次被人类利用。据资料，以江西德兴铜矿现有的废石容量（约12亿吨）估算，通过堆浸技术可回收铜30.8万吨。我国紫金山金铜矿利用该公司研发的新技术可回收平均品位在0.487g/t的剥离废石中的金，资源利用率大大提高。现在，许多矿山固体废物中的有用元素都得到了回收利用。以江西为例，德兴铜矿从含铜废石中回收金、银、钼等；大余钨矿从尾矿中回收铋、钼等；银山铅锌矿从尾矿中回收绢云母，从含钽铌的矿渣中综合回收铀；武山铜矿从尾矿中回收有用成分铜、硫、金、银等贵金属。

（2）工业原料。矿山固体废物中含有多种金属化合物和矿物成分，物化性能优越使其在工业中用途广泛。目前，矿山固废的主要利用途径有建材，如水泥、玻璃、陶瓷、保温、隔热、隔音材料等；铸石、铸砂的原料；宝石、彩石的颜料；耐火材料等。国内外关于矿山固体废物的工业用途的例子很多。如我国宜春钽铌矿中锂云母可用于提取锂盐和氢氧化锂的原料，可直接应用于陶瓷、玻璃工业。利用尾矿制砖是目前研究得比较多，同时也是最成功的尾矿利用途径之一。目前铁、铅锌、铜、金、钨等尾矿砖都已研制成功，并达标投入生产。总之，矿山固体废物的工业用途很多，一般根据其矿物组成和物化特性来决定其最佳用途。

（3）回填材料。矿山因采矿需要而进行长期的井下开采，会使采空区不断扩大，因而需要大量的充填材料。对采空区进行充填，可有效防止地面沉降塌陷、开裂，减少环境地质灾害的发生。用矿山生产带来的固体废物当作填充材料，就地取材，可大大降低填充成本，同时也为矿山固体废物开辟了另一条综合利用途径。自从凡口铅锌矿在1965年试验尾矿充填采矿方法成功之后，相继有铜绿山铜铁矿、凤凰山铜矿、大姚铜矿、麻阳铜矿、铜官山铜矿、红透山铜矿等均采用此方法，使大量尾矿得到利用。

（4）能源用途。煤矸石的热值大约为800~8000kJ，可从含有可燃质的煤矸石中回收能源，以减少其他能源的利用。尤其是当电厂的电能不仅能满足集团内部用电时，煤矸石发电对调节当地电网的负荷可起到积极的作用。

（5）农业用途。有些矿山固体废物中含有改良土壤的成分，可以用作土壤改良剂。如利用含钙尾矿作土壤改良剂，施于酸性土壤中，可达到中和酸性、改良土壤的目的。矿山固体废物中往往含有一定量的能促进植物生长的肥力和微量元素，用作肥料可改善土壤团粒结构，提高土壤的空隙度和透气性，有利于土壤中水的流动循环，以供给植物充分的养分，促进植物的生长发育。对于不具备肥力的固体废物，可通过覆土、掺土、施肥等方法处理，造地复垦用于植被绿化。如中条山有色金属公司在篦子沟矿韩家沟、莫家洼两个服务期满的尾矿库上覆土植被、造田复垦；铜官山铜矿在服务期满的尾矿库上覆土建房、植树造林，盘古山钨矿在服务期满的尾矿库上覆土植被、植树造林、建公园和旱冰场。

我们只有一个地球，保护环境和合理利用自然资源是人类共同的责任。矿山固体废物作为一种暂时无法利用或不被利用的特殊资源，一方面影响和破坏环境，另一方面又作为潜在资源存在。因此，如何避免矿山固体废物的大量堆存对环境造成的负面影响，同时又开辟多条利用途径，提高对矿山固体废物的利用率，是当今社会面临的重要课题之一。

E 对策与建议

（1）借鉴国外固体废物处理的先进技术。目前，许多国家已把固体废物资源化利用作为控制固体废物污染和解决自然资源紧张的重要国策，并建立相应法律法规，积累了丰富的固体废物管理、处置的先进经验和技术方法，如发达国家建立的强制信息披露制度、强制循环利用制度、税费征收制度、押金返还制度以及政府补贴制度、完善的废物管理信息系统、固体废物最小量化管理技术、废物转移跟踪技术以及有害废物全面管理技术等。应结合国内实际，开发和引进适合本国国情的固体废物管理、资源化综合利用和处理处置技术。例如我国可借鉴国外的经验建立押金返还制度，一方面有利于废物的回收利用，另一方面可防止为了节约处理成本而随意倾倒废物。

（2）健全完善相应法律法规和标准体系。2016 年我国修订了《中华人民共和国固体废物污染环境防治法》（以下简称《固废法》），确立了对固体废物进行全过程管理的原则。目前，我国应在《固废法》基础上进一步补充和完善相关专项法律法规，如根据固体废物的种类，制定单行法律，即单独制定关于矿业固体废物、农业固体废物、电子垃圾等固体废物的专门处理法，以及固体废物在综合利用活动中的资源破坏和环境污染的专门法规或标准；针对固体废物处理的手段和过程，完善强制信息披露、申报登记、强制回收以及相关激励制度；针对污染损害者赔偿制度、宣传教育与职业培训制度、公众参与和监督制度等加以补充，以推进固体废物的资源化利用及无害化处理与处置技术的发展，最终实现资源循环利用的环境和谐型社会。

倡导矿山企业“无废开采”“无尾生产”“清洁生产”，大力推行源头削减政策，开展一次资源的综合利用，实现固体废物的减量化。引导企业科学合理地利用现有资源，提高资源利用率，综合回收各种有用成分，尽可能减少废物排放量或无废生产。努力实现固体废物的“减量化、资源化、无害化”，推行清洁生产，把固体废物尽可能消灭在生产过程中。

（3）建立矿山固体废物数据库和信息管理系统。建立矿山固体废物数据库和信息管理系统，如矿床类型、固体废物情况、所含矿物种类、化学成分、利用状况等，为今后研究及利用提供信息服务。

（4）鼓励发展固体废物处理产业。完善固体废物资源化产业发展的经济优惠政策，鼓励企业建立循环经济生产系统，建立与市场经济接轨的固体废物管理与运行机制，走向开放与合作，实现企业化经营，走产业化道路，发展中国的矿山经济，改善我国的矿山环境。

（5）提高全民环保意识、加强宣传与教育。强化宣传教育，提高全民环境意识，节约资源，积极倡导绿色消费观念，促进企业和公众参与积极性，使全民真正认识到固体废物利用对于节约资源、保护环境、提高矿山经济效益、促进经济增长方式的转变，实现循环经济和可持续发展的重要意义。

3.6.2.2 采矿对水的污染

采矿会破坏矿区原来的地质结构，破坏地下水的储存状况，导致地下水的流量和流向发生显著变化，影响地下水补给和储存，从而影响地表水的状态，甚至影响周围居民及工农业用水。研究表明，采矿不仅破坏了地下水资源，而且在生产过程中排放大量的废水，给矿区周边的居民带来很大的安全隐患。矿区废水中的污染物主要是酸、碱、重金属离子、固体悬浮物、选矿各种药剂和其他有毒物质，此外还有硫化物、铅、镉、砷等毒害性很大的物质。煤矿、各种金属和非金属矿废水主要以酸性水为主，酸性废水的产生主要是由于矿石和围岩中含有硫化矿物，在矿石开采、运输、选矿及废石排放和尾矿堆存等生产过程中，硫化矿物氧化、分解以及微生物作用，与水化合后形成酸性的矿山废水。由于废水可以随地面扩散，将污染范围扩大，导致矿山周围水质恶化，有害有毒物超标，造成严重的环境污染。采矿产生的矿坑水、选矿的工艺废水、矿区生活污水等会通过渗透、渗流和径流等途径流入周围环境，造成水质污染和农作物受害。被污染过的河流又进一步将污染范围扩大，从而造成更大范围的污染，影响环境中生物生长和人体健康。

矿区开采可能对水环境产生污染的方式主要有以下几大类：(1) 矿坑涌水排水影响。矿坑疏干持续排水可能会引起区域地下水水位持续下降，同时矿坑涌水中存在溶解性污染物质，不同矿的污染物质的种类和毒性也不尽相同，随意排放会污染周边水体。(2) 对于包含选矿环节的矿区，尾矿废水如果处理不当会出现渗漏、泄漏，进入地下水含水层会污染地下水水质。(3) 矿山开采产生的废石中含有可溶盐类，污染物长期受降雨淋滤作用，可溶盐类溶解后随降雨以溢流水为载体向外渗漏、泄漏，进入地下或地表水体。(4) 采矿过程中产生的露天堆放污染物，长期受风化作用影响，导致岩石破碎等现象，使矿物岩石从地下还原环境转化为氧化状态，内部矿物晶体分解游离，污染物迁移能力增强，从而通过淋滤作用随降雨入渗或地表径流污染水体。

在矿区开采对周边水环境污染的研究上，国内近年来做了许多工作。例如，对肥城煤矿区地下水水质及水环境状况进行了科学评价，从时间和空间两方面阐述了肥城矿区不同含水层地下水环境的演化特征，确定了区域内矿坑排水及煤矸石废渣的排放都是造成地表水环境污染的主要因素。对山东某金矿开采过程中所产生污染物的来源、种类及其防治方法做了详细探讨，对矿区地下水污水处理及其回用技术进行了合理设计。对广东大宝山多金属矿区进行了详细研究，指出堆放尾矿废弃物的铁龙栏泥流出含高浓度重金属的酸性废水，使得沿途的水体、沉积物的重金属含量严重超标，对矿区水体和沉积物中的多种重金属的浓度和分布进行特征分析，建立了健康风险评价模型。

地下采矿活动会导致矿区的水文地质条件和地下水渗流场发生变化。在开采过程中也难免会接近和揭露或者破坏某些含水层。当含水层被破坏时，水力平衡无法继续保持，在压力的作用下，地下水体会以多种形式向巷道和开采场涌入。其表象可能是滴淋，或者是严重时的突破性涌水，造成矿井的水害，对矿区的安全高效生产造成严重的破坏和影响。

由于矿区要进行疏干排水，地下水位必然会下降，地表水也可能因为补给地下水而不断减少，由此造成水资源的浪费，矿区影响范围内会出现缺水情况，影响矿区和当地居民用水。地下水位的下降会影响矿区植被生长，矿区土地也会退化，生态环境遭到破坏。矿区疏干排水在许多岩溶充水地区会引起地面沉降甚至地面塌陷，严重影响当地的日常生产生活活动。地下水位的下降在沿海地区还会导致海水入侵，影响当地的地下水质。

3.6.2.3 *采矿对大气的污染*

采、选矿过程中向矿区大气排放的有毒、有害物质，使矿区大气受到污染。造成矿区大气污染的原因是多方面的，对从业者、周边环境及居民的影响也是复杂的。据不完全统计，2014 年时煤炭行业尘肺病报告人数超过 44 万余人，而且每年仍以很快的速度增长。

间接危害主要体现在有毒气体使气候条件发生异变。据统计，我国每年大约有 50 亿~60 亿立方米的煤层瓦斯逸散于大气层，致使臭氧层遭受破坏，从而使地球表面温度增高，近年来多种灾害性天气的频频出现，与大气层受破坏紧密相关。周边居民也会受到烟尘的污染，空气质量低下，人们的身体健康受到极大的威胁。

矿山固体废物因长期堆存地表，暴露在大气中，久经日晒雨淋，多会风化成粉末状，这些松散堆积的粉末状物质在干旱或风季里会随风扬起，飘浮在空气中，严重污染大气环境。对河南几个有色金属矿山的调查实测表明，由废石、尾矿扬起的粉尘导致矿区采场附近和生活福利区空气中的粉尘含量超标 10~14 倍，矿区的大气污染相当严重。特别是在狂风季节，细粒粉末状物质腾空而起，随风可形成长达数里的“黄龙”。这些扬尘降落地表后，严重污染周围的土壤、水源，还造成土地沙化。鞍山矿区由于长期的铁矿开发，形成了超过 $30km^2$ 的排土场和 6 个尾矿库，这个号称全国最大的排土场和尾矿库几乎寸草不生，形成了一个人工造就的巨大戈壁，而且它也是鞍山最大的粉尘污染源。据专家考证，矿山粉尘是沙尘暴产生的重要尘源之一。

3.6.2.4 采矿对植被景观的破坏

采矿带来的一系列环境问题，首先是周边环境的污染，土壤板结，土地肥力衰退，造成农作物减产；其次是生态环境遭受破坏，致使生物多样性丧失，受损生态系统的恢复也变得缓慢。乡土植物群落受到破坏，植被急剧发生向下的演替过程，直接影响了种群内部的物种数量和质量，造成野生物种的减少及生物多样性的降低。由于废弃地土壤结构差，缺乏植物生长所需的有机质及生长元素，而土壤中重金属含量较高，因此非常不利于植物的生长，这也给矿区的复垦和景观恢复增加难度。

3.6.2.5 采矿对土地资源的破坏

矿山开采沉陷对土地产生的影响是矿山开采对环境影响的一个重要方面。煤炭和其他有用矿物的大规模开发和利用，既给人类带来了巨大的经济和社会效益，也破坏了矿山原有地形、地貌和自然景观，留下荒芜的采矿场或塌陷的采空区。开采沉陷对环境的影响是多方面的，而土地是受其影响的一个较为重要的方面。开采沉陷对地表土地，特别是对耕地的影响较严重，在高潜水位矿区，主要表现为下沉盆地积水，使大片土地不能耕种；在干旱的山区，主要表现为非连续的变形发育，使地表水土流失，农作物减产，土地使用价值降低。据加拿大安大略矿业公司统计，全世界已有 $3\times10^6hm^2$ 的土地被露天采矿破坏。而我国采矿工业破坏的土地约有（1.4~2.0）$\times10^6hm^2$，并以每年 $2.0\times10^4hm^2$ 的速度增加。

矿山开采沉陷对土地的影响主要体现在以下五个方面：

（1）地表裂缝或塌陷坑。由地表移动的规律可知，在下沉盆地的边缘，由于受到拉伸变形的影响，土地的破坏主要表现为裂缝。裂缝的深度和宽度与有无第四系松散层及其厚度、性质和地表变形值大小密切相关。当开采区域上覆第四系松散层厚度较大且为塑性大的黏性土时，一般在地表的拉伸变形值超过 6~10mm/m 时，地表才产生裂缝。塑性小的砂质黏土等，地表的拉伸变形值达到 2~3mm/m 时，地表即可产生裂缝。如在我国的开滦林南仓矿区，第四系松散层平均厚度达 220m，属于含水砂层巨厚松散层下开采，地下煤层开采后在地表往往产生宽度不等的裂缝，并伴有错台或台阶。

裂缝和台阶的产生损坏了耕地的连续性，降低了土壤保肥、保水性及灌溉能力，增加了水土向地下流失的风险。当开采区域第四系松散层厚度较薄时，地表移动取决于基岩的移动特征，在急倾斜煤层开采条件下，地表可能出现漏斗状塌陷坑。这对耕地损坏大，耕作层土壤随塌陷坑溃入坑的深部甚至井下，土地无法耕种。另外，如果开采煤层上覆岩层中有极坚硬厚岩层时，工作面上部直接顶达到一定的悬空面积后，上覆岩层在自重载荷和周围坚硬煤体反向应力的作用下，在采空区边界部位产生并积聚巨大的剪切应力，在某一瞬间沿煤壁发生一次性直达地表的垮落，形成塌陷坑。

（2）附加坡度的产生。地表倾斜度的产生主要是由于移动盆地内相邻两点的不均匀下沉而导致的。而坡度是决定径流冲刷能力的基本因素之一，坡度越大则径流量越大，冲刷量也越大，引起的水土流失和土地侵蚀越严重。

一般情况下，耕地应保持在一定的坡度范围内才能保证土壤生产力的正常发挥。如平原矿区耕地坡度一般在 0~5‰，开采沉陷产生附加坡度较大时，灌溉条件变差或无法灌溉，耕地减产严重。另外，附加坡度的增加也会导致土壤有机质和土壤养分流失，导致土壤生产力降低。有关资料表明，通过对盆地不同下沉位置土壤的物理特性进行监测和分析，可以得出不同层次土壤含水量从上坡向坡底均随着下沉深度的增加而增加。开采沉陷加速了耕地土壤的侵蚀和水土流失，从而显著影响耕地土壤的物理特性。受其影响最大的是表层 0~20cm 土层，沉陷耕地上中坡表层土壤有砂质化的趋势，而下坡和坡底则积聚了上中坡侵蚀下移的土壤细颗粒物质。事实上，由地表移动盆地的规律可知，下沉盆地中上坡位置即为盆地中倾斜值最大的位置，倾斜变形的增加导致地表土壤有砂质化趋势。

（3）沉降区积水。我国黄淮平原的中东部和长江以南的平原地区属于地下水位浅、年降水量多的地区，煤炭开采后引起的积水严重，积水面积大，积水最深可达 10m 以上，对土地的破坏十分严重。而作物生长所需水分大部分是从土壤中获取的，适宜的地下潜水位埋深是作物生长的有力保障。东部平原矿区开采沉陷导致地下潜水位相对升高，地下潜水位升高程度不同其对土壤生产力的影响大小也有差别。地下潜水位仅上升到作物耕地范围内，旱作物就会受涝减产；如果地下水矿化度较高时，土壤甚至会发生盐碱化现象；特别是干旱、半干旱的华北和黄淮平原地区，当地表沉陷接近或超过地下潜水位深度时，地表就会出现季节性积水或永久性积水，耕地无法耕种，土壤生产力完全丧失。

沼泽化现象出现在过湿地区，由于土壤经常处于过饱和状态，养分养料通过水的淋滤作用随地表水或潜水逐渐流失，这时少养分喜湿植被开始丛生，土层湿度更大，状况恶化，有机残物的分解过程缓慢，形成较厚的草根层或积累成泥炭而演变成沼泽化土地。在高潜水位或地表积水较多的地区，通常在水缘周围形成沼泽带，一般作物不易生长，只有一些耐盐喜湿性植物生长，因土壤的物理以及生物性质恶化，通常难以得到改良利用，严重影响土地的永续利用。

（4）土壤环境污染和土地荒漠化。矿山开采沉陷对土地的深层次破坏：一是改变土壤成分，造成土壤环境污染；二是导致土地沙漠化。地面堆积的含有毒、有害成分的矿石、矸石在经受雨淋或地表水作用下，矿井或选矿厂排出的含有毒、有害成分的废水被排入土地或用于灌溉农田，有毒、有害物质进入大气并通过某种途径降落地表，这些因素都会造成土壤环境污染。土壤环境污染具有隐蔽性和潜伏性、不可逆性和长期性两大特点，因此土壤环境污染的防治更加困难。

开采沉陷破坏了耕地生态系统的物质能量平衡，致使耕地发生潜在荒漠化，特别是在气候干旱少雨的西北矿区较为明显。以大同市为例，土地荒漠化在该地区不断加重，且有逐年扩大趋势。调查发现，大面积开采地下资源导致地下水位下降，是造成土地荒漠化的重要因素。因采矿造成土地塌陷、山体滑坡，很多山区居民因无水不得不搬迁，遗弃的耕地因缺水，植被不能很好恢复，造成土地荒漠化。土地一旦荒漠化，就会给人们的生产和生活带来灾难。煤层大面积开采后，不仅使地表出现沉陷现象，而且采空区的垮落和下沉会造成地下导水断裂带贯通，改变地下水的径流条件，甚至导致煤矿周围各含水层疏干，改变区域土壤层水分的动态关系，使地表更趋于干燥，抗蚀能力减弱，水土流失加剧，促使耕地荒漠化。

（5）破坏地表水。煤矿开采过程破坏了地下含水层的原始径流，大量排出地下水。同时还造成区域含水层水位下降，形成大规模地下水降落漏斗，直接影响区域水文地质条件。开采产生的地表变形影响地表水体，从而使部分沟泉水量减少甚至干涸，影响当地居民的正常生产和生活，进而影响区域植被生长，甚至导致土地沙漠化。如在我国西部干旱半干旱地区，降雨量少，蒸发量大，导致水资源严重缺乏和生态环境脆弱，而采矿活动更加剧了对水资源和生态环境的破坏，造成植被枯死、土地沙化等环境灾害。如不加以控制，大规模的煤炭开采会破坏含水层，造成潜水位下降、居民水井干涸、地表植被死亡、土壤沙化、水体流失等一系列问题。事实上，在煤炭开采过程中，无论是矿井的正常涌水，还是以防治矿井水害为目的进行的人为疏干排水和采动形成的导水裂隙对煤系含水层的自然疏干，都会不同程度地影响或破坏地表水，造成地下水资源的极大浪费，或污染水环境。

3.6.2.6 金属矿山土壤重金属污染和危害

矿山固体废物中含有多种有毒、有害物质。黄铁矿、磁黄铁矿等金属硫化物与重金属元素 Cd、Cu、Hg、Mo、Pb、Zn、As 及一些放射性物质普遍存在于采矿废石中，这些有毒有害物质随雨水流失，渗透地表，污染水体和土壤，危害水生生物，影响农作物生长，导致农业减产、鱼虾死亡。更可怕的是，这些有毒有害物质会通过食物链进入人体，从而危及人体健康。不少金属矿山的固体废物中含有放射性物质。据实测资料统计，在非铀金属矿山当中，有 30%以上矿山的废石中含有放射性物质。此外，尾矿中除含有以上有毒有害物质外，还残留有毒的浮选药剂，如氯化物、氰化物、硫化物、松油、有机絮凝剂、表面活性剂等。这些选矿药剂受到阳光、雨水、空气的作用以及它们的相互作用，会产生有害气体、液体或酸性水，加剧了重金属的流失，严重污染水源和土壤。对矿山及其周边地区造成严重危害。

随着矿山开采年份的增加，矿山周边土壤环境中重金属不断积累，污染现象日趋严重。重金属进入土壤环境后，扩散迁移比较缓慢，且不被微生物降解，通过溶解、沉淀、凝聚、络合、吸附等过程后，容易形成不同的化学形态。当其在土壤中积累到一定程度时，就有可能通过土壤-植物（作物）系统，经食物链为动物或人体所摄入，潜在危害性极大。因此，金属矿山土壤的重金属污染问题必须引起高度关注，并采取相应措施加以防治。

A 土壤重金属污染的来源

金属矿山周边土壤中的重金属除本身由于地球化学作用而可能造成背景值偏高外，其他则主要来源于金属矿产开采、洗选、运输等过程中废气、废水的排放及固体废物的堆放。露采或坑采的钻孔、爆破和矿石装载运输等过程产生的粉尘和扬尘中含有大量的重金属，经过雨水的淋溶，重金属进入周边土壤；废水包括采矿生产中排出的地表渗透水、岩石孔隙水、矿坑水、地下含水层的疏放水以及井下生产防尘、灌浆、充填污水，废石场的雨淋污水和选矿厂排出的洗矿、尾矿废水等。这些废水大多呈酸性，溶有大量重金属离子。矿山固体废物中一般都含有大量的重金属，其中又以尾矿和废弃的低品位矿石中重金属量最高。这些固体废物若在露天堆放，容易迅速风化，并通过降雨、酸化等作用向矿区周边扩散，从而导致土壤重金属污染。

B　土壤重金属污染的影响

土壤重金属污染的影响主要有三种：(1) 淋溶作用。土壤中的重金属在降水的淋溶作用向下渗透到深层土壤或地下水层。(2) 人或动物的吸入。受污染的土壤直接暴露在环境中，通过土壤颗粒物等形式直接或间接地为人或动物所吸入。(3) 进入食物链。外界环境条件的变化如酸雨、某些土壤添加剂等因素，提高了土壤中重金属的生物可利用性，使得重金属较容易地为植物吸收利用而进入食物链，对食物链上的生物产生毒害。

C　土壤重金属污染的特点

与其他污染形态有所不同的是，土壤重金属污染有其自身特点，主要表现为：(1) 隐蔽性和滞后性。土壤重金属污染往往要通过对土壤及农作物样品进行监测后，甚至通过对人和动物健康状况进行诊断后才能确定。(2) 累积性。由于重金属在土壤中不容易迁移、扩散和稀释，因此，很容易在土壤中不断积累而超标，同时也使土壤污染具有很强的地域性。(3) 不可逆性和难治理性。重金属污染的自然降解是非常困难的，积累在土壤中的重金属很难靠稀释作用和自净作用来消除。

D　废弃金属矿山污染土地的主要修复技术

目前，国内外治理土壤重金属污染的途径归纳起来主要有三种：一是改变重金属在土壤中的存在形态，使其固定，降低其在环境中的迁移性和生物可利用性；二是从土壤中去除重金属；三是将污染地区与未污染地区隔离。围绕这三种治理途径，已相应地提出各自的物理、化学和生物治理方法。这三种方法既可以独立使用，也可以联合使用。

(1) 固定/稳定修复法。即用各种物理、化学和生物的方法将土壤中的污染物稳定或固定在土壤中，以改变污染物在土壤中的存在状态，使其固定，降低其在环境中的迁移性和生物可利用性。如用工业矿物或生物措施，使污染物稳定或固定在土壤中。

(2) 去除法。去除法是用物理、化学或生物的方法将污染物从土壤中去除的方法。物理方法主要是用机械、人工等措施将污染土壤挖出、搬运走，达到去除本地污染的目的。该方法能迅速去除污染土壤，但成本高，且仅是将污染土壤从本地搬运到另一地，不是从根本上去除，同时要求对挖出的污染土壤进行妥善处理，以防止二次污染。用超累积植物修复污染土壤是一种成本低的去除污染物的方法，但速度慢且超累积植物不易寻找。采用选矿的方法利用化学试剂进行土壤清洗以去除污物是一种有效的方法，但成本较高。

(3) 隔离法。隔离法就是用各种防渗材料，如水泥、黏土、石板、塑料板等，把污染土壤就地与未污染土壤或水体分开，以减少或阻止污染物扩散到其他土壤或水体的做法。常用的方法有振动束泥浆墙、平板墙、薄膜墙、化学泥浆幕、地下冷冻、喷射泥浆等。该法应用于污染严重，易于扩散且污染物又可在一段时间后分解的情况。

依据采取的措施特点，污染土壤的治理方法又可分为工程、生物、改良和农业措施。用工程措施来治理重金属污染土壤，具有效果彻底、稳定等优点，是一种治本的措施。但由于存在实施繁复、治理费用高和易引起土壤肥力减弱等缺点，因而一般适用于小面积、重污染的土壤。生物措施的优点是设施较简便、投资较少和对环境扰动少，缺点是治理效率低，如超累积植物通常都矮小、生物量低、生长缓慢且周期长，不宜治理重污染土壤（因高耐重金属植物不易寻找且被植物摄取的重金属因大多集中在根部而易重返土壤等）。用改良措施来治理重金属污染土壤，其治理效果和费用都适中，对污染不太重的土壤特别适用。但需加强管理，防止重金属的再度活化。农业措施具有费用低、实施方便等优点，但周期长和效果不显著，适于中、轻度污染土壤的治理。因此，各种污染土壤都有其特点和适用性，应根据污染的实际和当地的情况慎重选择修复方法。

3.6.3 矿山开采不同阶段对生态的影响

3.6.3.1 施工期对生态环境的影响因素

施工期主要为露天施工工程，包括采选工业场地、尾矿库、排土场、办公区及其他辅助设施等工程，施工期对生态环境的影响因素主要包括地表挖损和压占。

地表挖损：施工期各工业场地的表土剥离工程，对生态环境的扰动较大。在剥离过程中，地表植被将被完全铲除，会形成点状、片状、带状的裸露面，土地利用类型发生改变，由草地变为裸地，土壤侵蚀量增加，草原地区表土层一般在20~50cm，地表挖损为草原地区生态环境影响的主要因素。

地表压占：采选工业场地土地被永久压占，形成永久性工矿建筑景观，原有地表植被遭破坏。排土场和尾矿库将形成人工堆积山，压占原有土地植被，改变地形地貌，地表物质组成结构发生改变。尾矿库和排土场施工过程包括场地平整、边坡稳定、开挖排水沟、筑坝等，工程活动铲除地表植被，改变土地利用类型。这些工程的建设将会导致局部地貌形态、生态景观类型发生改变，植被覆盖面积减少，如遇雨季则水土流失量增加。

道路建设会使地表植被和土壤受到扰动与破坏，短期内将引起局部区域水土流失量增加。道路建设完成后，形成地面硬覆盖，水土流失影响减轻。

各场地的剥离表土将在表土堆场集中堆存，原有地形地貌和地表物质组成结构将发生改变。剥离的表土堆放过程中也将占压地表植被，若堆放区边坡不及时采取防护措施，雨季势必造成大量的水土流失。

3.6.3.2 运营期对生态环境的影响因素

矿山露天开采使采区范围内地貌状态发生改变，其所在区域的景观格局处于缓慢的变化过程中，如由草地景观变为工矿景观，并在后期形成露天坑的景观形态。排土场随着矿山的开采废石堆积高度逐渐增加。在废石堆积过程中，地形地貌发生变化，原来的丘陵地变成了中低山，若堆放坡度较大且没有采取相应的水土保持措施，遇雨季时可能引起滑坡和泥石流。同样，尾矿库堆积过程中，地形地貌也将发生变化。

3.6.4 矿山复绿

为加快推进全国矿山地质环境恢复治理工作，2012年国土资源部办公厅下发了《关于印发<全国“矿山复绿”行动方案>的通知》（国土资厅发〔2012〕36号），计划在2013~2015年用三年时间对重要自然保护区、景观区、居民集中生活区周边和重要交通干线、河流湖泊直观可视范围内矿山地质环境问题进行摸底调查和集中整治。截至2014年11月底，全国完成治理矿山3310个，完成治理面积$10.31\times10^4hm^2$，实际投入治理工程总资金为146.54×10^8元。通过实施“矿山复绿”工程在很大程度上预防或消除了矿山地质灾害，改善了矿山生态环境，增加了林地、农用地和建设用地，生态、社会、经济效益明显。

3.6.4.1 制度建设情况

2017年11月，财政部、国土资源部、环境保护部联合发布《关于取消矿山地质环境治理恢复保证金，建立矿山地质环境治理恢复基金的指导意见》，明确取消保证金制度，以基金的方式筹集治理恢复资金。《意见》规定，企业应将退还的保证金转存为基金，用于已产生矿山地质环境问题的治理。同时，建立矿山地质环境动态监管机制，加强对企业矿山地质环境治理恢复的监督检查。通过治理恢复基金制度的建立与完善，明确了经济责任主体，逐渐形成了经济责任机制。根据2009年国土资源部令第44号，全国都实施了矿山地质环境保护与治理恢复方案编制与审查制度。为了加强矿山地质环境保护与治理，河北、江苏、安徽等8个省（自治区、直辖市）制定了矿山地质环境保护条例，河北、江西、陕西、青海四个省份出台了矿山地质环境管理办法，北京等11个省（自治区、直辖市）制定了矿山地质环境保护与治理有关项目管理办法，海南、云南制定了矿山地质环境保护规定，北京、内蒙古、安徽等9个省（自治区、直辖市）制定了矿山地质环境治理、验收等相关技术规范与标准，内蒙古、四川、江苏还制定了矿山地质环境治理有关预算标准。总体上，内蒙古、江苏、安徽、云南等省（自治区、直辖市）在矿山地质环境保护与治理等有关制度建设方面相对比较完善。总之，矿山地质环境保护与治理有关制度的制定，对于保障“矿山复绿”行动的顺利实施，促进我国矿业可持续发展与生态文明建设具有重要意义。

3.6.4.2 经验与不足

（1）“矿山复绿”行动得到了各级人民政府高度重视，为顺利实施提供保障。国土资源部《关于印发<全国“矿山复绿”行动方案>的通知》（国土资厅发〔2012〕36号）下发后，各级国土资源部门分别向当地人民政府进行了汇报，受到高度重视并得到大力支持。从省到地市、县分别成立了矿山复绿行动工作领导小组，健全了组织管理机构。按照属地负责、任务分解、层层落实的原则，形成了各级地方人民政府牵头，国土资源主管部门负责组织、指导、协调和督促检查，其他相关单位密切配合的管理模式，为“矿山复绿”行动顺利实施提供了保障。

（2）以“矿山复绿”行动为契机建立完善了相关制度与技术标准。在“矿山复绿”行动实施过程中，许多省（自治区、直辖市）结合本辖区的生态文明建设要求，从建章立制着手，制定或完善了矿山地质环境保护与治理相关制度或技术标准。如许多省出台了省级《矿山地质环境保护条例》《矿山地质环境保护规定》《矿山地质环境管理办法》《矿山地质环境治理恢复保证金缴存使用管理办法》等，为“矿山复绿”行动提供制度保障。

（3）各省（自治区、直辖市）“矿山复绿”行动任务繁重，工作进度不容乐观。据统计，全国“矿山复绿”行动共部署治理矿山总数1.6万个，总治理面积为65.99万公顷，工作量较大，各省（自治区、直辖市）“矿山复绿”行动实施进度参差不齐，总体上进展比较缓慢。

（4）各省（自治区、直辖市）“矿山复绿”工程所需经费较大，经费筹措面临困难。据统计全国“矿山复绿”工程共需资金预算为755.81亿元，资金数额较大。由于缺少中央财政专项支持，工程经费绝大多数依靠各省（自治区、直辖市）多渠道筹集，经费投入不足的问题严重影响着“矿山复绿”工程进度。

思 考 题

3-1 叙述我国土地退化的现状及原因。

3-2 什么是土壤酸化？对于土壤酸化可以采取哪些措施进行防治？

3-3 什么是水土流失？水土流失的类型及特点分别是什么？

3-4 什么是土地盐渍化？其对生态环境会造成哪些影响和危害？

3-5 矿产资源开发对环境的破坏主要包括哪些方面？

4 土地污染及其防治

土壤是构成生态系统的基本环境要素，是人类赖以生存和发展的物质基础。土壤污染是指人类活动产生的污染物，通过不同的途径输入土壤环境中，其数量和速度超过土壤的自净能力，从而使土壤污染的累积过程逐渐占优势，土壤的生态平衡受到破坏，正常功能失调，导致土壤环境质量下降，影响作物的正常生长发育，作物产品的产量和质量随之下降，并产生一定的环境效应（水体或大气发生次生污染），最终将危及人体健康，以至影响人类生存和发展的现象。目前我国土壤污染总体形势相当严峻，土壤污染正以一种不容忽视的速度和趋势在全国范围内蔓延，土壤污染的总体情况可以用“四个增加”来概括：土壤污染的面积在增加，土壤污染物种类在增加，土壤污染的类型在增加，土壤污染物的含量在增加。

现如今制约我国经济社会可持续发展的重要因素之一就是土壤污染。由于我国工业化和城市化的进程加快，导致受污染土地的面积不断扩大，这一问题已制约着我国经济社会的发展。当前，我国已成为世界上土壤污染最严重的国家之一。由 2006 年环保部公布数据可知，我国有 1.5 亿亩耕地受到污染，占 18 亿亩耕地的 8.3%。之后有调查显示，我国 2000 万顷（3 亿亩）耕地面积已受重金属的污染，占全国总耕地面积的 1/6。其中有 200 万公顷土地受矿区污染，约 5 万公顷土地受到固体废弃物堆放的污染，近 1000 万公顷耕地受到“工业三废”的污染，330 多万公顷农田被污染。2014 年，环境保护部和国土资源部发布了全国土壤污染状况调查公报，此次土壤污染状况调查的范围是除香港特别行政区、澳门特别行政区和台湾地区以外的陆地国土，调查点位覆盖全部耕地，部分林地、草地、未利用地和建设用地，实际调查面积约 630 万平方千米。调查采用统一的方法、标准，基本掌握了全国土壤环境总体状况。调查结果显示，全国土壤环境状况总体不容乐观，部分地区土壤污染较重，耕地土壤环境质量堪忧，工矿业废弃地土壤环境问题突出。全国土壤总的点位超标率为 16.1%，其中轻微、轻度、中度和重度污染点位比例分别为 11.2%、2.3%、1.5%和 1.1%。从土壤利用类型看，耕地、林地、草地土壤点位超标率分别为 19.4%、10.0%、10.4%；从污染类型看，以无机型为主，有机型次之，复合型污染比重较小，无机污染物超标点位数占全部超标点位的 82.8%；从污染物超标情况看，镉、汞、砷、铜、铅、铬、锌、镍 8 种无机污染物点位超标率分别为 7.0%、1.6%、2.7%、2.1%、1.5%、1.1%、0.9%、4.8%；六六六、滴滴涕、多环芳烃三类有机污染物点位超标率分别为 0.5%、1.9%、1.4%。我国目前土壤污染呈污染种类多、污染途径广、有机无机污染物混合污染、新老污染并存的多元素复杂形式，防治难度极大。农产品的质量安全和人民的身体健康受到土壤污染的严重威胁，同时也影响社会和谐。我国土壤污染状况总体呈现污染物种类多、含量大、受污染土地面积广的特点，农村、城市和矿区呈现不同程度的土壤污染状况，尤其是耕地受污染严重。有关研究表明，我国耕地受重金属污染严重，约有 1/5 的耕地被重金属污染，而农产品被有机污染和农用化学品污染，导致其产量和质量均有下降，每年的直接损失至少数百亿元。

近几年来，环保问题随着经济社会的迅速发展日益受到人们的关注。土壤环境保护和治理问题也成为除了水、大气、固体废弃物污染以外的新的关注热点。我国生态环境、食品的安全、农业可持续发展等问题已受到土壤污染的严重威胁，土壤污染问题引起了环保治理者的高度重视。为此，国务院办公厅于 2013 年初发布《关于印发近期土壤环境保护和综合治理工作安排的通知》，要求到 2015 年，在全面摸清我国土壤被污染状况的前提下，建立严格的涉及耕地和集中式饮用水水源地的土壤环境保护和治理制度，遏制土壤污染的上升趋势，保证全国耕地土壤环境质量的调查点位达标率高于 80%；并提出到 2020 年，力争建成我国土壤环境保护体系，明显改善全国土壤环境质量。2016 年国务院印发《土壤污染防治行动计划》，要求到 2020 年，全国土壤污染加重趋势得到初步遏制，土壤环境质量总体保持稳定，农用地和建设用地土壤环境安全得到基本保障，土壤环境风险得到基本管控。到 2030 年，全国土壤环境质量稳中向好，农用地和建设用地土壤环境安全得到有效保障，土壤环境风险得到全面管控。到本世纪中叶，土壤环境质量全面改善，生态系统实现良性循环。并提出坚持预防为主、保护优先、风险管控，突出重点区域、行业和污染物，实施分类别、分用途、分阶段治理，严控新增污染、逐步减少存量，形成政府主导、企业担责、公众参与、社会监督的土壤污染防治体系，促进土壤资源永续利用，为建设“蓝天常在、青山常在、绿水常在”的美丽中国而奋斗。

4.1　土壤重金属污染及其防治

4.1.1　重金属及重金属污染

土壤是陆地生态系统的重要组成部分，为系统内物质循环和能量流动提供了基础和保证。随着社会的发展和科学技术的进步，尤其自 20 世纪 30 年代以来，工农业迅速发展，大量的污染物通过不同的途径进入土壤环境，破坏了土壤结构，危害了土壤功能，引起土壤生态环境质量严重恶化，其中重金属污染极为严重。重金属污染范围广、持续时间长，不易在物质循环和能量流动中分解，通过食物链或者空气扬尘危害人体健康，还可以引起大气和水环境质量进一步恶化。因此，自 20 世纪 50 年代以来，特别是近 30 年来，土壤重金属污染受到各国环境生态学家的广泛重视，且成为当今环境科学领域的重要研究内容。

重金属一般是指比重在 4.0 以上的约 60 种元素或比重在 5.0 以上的约 45 种元素。在环境污染研究中的重金属主要是 Pb、Cd、Hg、Cr 以及类金属 As 等生物毒性显著的元素，还包括具有一定毒性的重金属 Zn、Cu、Co、Ni 和 Sn 等元素。有些重金属元素是人体和其他生物体必需的元素，但是其浓度超过一定范围就会引起中毒。

土壤重金属污染是指人类活动将重金属输入土壤中，引起土壤重金属含量明显高于背景含量，并造成生态环境质量恶化的现象。引起土壤重金属污染的原因很多而且非常复杂，不同重金属元素来源差别很大，即使同种重金属元素其来源也往往不同。

4.1.2 土壤重金属污染来源与分布

土壤中重金属的来源是多途径的。首先是成土母质本身含有重金属，不同的母质成土过程所形成的土壤含有重金属量差异很大。此外，人类工农业生产活动，也造成重金属对大气、水体和土壤的污染。

4.1.2.1 随大气沉降进入土壤的重金属

大气中的重金属主要来源于工业生产、汽车尾气排放及汽车轮胎磨损产生的大量含重金属的有害气体和粉尘等。它们主要分布在工矿的周围和公路、铁路两侧。大气中的大多数重金属是经自然沉降和雨淋沉降进入土壤的。如瑞典中部市区的铅污染，它主要来自铜矿厂、硫酸厂、油漆厂，由于风的运输，这些细微颗粒的铅从工业废物堆扩散至周围地区。又如南京某生产铬的重工业厂铬污染叠加已超过当地背景值 44 倍。公路、铁路两侧土壤中的重金属污染，主要以 Pb、Zn、Cd、Cr、Co、Cu 的污染为主。它们来自含铅汽油的燃烧，汽车轮胎磨损产生的含锌粉尘等。它们呈条带状分布，以公路、铁路为轴向两侧重金属污染强度逐渐减弱；随着时间的推移，公路、铁路土壤重金属污染具有很强的叠加性。经过自然沉降和雨淋沉降进入土壤的重金属污染，主要以工矿烟囱、废物堆和公路为中心，向四周及两侧扩散；由城市—郊区—农区，随距城市的距离加大而降低，特别是城市郊区污染较为严重。重金属污染还与城市的人口密度、城市土地利用率、机动车密度成正相关。重工业越发达，污染相对就越严重。此外，大气中汞的干湿沉降也可以引起土壤中的汞含量增高。

4.1.2.2 随污水进入土壤的重金属

利用污水灌溉是灌区农业的一项古老的技术，主要是把污水作为灌溉水源来利用。污水按来源和数量可分为城市生活污水、石油化工污水、工业矿山污水和城市混合污水等。生活污水中重金属含量很少；但是，由于工矿企业污水未经分流处理就排入下水道与生活污水混合排放，造成污灌区土壤重金属 Hg、As、Cr、Pb、Cd 等含量逐年增加。淮阳污灌区土壤 Hg、Cd、Cr、Pb、As 等重金属 1995 年已超过警戒线，其他灌区部分重金属含量也远远超过当地背景值。随着污水灌溉而进入土壤的重金属，以不同的方式被土壤截留固定。95%的 Hg 被土壤矿质胶体和有机质迅速吸附，一般累积在土壤表层，自上而下递减。郑州污水灌区水中 Hg 的浓度达到 0.242mg/kg，而土壤 Hg 含量 0.194mg/kg 就会造成重度污染。污水中的 As 多以 3 价或 5 价状态存在，进入土壤后被铁、铝氢氧化物及硅酸盐黏土矿物吸附，也可以和铁、铝、钙、镁等生成复杂的难溶性砷化合物。而 Cd 很容易被水中的悬浮物吸附，水中 Cd 的含量随着距排污口距离的增加而迅速下降，因此污染的范围较小。Pb 很容易被土壤有机质和黏土矿物吸附。Pb 的迁移性弱，污灌区 Pb 的累积分布特点是离污染源近的土壤含量高，距离远的土壤含量低。污水中 Cr 有四种形态，一般以 3 价和 6 价为主，3 价 Cr 很快被土壤吸附固定，6 价 Cr 进入土壤中被有机质还原为 3 价 Cr，随之被吸附固定。因此，污灌区土壤中 Cr 会逐年累积。

4.1.2.3 随固体废弃物进入土壤的重金属

固体废弃物种类繁多、成分复杂，不同种类其危害方式和污染程度不同。其中，矿业和工业固体废弃物污染最为严重。这类废弃物在堆放或处理过程中，由于日晒、雨淋、水洗，重金属极易移动，以辐射状、漏斗状向周围土壤、水体扩散。沈阳冶炼厂冶炼锌的过程中产生的矿渣主要含Zn、Cd，1971年开始堆放在一个洼地场所，其浸出液中Zn、Cd含量分别达6.6×10^3mg/L和7.5×10^3mg/L，向堆放场以外的范围扩散，重金属污染物浓度是以同心圆状分布。对武汉市垃圾堆放场、杭州铬渣堆放区附近土壤中重金属含量的研究发现，这些区域土壤中Cd、Hg、Cr、Cu、Zn、Pb、As等重金属含量均高于当地土壤背景值。

有一些固体废弃物被直接或通过加工作为肥料施入土壤，造成土壤重金属污染。如随着我国畜牧生产的发展，产生大量的家畜粪便及动物加工产生的废弃物，这类农业固体废弃物中含有植物所需N、P、K和有机质，但由于饲料中添加了有一定量的重金属盐类，因此作为肥料施入土壤就增加了土壤Zn、Mn等重金属元素的含量。磷石膏属于化肥工业废物，由于其有一定量的正磷酸以及不同形态的含磷化合物，并可以改良酸性土壤，从而被大量施入土壤，但造成了土壤中Cr、Pb、Mn、As含量增加。磷钢渣作为磷源施入土壤时，土壤中发现有Cr的累积。随着工业的发展以及城镇环境建设的加快，污水处理正在不断加强。我国现有80余座污水处理厂，估计污泥产生量在400万吨以上，由于污泥含有较高的有机质和氮、磷养分，因此土壤成为污泥处理的主要场所。一般来说，污泥中Cr、Pb、Cu、Zn、As极易超过控制标准。北京褐土施用燕山石化污泥一年后Hg、Cd浓度分别达到0.94mg/kg、0.22mg/kg。许多研究指出，污泥的施用可使土壤重金属含量有不同程度的增加，其增加的幅度与污泥中的重金属含量、污泥的施用量及土壤管理有关。

固体废弃物也可以通过风的传播而使污染范围扩大，土壤中重金属的含量随距污染源的距离增大而降低。如大冶冶炼厂，每年排放数千吨的粉尘，引起大冶市广大农田被污染，直径20km范围内的土壤Cr、Zn、Pb、Cd含量均大大高于背景值。

4.1.2.4 随农用物资进入土壤的重金属

农药、化肥和地膜是重要的农用物资，对农业生产的发展起着重大的推动作用，但如果长期不合理施用，也可以导致土壤重金属污染。绝大多数的农药为有机化合物，少数为有机-无机化合物或纯矿物质，个别农药在其组成中含有Hg、As、Cu、Zn等重金属。如随着西力生消毒种子进入土壤的Hg为6~9g/hm^2；在农业地区，特别是在西方国家的家庭园林中，由于经常施用含As农药，土壤中As的残留量明显增加，美国的密歇根州土壤中As含量达到112mg/kg。杀真菌农药常含有Cu和Zn，被大量地用于果树和温室作物，常常会造成土壤Cu、Zn累积达到有毒的浓度。如在莫尔达维亚，葡萄生长季节要喷5~12次波尔多液或类似的制剂，每年约有6000~8000t的铜施入土壤。重金属元素是肥料中报道最多的污染物质。氮、钾肥料中重金属含量较低，磷肥中含有较多的有害重金属，复合肥的重金属主要来源于母料及加工流程带入。肥料中重金属含量一般是磷肥>复合肥>钾肥>氮肥。Cd是土壤环境中重要的污染元素，随磷肥进入土壤的Cd一直受到人们的关注。许多研究表明，随着磷肥及复合肥的大量施用，土壤有效Cd的含量不断增加，作物吸收Cd量也相应增加。据马耀华等对上海地区菜园土研究发现：施肥后，Cd的含量从0.13mg/kg上升到0.32mg/kg。美国橘园每年施磷量为175kg/hm^2，36年后土壤Cd量由0.07mg/kg提高到1.0mg/kg；新西兰在同一地点施用磷肥50年后取土分析，土壤Cd含量由 0. 39mg/kg 提高到 0. 85mg/kg。肥料中 Cr、As 元素含量较高，且土壤的环境含量又较低，能引起土壤中 Cr、As 的较快积累。硝酸铵、磷酸铵、复合肥中 As 量可达 50~60mg/kg，长期施用可造成土壤 As 严重污染。近年来，地膜的大面积推广使用，造成了土壤的白色污染。由于地膜生产过程中加入了含有 Cd、Pb 的热稳定剂，同时也增加了土壤重金属污染。

4.1.3　土壤重金属污染现状

土壤是重金属最大的容纳场所。根据调查，我国 2000 万公顷耕地受到重金属污染。另有调查数据显示，我国 37 个污水灌溉区的污水水源中普遍含有不同种类的污染物质，多半是积累性的重金属污染物超标。

近年来华南地区部分城市有 50%的农田遭受镉、砷、汞等有毒重金属和石油类污染，广州近郊因污水灌溉而污染农田 2700 公顷，因施用污染底泥造成 1333 公顷的土壤被污染，污染面积占郊区耕地面积的 46%；在东南一些地区，含有汞、砷、铜、锌等元素的超标土壤面积占污染总面积的 45. 5%，上海农田耕层土壤中的汞、镉含量增加了 50%；西南、西北、华中等地区也存在较大面积的汞、砷等重金属污染土壤。

4.1.4　重金属污染的特点

4.1.4.1　危害性大

土壤重金属污染不但会造成农作物的死亡，还会将大量的有毒物质积聚到可食用的食物中，威胁人们的生命；同时，这些重金属物质通过河流渗入到地下水和地表水中，经过风的侵蚀造成污染面积的扩大，给生物体带来巨大的危害。

4.1.4.2　较强的隐蔽性

由于土壤重金属污染无色无味，因此，很难被人们发现，通常都是当生物体食用含有这种物质的食物时，才会被反映出来，不像大气和水体污染那样易为人们所觉察。因而直到 20 世纪 70 年代美国爆发的 Love Canal 事件、荷兰鹿特丹附近的 Lekherkerk 事件和密苏里时代海滩事件等与土壤污染有关重大环境事件频频发生，才引起社会对于土壤污染的重视。土壤重金属污染在一定时期内不表现出对环境的危害性，当其含量超过土壤承受力或限度时，或土壤环境条件变化时，重金属有可能突然活化，引起严重的生态危害，有“化学定时炸弹”的说法。

4.1.4.3　广泛性

随着工业化水平的不断提升，市场经济竞争日益激烈，很多企业只是片面的重视经济效益和较快生产的效率，而忽视了其带来的重金属污染。在长久的积累中，导致重金属污染大面积的扩展。重金属污染日趋普遍，几乎威胁着每个国家，20 世纪 80 年代，日本富士山通川流域的“骨痛病”就是由于镉污染而导致糙米中镉超标引起的，我国已有很多城市的郊区和灌区遭到了不同程度的重金属污染。

4.1.4.4　不可逆转性

土壤中所含的重金属元素达到一定量时，就会造成土壤的性能和结构发生变化，加大土壤中重金属元素降解的难度。一旦土壤受重金属污染，就很难恢复。

4.1.4.5 伴生性和综合性

在自然界中，单个重金属污染物构成污染时有发生，但污染多为伴生性和综合性，即多种污染物形成复合污染，这已经成为近年来环境科学领域研究的新热点。Wood 从环境污染的角度出发，根据金属的特征，把金属分为三类：（1）无毒；（2）有毒但很难溶解；（3）毒性较强且较易被生物吸收。常见的重金属都属于第三种类型，如 Cd、Co、Cu、Hg、Ni、Pb、Pt、Sn、Zn 等。资料表明，部分重金属具有致突变、致癌、致畸作用。

4.1.5 土壤重金属形态及环境意义

重金属在土壤中的积累不仅影响着植物、动物的生长和发育，而且通过食物链进入人体，对人类的生存和健康构成威胁。重金属进入土壤后，通过溶解、沉淀、凝聚、络合、吸附等各种反应，形成不同的化学态，并表现出不同的活性，由于重金属的不同形态对于动植物具有不同的生物有效性和毒性，当其存在的环境发生变化时，将导致重金属在固相和液相之间转化。重金属的生物毒性不仅与其总量有关，更大程度上由其形态分布所决定。不同的形态产生不同的环境效应，直接影响重金属的毒性、迁移及在自然界的循环。土壤中重金属的研究方法主要有化学形态分析、生物有效性分析两种。

有关重金属形态的定义，目前还无统一的说法。从一般的定义来看，它是指元素在环境中实际存在的离子或分子的形式，包括元素原子所处的价态、化合态、结合态和结构态四个方面。从化学的观点进行考虑，由于元素所处的形态不同，它有可能表现出不同的物理、化学性质，对环境而言则表现出不同的生物毒性以及环境行为。例如，3 价铬是人体必需的微量元素，是正常糖脂代谢不可缺少的，而 6 价铬由于其氧化性和对皮肤的高渗透性，对人体则是有害的。重金属可以因为形态中的某一个或某几个方面不同而表现出不同的毒性和环境行为，尤其是在土壤和沉积层中的形态更具有重要意义。这是因为土壤和沉积层媒质理化性质非常复杂，和重金属可以发生多种类型的反应和作用。

土壤中的重金属不仅存在于无机物、有机物和生物体中，还与土壤中各种固相表面产生复杂的化学反应，也就是说土壤中的重金属与呈无机态、有机态的其他组分间不断地发生相互作用，进行空间位置的迁移和存在形态的转化，其任何迁移和传输都是以一定的形态进行，其间包括多种多样复杂的综合过程。从土壤物理化学的角度来看，土壤中不同形态的重金属处于不同的能量状态，它们在土壤中的迁移性不同，迁移性大小又决定了重金属的生物有效性和对生态环境的危害程度。大多数重金属是过渡元素，而过渡元素有其特有的电子层结构，使其在土壤环境中的化学行为具有一系列特点，如土壤中的重金属能在一定幅度内发生氧化还原反应，具有可变价态重金属作为中心离子，能够接受多种阴离子和简单分子的独对电子生成配位络合物，还可以与一些大分子有机物，如腐殖质、蛋白质等生成螯合物。难溶的金属盐在与少量游离重金属离子生成络合物和螯合物以后，其水中溶解度可能增大，进而进入土壤环境中迁移，增大其污染的危害范围。土壤溶液中的水合重金属离子或络离子可以随水迁移至地下水体中，而更多的重金属可以通过各种途径被包含于矿物颗粒内或吸附于土壤无机胶体表面上，随土壤水分的流动或以尘土飞扬的形式被搬运。土壤环境中的重金属与土壤无机胶体结合，发生非专性吸附或专性吸附或被土壤中的有机胶体络和/或螯合。

4.1.6　土壤中重金属形态的影响因素

4.1.6.1　化学作用

化学作用主要包括吸附-解吸、溶解-沉淀、配合（螯合）作用、中和作用、氧化-还原作用等。实际上，吸附与解吸是化学作用和物理化学作用综合作用的结果。化学作用应当是指其中的专性吸附作用。土壤溶液中重金属化合物的沉淀-溶解作用是重金属化学迁移的重要形式，表现在可溶性盐类的离子与土壤溶液中的离子，因化学反应生成难溶解的化合物而得以保持在土壤中，如可溶性磷酸盐可被铁、铝、钙等离子固定生成难溶性的磷酸铁、磷酸铝或磷酸三钙。该反应一般为可逆反应，当反应向溶解方向进行时，就使得部分重金属从土壤中释放出来，增强了重金属化合物的活性；相反则增加重金属在土壤中的持留，并可降低或减缓重金属的活性和毒性。这种平衡不能仅用溶度积规则的一般原理进行描述，而需结合土壤的实际情况，考虑 pH 值、E_h、有机质、配位平衡、共沉淀、后沉淀等多种因素的影响。

4.1.6.2　生物作用

土壤环境中重金属的生物作用，主要是指植物通过根系从土壤中吸收某些化学形态的重金属，并在植物体内累积起来。这种迁移既可认为是植物对土壤的净化，也可认为是污染土壤对植物的危害，特别是植物富集的重金属有可能通过食物链进入人体时，危害更严重。微生物对重金属的吸收及土壤的动物啃食、搬运是造成土壤中重金属生物迁移的另一途径。植物根系从土壤中吸收重金属并在体内富集受多种因素的影响，其主要影响因素是重金属在土壤环境中的容量和赋存形态，一般水溶态的、简单的络离子最容易被植物吸收，而交换态和络合态次之，难溶态则暂时不被作物所吸收，水溶态、交换态重金属含量高的土壤中，植物吸收的量也就多。由于赋存重金属的各形态之间存在动态平衡，因此，植物吸收重金属的量也处于动态变化之中。土壤环境的酸碱度、氧化还原电位、土壤胶体的种类、数量、不同的土壤类型等土壤环境状况，直接影响重金属在土壤中的赋存形态和它们相互间的比率关系，从而影响到植物对重金属的吸收，进一步影响重金属在土壤中的生物迁移作用。

4.1.6.3　土壤酶的活性影响

土壤中重金属各形态与土壤酶活性有一定的关系。刘霞等的研究表明，重金属对过氧化氢酶、转化酶、脲酶、碱性磷酸酶四种土壤酶活性均有不同程度的抑制作用。重金属在低质量比时对土壤酶有激活作用，土壤中重金属含量在 5mg/kg 时对 4 种土壤酶活性才开始产生抑制作用。相关分析表明，土壤中全量重金属、各形态重金属含量与过氧化氢酶、碱性磷酸酶活性均呈显著或极显著负相关，而与脲酶活性的负相关性很小，只有交换态镉与转化酶，有机结合态镉与脲酶活性的相关性显著（$r=-0.9230$）。土壤重金属污染与土壤酶活性关系的综合分析表明，当总量重金属对土壤酶活性影响不显著时，有的形态的重金属却已显著抑制土壤酶的活性。说明以重金属的形态分析来研究重金属对土壤酶活性的关系要比用总量更为准确，所以研究土壤中重金属形态尤为重要。

4.1.6.4　外源重金属的影响

外源重金属进入土壤以后，各形态有不同的变化趋势。莫争等的实验表明，可溶态重金属进入土壤后其浓度迅速下降；交换态重金属先弱上升，然后迅速下降；碳酸盐态重金属浓度变化情况与交换态重金属变化相似；铁锰氧化态重金属浓度先上升然后下降；有机态重金属不断上升；残渣态重金属变化不大，说明外源重金属在土壤中一直在不断变化，处于动态的形态转化过程中。

4.1.6.5 土壤理化性质

土壤 pH 值是影响重金属元素行为的又一关键因子，而且土壤中 pH 值主要是通过影响重金属化合物在土壤溶液中的溶解度来影响重金属元素的行为。相关分析研究表明：土壤中交换态重金属随 pH 值升高而减少，且呈极显著负相关，碳酸盐结合态重金属与 pH 值呈显著正相关，铁锰化物结合态重金属与 pH 值呈正相关。有机态重金属随 pH 值升高而升高。铁锰氧化态重金属含量随 pH 值的升高缓慢增加，当 pH 值在 6 以上，则随 pH 值升高迅速增加，这可能与土壤氧化铁锰胶体为两性胶体有关。当 pH 值小于零点电荷时，胶体表面带正电，产生的专性吸附作用随产生正电荷的增加而削弱，从而对重金属的吸附能力增加缓慢，当 pH 值升到氧化物的零点电荷以上，胶体表面带负电荷，对重金属的吸附能力必然急剧增加。此外，pH 值还通过影响其他因素而影响重金属的形态，如影响土壤有机质和氧化物胶体。

通常，在碱性条件下，进入土壤环境中的重金属多呈难溶态的氢氧化物，也可能以碳酸盐和磷酸盐的形式存在，它们的溶解度都比较小，因此土壤溶液中重金属离子的浓度也较低，而且，重金属 Cd、Cu、Zn、Pb 的氢氧化物的溶解度直接受土壤 pH 值控制。

土壤氧化还原电位对土壤重金属化学形态转化具有重要影响。土壤中交换态重金属在还原条件下可与 S^{2-} 反应生成难溶硫化物沉淀，或者难溶的重金属氢氧化物在还原条件下转化成更难溶的硫化物；相反，在氧化条件下，铁离子和锰离子则以氧化难溶物的形式沉积，有机结合态重金属在氧化状态下易溶解释放。研究发现，随土壤氧化还原电位降低，土壤中重金属硫化物相应升高。另外，土壤还原状态增强时，铁锰氧化物因为铁锰部分被还原成低价离子而溶解，使交换态重金属增加。

土壤有机质增加会引起土壤中有机结合态重金属的增加，因为腐殖质可以与重金属配位形成有机结合体。重金属的负荷水平以及进入土壤的时间也影响外源重金属在土壤中的化学形态分布和转化。用连续提取法研究被 Cu 污染土壤中经培育的重金属的转化时，发现水溶态和交换态 Cu 随时间延长而减少。利用模拟土壤研究 Cu 在不同组分间转化时发现，随着 Cu 进入模拟土壤中时间的延长，土壤中黏土矿物所吸附的 Cu 向铁氧化物结合态转化，污染土壤中的 Cu 随时间延长由疏松有机结合态向紧密有机结合态转化。

4.1.7 土壤中重金属的迁移转化规律

土壤-植物系统是陆地生态系统最基本的结构单元，处于地球“四大圈”的交接地带，构成陆地生态系统物质和能量循环的枢纽，是连接有机界和无机界的桥梁，它既是地球表面最活跃的环境要素，又是珍贵的可更新资源。国际生物圈计划、人与生物圈计划以及国际地圈-生物圈计划都把其列为主要研究对象。而土壤-植物系统中重金属污染物的迁移转化则是开展这一领域研究的重要内容。土壤中重金属与呈无机态、有机态的其他组分不断发生相互作用，进行空间位置的迁移和存在形态的转化，其间包括多种多样复杂、综合的过程。从基本化学作用看，可归纳为溶解-沉淀、离子吸附和交换、络合作用、氧化还原作用等。

溶液中的重金属是最活跃的组分，经常处于动态变化过程中，植物从溶液中吸收重金属并有一些重金属从植物释放至溶液；溶液和固相表面间进行离子的吸附和解吸；降雨稀释溶液而蒸发可使其浓缩；土壤气体、土壤有机质也可以与溶液进行物质交换。尤其是各种晶形或无定型矿物往往制约着溶解-沉淀反应的特征。土壤溶液中所进行的各种复杂反应的速率相差很大，如离子交换几乎在瞬间完成，而有些矿物的溶解要经历非常漫长的时期。从整体上看，土壤溶液很难达到真正的平衡。尽管如此，有条件地应用平衡-沉淀作用对于掌握物质运移特征，预测反应发生等还是很有意义的。

络合作用对土壤中重金属化学行为的影响主要是制约其溶解度，从而影响其生物可给性，而且这种影响是双向的，既可以减低元素的溶解度，也可能增加元素的溶解度。影响的方向与 pH 值、配位体类型以及配位体功能基上重金属离子的饱和度有关。以与有机配位体亲和力很强的铜为例，一方面，溶解性配位体在使铜从固相转入液相中起重要作用，特别是在低 pH 值的土壤中，络合作用促使铜以溶解态存在；另一方面，当铜与黏粒-腐殖质胶体复合体相结合或与胡敏素形成难溶性络合物时，土壤溶液中铜浓度会减低。从土壤-植物系统来看，植物根系分泌大量有机酸，能络合溶解含重金属的固体成分，当根系周围元素因植物吸收而使其浓度降低时，金属有机络合物可以离解，在溶液中形成扩散梯度，促进难溶性元素移动，增强它们对植物的有效性。另外，也有一些以螯合态存在的重金属元素不易为植物所吸收，而且螯合剂与根系之间有竞争作用，在重金属元素过剩时，这种螯合作用有一定的保护效应。

土壤胶体的吸附和解吸是元素迁移与转化的重要途径。从吸附机理看，土壤胶体对重金属离子的吸附包括非专性吸附和专性吸附。非专性吸附即离子交换吸附主要靠静电引力。对重金属活性和迁移有重要影响的阳离子交换吸附是等当量进行的，受质量作用定律支配，其交换过程是可逆的，并且吸附-解吸能迅速达到平衡。专性吸附与非专性吸附不同，在此过程中离子可以进入固相表面的配位壳中，并通过形成共价键或配位键而结合于其表面。土壤的氧化还原状况影响重金属的存在形态、迁移能力以及对生物的有效性。在还原条件下，Cd、Zn、Ni、Co、Cu、Pb 都有可能形成难溶性硫化物，以致它们的迁移性和对生物的可给性都比在氧化条件下低；锰、铁在还原条件下比在氧化条件下溶解度大，迁移性强；铬、砷的价态变化对其危害程度及在剖面中的动态也有重要作用。

总之，土壤中各种基本化学作用相互间有着密切的关联，如：重金属由固相转入溶液，不仅直接受溶解作用制约，并且也受吸附作用、氧化-还原作用的控制。实际上，各种作用是错综交织地进行。在各种作用的共同影响下，形成了土壤剖面中重金属有规律的分布以及一定的形态结合。

4.1.8 重金属污染对植物动物及微生物的影响

4.1.8.1 重金属对植物的影响

土壤中的重金属能够被农作物根系吸收，并在根、茎、叶、果实等部位富集，造成农作物重金属超标，并影响植物生长。如果食用重金属超标的农作物，重金属会被人体吸收，并在肝脏、毛发、血液等处富集。当重金属在人体内富集含量超过一定阈值就会造成中毒，对人体造成危害。

不同的重金属对植物产生危害的症状不同。有些重金属元素主要是妨碍植物的生长发育及产量，如Cu、Zn等；而另一些重金属元素，如Hg、Cd等，主要是通过在植物体的积累对人和其他动物产生危害。对于不同的植物种类引起污染的重金属浓度有所不同，不同植物对重金属污染的忍受能力是有差异的。对于同一种植物的不同基因型和不同生长时期，重金属污染的浓度也有所不同。不同基因型的植物对重金属的吸收能力和生物量可相差3~10倍。

重金属在土壤-植物系统中迁移直接影响植物的生长发育，从而影响作物的产量和质量。镉是危害植物生长的有毒元素，土壤中如果镉含量过高，会破坏植物叶片的叶绿素结构，减少根系对水分和养分的吸收，抑制根系生长，造成植物生理障碍而降低产量。研究表明，镉污染对土壤脲酶活性的影响很大，随土壤镉浓度的增加，脲酶活性下降趋势明显。如在金盏菊中，脲酶活性下降幅度为51%~88%；在月季中，脲酶活性下降幅度为36%~78%，故可用土壤脲酶活性变化来表示土壤受镉污染的程度。铅在植物组织中的累积可导致氧化、光合以及脂肪代谢的强度减弱；同时可导致对水的吸收量减少、耗氧量增大，从而阻碍植物生长，甚至引起植物死亡。铜、锌是植物生长必需的微量元素，但在土壤中含量超过一定限度时，作物根部会受到严重损害，使植物对水分和养分的吸收受到影响，造成生长不良甚至死亡。若土壤生态系统中同时存在多种污染物，则会造成复合污染。研究表明，重金属在复合污染条件下对植物的毒害及其在土壤中的迁移动态要比单一元素的污染复杂、严重得多。铜、锌、铅、镉单一污染或复合污染对白菜种子的发芽与根系伸长均有抑制作用，但复合污染产生明显的协同作用，对白菜根系伸长的抑制效应阈值明显降低。

（1）重金属对膜透性的破坏。植物细胞膜系统（包括液泡膜、质膜和细胞器膜）是植物细胞和外界环境进行物质交换和信息传递的界面和屏障，其稳定性是细胞进行正常生理功能的基础。重金属胁迫可导致植物细胞膜透性的严重破坏，使细胞膜透性增加。Cd、Fe处理可使叶绿体结构发生明显变化，破坏叶绿体的膜系统。用不同浓度的Cd处理玉米幼苗，其叶片浸提液的相对电导率、MDA含量随Cd浓度的增大而加大。说明在Cd胁迫下，玉米叶片质膜的组成和完整性遭到破坏。细胞膜的损伤必然导致膜上结合酶和细胞内酶的平衡失调，大量物质外渗，有毒物质能自由进入细胞，导致细胞一系列生理生化过程的紊乱，严重时导致植株的死亡。植株吸收过量的铜，也会使植物细胞和细胞器膜系统受到损伤，如玉米根尖细胞原生质体因Cu的过量存在而受到破坏。

（2）重金属对光合作用的影响。众多研究表明，重金属胁迫对植物的光合作用都是抑制的，且抑制效应与处理时间的延长和浓度的加大成正相关。重金属对植物光合作用的影响是通过影响光合过程中的电子传递和破坏叶绿体的完整性而实现的。Cu胁迫下，表现为叶绿素合成受阻，甚至引起叶绿素的破坏。过量的Cu可引起类囊体结构和功能的破坏，从而使光合过程的PSI、PSII之间的联系阻断，光合作用严重受阻。Cd也是毒害性最强的重金属之一，低水平的Cd就可使某些植物受害甚至减产，受害症状表现为植物褪绿，生物产量下降。Zn也可引起植物叶片的失绿，但症状可通过向培养液中添加Fe或给叶片涂Fe而得到减轻。总之，重金属抑制植物光合作用的机理是一个复杂的问题。

（3）重金属对植物呼吸作用的影响。重金属对植物呼吸作用的影响显著。低浓度汞在小麦种子萌发初期起促进作用，但随着作用时间的延长，则呼吸作用降低，表现为抑制作用。水稻种子在萌发过程中，呼吸强度随铅浓度的增加而降低，但这种抑制作用随萌发天数的增加而下降。Cu^{2+}、Cd^{2+}、Zn^{2+}复合污染下，亚心型小球藻和小球藻的呼吸作用受到短暂增强后迅速下降。重金属胁迫下，植物呼吸作用紊乱，供给正常生命活动的能量减少，而且还会因一部分能量转移到对重金属胁迫的适应过程中，如损伤的修复、重金属络合物的形成，从而导致植物生长、发育受到抑制。

（4）重金属对植物的其他影响。除以上三种危害方式外，重金属还对植物酶活性、遗传、脯氨酸含量等方面产生影响。

4.1.8.2 重金属对人体的危害

重金属污染可直接破坏土壤的正常功能，并可通过植物的吸收和食物链积累，进而危害人类健康。如铅能伤害人的神经系统，特别对幼儿的智力发有极其不良的影响；镉的毒性很大，在人体内蓄积会引起泌尿系统功能变化，还会影响骨骼发育。在人类历史上，由于土壤污染引起的疾病和环境公害屡见不鲜。如1995年在日本富山县因土壤受到镉污染，该地区的居民发生一种叫“痛痛病”的公害病，镉使当地居民全身性神经痛、关节痛、骨折，以致死亡。在我国，频繁的人类活动和密集的工业、交通运输的影响，使城市土壤受到强烈的人为干扰，造成较为严重的重金属污染。现有的研究表明，城市土壤中的重金属可通过吞食、吸入和皮肤吸收等主要途径进入人体，直接对人体特别是儿童的健康造成危害；还可通过污染食物、大气和水环境间接地影响城市环境质量和危害人体健康。据美国学者研究，城市儿童血铅与城市土壤铅量呈显著的指数关系。根据抽样调查显示，我国儿童血铅超过国家标准（100μg/L）者达三成，城市超标率达60%以上，且市区普遍高于郊区。上海市城区超标率则达85%以上；沈阳50%以上儿童为铅污染的高危人群。

A 铅的毒性

铅是一种重要的环境污染物，与其他污染物相比，环境中的铅具有蓄积性、难降解性和隐蔽性等特点。过量的铅不仅阻碍植物生长发育，降低产量和质量，还可通过食物链的富集严重损害人的神经、消化、免疫和生殖系统。食用植物中的铅是人体中铅的重要来源。铅可在人体和动物组织中蓄积。铅的主要毒性效应是导致贫血症、神经机能失调和肾损伤。据研究，在铅污染区，人体摄入的铅50%~90%来源于食物，其中绝大部分来源于粮食和蔬菜。铅的主要污染源是蓄电池、冶炼、五金、机械、涂料和电镀工业等排放的废水。铅广泛存在于人们的生活环境中，主要通过呼吸道和消化道进入人体并产生危害。铅对人体的影响是全身性的、多系统的，即使长期接触低浓度的铅亦会导致免疫、生殖、神经等系统的损害。铅的毒性及其危害虽已引起医学界的高度重视，但还远未被广大市民普遍认识。

B 铬的毒性

从大气、水、土壤中普遍检出铬及其化合物的存在，由于生物链作用，在动植物体内的残留和积蓄也相当高。随着人们对铬元素的化学性质的认识，铬化学近来发展很快，许多从事冶炼、印染、制革等职业的工人，通过呼吸及皮肤直接接触铬的机会大大增加。据研究，共有104种职业存在着潜在接触铬的机会。由于铬的应用非常广泛，因此很难确定铬的职业接触量到底有多少，但是，职业接触铬肯定是引发呼吸系统癌症的主要因素。许多研究已经证实，6价铬的化合物有毒，可干扰重要的酶体系，经口、呼吸道或皮肤吸收后，具有致癌和诱发基因突变的作用。早在20世纪30年代，德国、美国和英国的流行性病学调查就显示，长期接触6价铬化合物的工作人员患口腔炎、齿龈炎、中毒性肝炎、鼻中隔穿孔、皮肤铬溃疡、变态反应皮炎以及肺癌较多。铬对人体的毒害作用类似于砷，其毒性随它的价态、浓度、温度和被作用者不同而变化。

C 镉的毒性

镉（Cd）是一种稀有分散元素，不是人体的必需元素。镉一般以CdS和$CdCO_3$的形式存在于锌矿中，含量介于0.01%~0.5%之间。镉及其化合物是不可降解的环境污染物。镉广泛存在于人们的生活环境中，可通过废水、废气、废渣大量流入环境，产生环境污染及健康危害。镉的毒性很大，主要通过呼吸道和消化道进入人体，并在人体内积蓄，主要积蓄在肾脏，引起泌尿系统的功能变化。镉对机体的损伤是全身性、多系统性、多器官性的。即使长期接触低浓度的镉亦会导致免疫、生殖、神经等系统的损害。镉的毒性及其危害虽已引起医学界的高度重视，但同样还远未被广大市民普遍认识。日本的“痛痛病”即镉污染所致，我国也有受镉污染稻米的报道，为此必须采取积极措施防治镉的污染和毒害。土壤镉污染的主要来源是采矿、冶炼、电镀及基础化工行业的废水、废气和废渣，施用含镉的化肥、农药，农用污泥也是土壤镉污染的重要来源。

D 汞的毒性

汞（Hg）及其化合物属于剧毒物质，可在体内蓄积。汞可以通过空气、水、食物、药物、化妆品等多种途径污染，可持续存在于环境中并蓄积于食物链。在三种形式的汞化合物中，可以通过血脑屏障的脂溶性有机汞的毒性最强。由于有机汞在食物链最顶端的生物放大作用，这种危害对人类具有重大意义。空气中的汞随风经过很长距离后最终会转入河流、湖泊和海洋中。由于汞污染了雨水，土壤、海水、水体中均可能含有汞。正在进行的大量的研究试图建立汞毒性和金矿开采者、氯碱厂工人、牙科医务工作者之间职业卫生危险因素的关系。研究显示，低剂量汞毒性在不同器官体系产生不同的效应。汞在神经系统中，对成人可造成记忆丧失，包括早老年痴呆病样痴呆、注意力不集中、共济失调、感觉迟钝、发音障碍、亚临床手指震颤、听觉和视觉损伤、感觉紊乱、疲劳加重；对儿童、婴幼儿可造成语言和记忆能力短缺、注意力不集中、自闭症。汞在运动系统中，对成人可造成精细运动功能破裂、肌力降低、疲劳感增加；对儿童、婴幼儿可造成行走能力延迟。汞在肾脏系统可使血浆肌酐水平增高；在心血管系统使正常心血管发生内环境平衡改变；在免疫系统可造成整个机体的免疫力降低，如自身免疫性狼疮加重、多发性硬化、自身免疫性甲状腺炎、特异性湿疹；在生殖系统造成男性和女性的生育力降低、后代畸形。

E 砷的毒性

甲基化的砷的毒性通常认为比无机砷要小，其依据主要是有机砷的主要代谢物是比无机砷的急性毒性要小的二甲基砷酸，因此甲基化常被作为砷的一种解毒方式。但近年来有学者对此提出异议。有证据表明，二甲基砷酸可致染色体改变、DNA损伤以及基因改变，具有遗传毒性和致癌性。3价砷（包括甲基化的3价砷）比5价砷具有更大的毒性。一甲基亚砷酸可能比3价无机砷的毒性更大。这可能是因为人的细胞对一甲基砷酸的细胞毒效应比亚砷酸盐更敏感；同时，关于5价砷是否可通过在体内转化为3价砷或竞争取代磷酸盐等途径而使毒性增加，目前都还不十分清楚。

F 铜、锌的毒性

铜（Cu）是人体必需的元素，广泛分布在人体的脏器组织。缺铜会引起心肌变脆、主动脉破裂、骨质疏松、毛发脱落、生长缓慢、脑水肿和皮质坏死，呈现中度或重度的脸色苍白，眼眶周围水肿，慢性或反复性的腹泻，血液中铜和铁浓度降低。急性铜中毒是由于偶然摄入过量铜而发病，如大量饮用被铜污染的饮料会出现胃肠道中毒症状，口内有金属味、上腹痛、恶心呕吐或腹泻；重者可出现胃肠黏膜溃疡、溶血、肝坏死、肾损害，甚至发生低血压、休克而死亡。引起中毒的原因是由于吸收过量铜后抑制了许多酶的活性，使细胞膜受到严重损伤。

锌（Zn）是生命必需元素，人体每天必须摄入一定量以维持正常机能，但过多的锌会导致恶心、呕吐、痉挛、下痢等不良症状。吸入大量氧化锌烟尘后，可引起锌中毒，表现为全身无力、头痛、咽喉发干、胸部有压迫感等。

4.1.8.3 重金属对微生物的危害

（1）重金属对土壤微生物群落的影响。土壤受 Hg、Cd、Pb、As、Ni 等重金属污染后，首先影响土壤中微生物的数量，抑制解磷细菌、固氮菌、枯草杆菌、纤维分解菌、木霉等有益菌类，对生态环境造成较大危害。重金属在影响土壤细菌、真菌、放线菌等微生物数量和质量的同时，土壤微生物对重金属化合物具有吸收、溶解和矿化等反作用。我们可以利用这一特性，对重金属进行改性，使其溶解或钝化，而达到净化土壤或保护农作物的目的。例如，汞在环境中以元素汞、无机汞离子、有机汞化合物等多种价态存在，而微生物可以改变汞的价态，可以甲基化或去甲基化。

（2）重金属对土壤酶活性的影响。重金属对土壤酶活性的影响较为明显。一方面，重金属直接影响土壤酶活性，改变酶类活性基团，从而降低或抑制其活性；另一方面，重金属还抑制土壤微生物的生长繁殖，减少微生物体内酶的合成和分泌量，最终导致土壤酶活性降低。另有研究表明，重金属对碱性磷酸酶、氧化还原酶、多酚氧化酶、脲酶、酸性磷酸酶、蛋白酶等土壤酶的活性都有不同程度的抑制作用。

（3）单一重金属对土壤酶活性的影响。土壤酶在土壤物质循环过程中起着重大作用，学者们常用土壤脲酶活性来表征土壤 N 素状况。还有许多人开始探讨用 H_2O_2酶活性作为判定土壤污染程度的生化指标，特别是土壤 Cd 和 Pb 污染程度可以引起 H_2O_2酶活性的改变，可将其作为评价土壤污染程度的指标之一。对于土壤脲酶和过氧化氢酶，重金属对其活性的影响与重金属种类和浓度以及土壤理化性质有关，与微生物的数量也有着一定的联系。回归正交实验发现，单一重金属对土壤脲酶活性抑制效应顺序为：Cd>Zn>Pb，对过氧化氢酶则刚好相反。由此可见，在重金属中 Cd 对土壤脲酶活性的抑制程度最大，对过氧化氢酶促进最大，而且在多种土壤酶中，脲酶对重金属最为敏感。

（4）复合重金属对土壤酶活性的影响。如同单一的重金属对土壤酶活性影响一样，复合重金属对其同样产生巨大的影响。有研究指出，不同质量分数的 Cd 和 Pb 混合在一起时，对脲酶活性以及过氧化氢酶活性的影响更加显著。

（5）重金属对土壤有机残落物降解作用的影响。土壤有机残落物的降解作用主要是指土壤有机质的矿化、氨化、硝化与反硝化等作用。实验结果表明，有很多种重金属可抑制有机物的降解，如铬能抑制土壤纤维素分解，当 Cr^{6+}浓度为 5mg/kg 时，可降低 36%的纤维素分解速率；当浓度大于40mg/kg时，纤维分解在短时间内全部受到抑制。

(6) 重金属对土壤呼吸代谢的影响。土壤中的重金属对土壤呼吸强度有一定的抑制作用，其中砷对土壤呼吸的抑制作用最强。研究表明，重金属对土壤呼吸的影响主要是通过影响微生物的生长与活动来实现的。土壤是微生物的大本营，一般来说，土壤中微生物的数量和种类是相当庞大的。微生物对重金属的反应比动植物敏感，只要重金属超过一定的浓度，就会对大多数微生物产生毒性，从而影响微生物的生长与繁殖。

4.1.9 土壤重金属污染修复技术

近些年来，土壤重金属污染已经严重影响了现代化生态环境建设的进程，因此，需要采取有效的治理措施，保护生态环境。在土壤重金属污染治理中，应该贯彻落实预防为主，治理和预防结合的政策。明确污染源头，结合先进的科学技术，科学地制定合理的治理方案，从而有效地减轻土壤重金属的污染程度，提高人们的生活居住环境质量。

目前，土壤重金属污染的修复技术主要有工程措施、物理化学方法、化学修复方法、植物修复方法。

4.1.9.1 工程治理

工程治理是指利用物理原理对土壤重金属污染进行治理。土壤重金属污染的初期阶段，可以采取换土、客土、翻土等措施。目前还出现了很多新的技术手段，例如去表土、淋洗法、电解法、热处理等方法。通过实践发现，工程治理的效果较为显著，但该方法操作十分复杂，需要耗费的资金较多，而且还受到技术的限制。例如，翻土和去表土技术方法可以运用的次数有限，而且在翻土时，如果处理不当，会把表层已经被污染的土壤转移到深层，不仅没有从根本上治理土壤污染，还容易导致深层土壤和地下水受到污染，进而增加污染的治理难度。

土壤淋洗是用淋洗液（清水或含有能提高重金属可溶性的试剂溶液）来淋洗污染土壤，把土壤固相中的重金属转移到土壤液相。将挖掘出的地表土经过初期筛选去除表面残渣，分散大块土后，与某种提取剂充分混合，经过第二次筛选分离后，用水淋洗除去残留的提取剂，处理后“干净”的土壤可归还原位被再利用，富含重金属的废水进一步处理可回收重金属和提取剂。用来提取土壤重金属的提取剂很多，包括有机或无机酸、碱、盐和螯合剂，其中主要有硝酸、盐酸、磷酸、硫酸、氢氧化钠、草酸、柠檬酸、EDTA和DTPA等。

土壤淋洗技术实际操作较为复杂，虽能有效去除土壤中的重金属，但由于投资过高，并有可能造成土壤二次污染，因此在大面积土壤污染中应用较少。同时土壤淋洗技术的关键在于寻找一种提取剂，既能提取各种形态的重金属，又不破坏土壤结构，还能保证投入较少，事实上很难找到，这也将成为日后研究的重点。

4.1.9.2 化学治理

重金属在土壤中的可移动性是决定其生物有效性的一个重要因素，而移动性取决于其在土壤中的存在形态。土壤的理化性质如有机质含量、矿物组成、pH值和E_h值均可影响重金属的形态及各种形态之间的转化，因此可以通过改变这些条件来调节重金属在土壤中的移动性，进而达到降低重金属污染的目的。

化学治理是指运用化学原理向被重金属污染的土壤中投入特定的改良剂、抑制剂和洗涤剂等，增加土壤中有机质、阳离子交换量和黏粒的含量，改变土壤的理化性质，降低重金属的生物有效性，减少土壤中重金属离子向植物的转移，从而减少植物的重金属含量。化学治理方法效果也较为明显，而且成本较低，但是，化学方法并没有从根本上去除或降低土壤中的重金属离子，如果这些重金属离子再度活化，还会继续造成污染。另外，化学药剂改变了土壤的理化性质，也会对植物生长和土壤肥力造成不良影响。因此，化学治理方法也有较大的局限性，仅能在一定程度上降低污染土壤对植物的影响，不能从根本上解决土壤中的重金属污染问题。

化学固化方法就是加入土壤添加剂（固化剂）改变土壤的理化性质，通过重金属的吸附或共沉淀作用改变其在土壤中的存在形态，从而降低其生物有效性和迁移性，使土壤中的有毒重金属固定。固化剂的种类很多，常用的主要有石灰、磷灰石、沸石、磷肥、海绿石、含铁氧化物材料、堆肥和钢渣等，不同固化剂固定重金属的机理不同，因此在实际操作中应选择合适的固化剂。化学固化方法能在原位固化重金属，可大大降低修复成本，但该法不是一个治本的措施，重金属仍滞留在土壤中，且对土壤破坏较重，如土壤中必需的营养元素也发生沉淀，导致微量元素缺乏，土壤破坏后一般不能恢复原始状态，不宜进一步利用，而且对其长期有效性和对生态系统的影响不甚了解，也缺乏这方面的研究。

化学改良剂修复是向污染土壤添加不同的改良剂，通过增加土壤有机质、阳离子代换量和黏粒的含量以及改变土壤 pH 值、E_h和电导率等理化性质，而使土壤中的重金属发生氧化、还原、沉淀、吸附、抑制和拮抗等作用，以降低土壤重金属的生物有效性。目前磷酸盐、石灰和硅酸盐被认为是处理重金属污染的常用改良剂。该技术的关键在于选择经济有效的改良剂，不同改良剂对重金属的作用机理不同，因此在实际操作中必须明确改良剂的作用机理才能应用，避免形成二次污染。用改良剂来治理重金属污染土壤，其治理效果和费用较适中，对污染不太重的土壤特别适用。但是对于不同污染程度、不同类型土壤的适宜施用量以及改良效果尚待研究，而且，对改良后的土壤需要加强管理，以防重金属再度活化。

表面活性剂修复即利用表面活性剂润湿、增溶、分散、洗涤等特性，改变土壤表面电荷和吸收位能，或从土壤表面把重金属置换出来，以络合物、螯合物的形式存在于土壤溶液中，加快重金属在土壤溶液中的流动性。由于这种方法会增加土壤溶液中重金属的含量，同时会污染地下水源，因此，学者们一直认为表面活性剂是一种有害物质。但经进一步研究发现，表面活性剂有增溶性及络合、螯合和降低界面表面张力等作用，可增加土壤中污染物的流动性，为清除土壤中重金属污染提供了一条新的途径。表面活性剂有助于重金属从土壤颗粒上解吸出来，并进入土壤环境，增加污染物在土壤环境中的可动性，从而加速污染物的去除。因此，在应用表面活性剂修复的同时可以考虑加入相应的提取剂，将土壤溶液中的重金属元素尽量多地处理掉，降低土壤溶液中重金属含量，降低二次污染的风险。这种方法的实际效果还有待进一步的探讨和验证。

有机质对重金属污染土壤的净化机制主要是通过腐殖酸与金属离子发生络合反应来进行的，作为土壤中重要的络合剂，有机质中的—COOH，—OH，—C ═ O 和—NH_2等均能与重金属发生络合、螯合反应，使土壤中重金属的水溶态和交换态明显减少，特别是胡敏酸，它能与 2 价、3 价的重金属形成难溶性盐类。有机质作为还原剂，可促进土壤中的镉形成硫化镉沉淀，还可使毒性较高的 Cr^{6+} 转为低毒 Cr^{3+}。有机质改良法可兼顾环境、经济和社会效益，是土壤重金属污染治理的一个很好方向。

4.1.9.3 物理治理

电动修复技术是由美国路易斯安那州立大学研究出的一种净化土壤污染的原位修复技术，主要是针对受污染的低透水系数土壤及地下水的修复。其基本原理是将电极插入受污染土壤或地下水区域，通过施加微弱电流形成电场，孔隙中的地下水或额外补充的流体可作为传导的介质。污染物则在电场产生的各种电动力学效应下沿电场方向定向迁移，到达电极区的污染物经过电沉积（电镀在电极棒上）等方式富集，在电极棒附近抽水或者与离子交换树脂复合的方式将污染物集中处理或分离。

电动修复是一种原位修复技术，近年来发展很快，在一些欧美国家已进入商业化。但事实上，实验室采用一种金属离子的溶液做模拟试验常能有效地去除土壤中的金属离子，有时也得到相反的结果。这主要与 pH 值控制土壤溶液中重金属离子的吸附与解吸、沉淀与溶解有关，而且酸度对电渗速度有明显影响，所以如何控制土壤 pH 值是电动修复技术的关键。为了控制土壤体系 pH 值的变化，提高修复效率，许多学者在这方面做了很多努力，并改进了实验装置，相信在不久的将来电动修复将成为一个主要的土壤污染修复方法。

电热修复法。该方法利用高频电压产生电磁波，再通过电磁波作用产生热能，从而促使土壤中挥发性重金属得以分离，实现土壤的修复和改良。目前，该方法适用于修复受 Hg 或 Se 等可挥发性重金属污染的土壤。有研究表明，采用该法可使砂性土、黏土、壤土中 Hg 含量分别从 15000mg/kg、900mg/kg、225mg/kg 降至 107μg/kg、112μg/kg、115μg/kg，回收的 Hg 蒸气纯度达 99%。这种方法虽然操作简单、技术成熟，但能耗大、操作费用高，也会影响土壤有机质和水分含量，引起土壤肥力下降，同时重金属蒸气回收时易对大气造成二次污染。

4.1.9.4 植物修复技术

A 植物稳定

植物稳定是通过耐重金属植物及其根际微生物的分泌作用螯合、沉淀土壤中的重金属，以降低其生物有效性和移动性，并防止其进入地下水和食物链，减少对环境和人类健康危害的风险。植物在植物稳定中主要有两种功能：一是保护污染土壤不受侵蚀，减少土壤渗漏，来防止金属污染物的淋移。重金属污染土壤由于污染物的毒害作用常缺乏植被，荒芜的土壤更易遭受侵蚀和淋漓作用，使污染物向周围环境扩散，稳定污染物最简单的办法是种植耐金属胁迫植物复垦污染土壤。二是通过在根部积累和沉淀或根表吸收来加强土壤中污染物的固定。

植物稳定技术适合土壤质地黏重、有机质含量高的污染土壤的修复，目前该技术主要用于矿区污染土壤修复，而在城市和工业区采用不多。然而植物稳定并没有清除土壤中的重金属，只是暂时将其固定，使其对环境中生物不产生毒害作用，并没有彻底解决环境中的重金属污染问题，如果环境条件发生变化，重金属的生物有效性可能又会发生改变。因此，可以设想植物稳定技术与原位化学固定技术相结合将会显示出更大的应用能力，但必须深入探讨植物稳定的效应及其持久性，今后研究的方向应该是如何促进植物根系生长，使有毒金属螯合或持留在根-土中，把转运到地上部分的金属控制在最小范围。

B 植物挥发

植物挥发是利用植物的吸收、积累和挥发来减少土壤中一些挥发性污染物，即植物将污染物吸收到体内后将其转化为气态物质释放到大气中，在这方面研究最多的是非金属元素硒和金属元素汞。

植物可从污染土壤中吸收硒并将其转化成可挥发状态，从而降低硒对土壤生态系统的毒性。挥发植物主要是将毒性大的化合态硒转化为基本无毒的二甲基硒［$(CH_3)_2Se$］挥发掉，其中限速步骤可能是 SeO_4^{2-} 向 SeO_3^{2-} 的还原。汞是一种对环境危害很大的易挥发性重金属，在土壤中以多种形态存在，如无机汞、有机汞，其中以甲基汞对环境危害最大，且易被植物吸收。一些耐汞毒的细菌体内含有一种汞还原酶，催化甲基汞和离子态汞转化为毒性小得多、可挥发的单质汞。因此利用抗汞细菌在污染点存活繁殖，然后通过酶的作用将甲基汞和离子态汞转化为毒性小、可挥发的单质汞，已被作为一种降低汞毒性的生物途径之一。

植物挥发通过植物及其根际微生物的作用，将环境中挥发性污染物直接挥发到大气中去，不须收获和处理含污染物的植物体，不失为一种有潜力的植物修复技术，但这种方法将污染物转移到大气中，对人类和其他生物具有一定的风险。

C 植物提取修复

植物提取修复是利用重金属积累植物或超积累植物将土壤中的重金属提取出来，富集并搬运到植物根部可收割部分和植物地上的枝条部位。植物提取修复是目前研究最多且最有发展前途的一种植物修复技术。

植物修复的效益取决于植物地上部分金属含量及其生物量，目前已知的超积累植物绝大多数生长慢、生物量小，且大多数为莲座生长，很难进行机械操作，因而一些学者对植物修复技术提出质疑，认为这些小型超积累植物不适宜大面积污染土壤的修复。为了克服以上局限性，提高连续植物提取的效益，科学家提出了以下几点长期策略：(1) 通过调查与分析，寻找新的生物量大的超积累植物；(2) 筛选生物量大、具有中等积累重金属能力的植物；(3) 采用植物基因、工程技术，培育一些生物量大、生长速率快、生长周期短的超积累植物；(4) 深入研究超积累植物和非超积累植物吸收、运输和积累金属的生理机制，从而通过适当的农业措施（如灌溉、施肥、调整植物种植和收获时间、施加土壤改良剂）或改善根际微生物，提高植物修复效益。

4.1.9.5 微生物修复

微生物修复是指利用天然存在的或人工培养的功能微生物群，在适宜环境条件下，促进或强化微生物代谢功能，从而达到降低有毒污染物活性或降解成无毒物质的生物修复技术。它已成为土壤污染生物修复技术的重要组成部分和生力军。在土壤微生物修复过程中，主要的微生物包括植物促生菌、真菌、酵母菌、藻类等，这些都能与重金属接触产生相应的生化反应，使重金属变成无毒或者含有少量毒性的形式。微生物改变重金属离子在土壤中的化学行为，可以对土壤中重金属进行转化、移动或固定，降解有毒物质，从而达到微生物修复的目的。其修复机理包括细胞代谢、表面生物大分子吸收转运、生物吸附、空泡吞饮和氧化还原反应等。微生物对土壤中重金属活性的影响主要体现在四个方面：生物吸附和富集作用、氧化还原作用、溶解和沉淀作用、菌根与重金属的相互作用。

微生物吸附是指重金属被生物体吸附，一些微生物中的阴离子型基团，与带着不同电性的重金属离子间相互作用并络合成固定的重金属分子。微生物细胞壁被看做是金属的吸附剂，如一些革兰氏阳性细菌细胞壁能结合质量分子大的有毒金属。微生物细胞壁含有多种带负电荷的基团，如—NH_2、—SH、PO_4^{3-}等，带有较强的负电荷，能吸附金属阳离子，它们之间通过离子交换、络合、螯合、静电吸附以及共价吸附等作用进行结合。有研究表明，从污水间接反应器中分离出的三种真菌菌种都有吸附重金属的能力，特别是 *Fusarium solani* 真菌在碱性溶液（pH=8.0~10.0）中溶解了90% Cu^{2+}。将酵母金属硫蛋白（YMT）串联体在酵母表面展示表达后，四聚体时对重金属吸附能力提高5.9倍，8聚体时提高了8.7倍，并且粗糙脉孢霉的金属硫蛋白（MTs）串联体在 *E. coli* 中表达，重组以后的真菌对 Cd^{2+} 的吸附能力提高了65倍。另据报道，铜绿假单胞菌耐受性铬在接种140h后，金属的耐受性菌种达到99%以上。由于微生物在筛选过程中具有专一的筛选能力和培育微生物的成本偏高等问题，所以只能在小范围的矿区废弃物产地使用生物吸附的方法进行治理。

微生物在不同的生理条件下对土壤重金属的修复程度也是不同的，如不同pH值、温度等条件下，吸附的反应不一样。一些研究表明，白腐真菌（*Phanerochaete chrysosporium*）吸附时温度在28℃和35℃时的吸附率分别为95.62%和94.81%，但40℃时的吸附率降为82.49%。微生物对重金属离子的吸附能力也受pH值的制约。用头孢霉（*Cephalosporium*）吸附 Pb^{2+} 时发现，当pH值从3.0升到5.0时，吸附量随pH值的升高而增大；而当pH值升高到5.0以后，吸附量逐渐下降。

生物积累又称为生物富集，是一个主动过程，发生在活细胞中。这是一个长期的富集过程，在这个过程中需要细胞代谢活动提供能量。在一定的环境中，可以通过多种金属运送机制（如脂类过度氧化、复合物渗透、载体协助、离子泵等）增加微生物体内的金属含量。细胞膜的通透性导致有毒元素进一步暴露在细胞内的金属结合位点，而且增加了细胞的被动积累能力。

微生物不仅对重金属离子具有吸附能力，而且在一定的情况下可以进行生物转化。一些微生物在新陈代谢的过程中分泌氧化还原酶，催化重金属离子进行变价，发生氧化还原反应。例如，许多抗亚砷酸盐的细菌能把较大毒性的亚砷酸离子氧化成为毒性较小的砷酸盐，化能自养亚砷酸盐氧化菌和异养亚砷酸盐氧化菌可以将 As^{3+} 氧化为 As^{5+}，并从 As^{3+} 的氧化过程中获得能量，获得的能量用于将 CO_2 固定为细胞的有机碳，从而进行繁殖。有些微生物，如氧化亚铁硫杆菌，氧化亚铁螺旋杆菌能氧化 Fe^{2+}，假单孢杆菌属能氧化As、Fe和Mn，降低重金属的毒性。

在微生物对土壤重金属的还原反应中，某些还原物将毒性强的氧化态金属离子还原为无毒性或低毒性的离子。如有些微生物可把难溶性的 Pu^{4+} 还原成可溶性的 Pu^{3+}；芽孢杆菌属和假单胞菌属等能将高毒性的 Cr^{6+}，还原为低毒性的 Cr^{3+}；金属还原细菌可以把难溶性的 Fe^{3+} 还原成 Fe^{2+}，Mn^{4+} 还原成为 Mn^{3+}。在微生物对重金属的解毒机制中，人们也越来越重视微生物通过氧化还原反应对重金属的解毒。

微生物对重金属的溶解和沉淀作用主要是通过各种代谢活动直接或间接进行的。土壤微生物能够利用土壤中有效的营养和能源，土壤微生物的代谢作用能产生多种低分子量的有机酸，通过有机酸以及其他代谢产物溶解重金属及含重金属的矿物，还可以通过分泌有机酸络合溶解土壤中的重金属。目前人们关注于真菌分泌的低分子量的有机酸对重金属污染土壤的研究。研究发现，真菌体内产生的有机酸（乙二酸、柠檬酸等）可以作为对其营养变化和并存金属的溶解状况的重要参考指标。真菌中分泌的有机酸对土壤重金属铜污染再次分配的过程中，形成可溶性金属铜的配合物，大大降低了铜对土壤的毒性。

菌根是真菌与植物的根形成的复合体，菌根形成的分泌物具有很强的酸溶和酶解能力。菌根根际分泌物及根际提供的微生态，可使菌根根际维持较高的微生物种群密度和生理活性，菌根真菌的活动可改善根际微生态环境，增强植物抗病能力，极大地提高植物在逆境（干旱、有毒重金属污染等）条件下的生存能力。植物根际促生菌产生的ACC-(1-氨基环丙烷-1-羧酸）可以在重金属含量高的生态环境中促进植物营养成分的增加和水分的产生。菌根根际分泌物不仅给植物提供重要的营养物质，而且在重金属解毒方面也扮演着重要的角色。一些研究发现，把大米上的植物促生菌菌种接种到马铃薯中，让这些马铃薯生长在铬镍含量高的土壤中，这些菌种能够降解铬镍的毒性，并且提高马铃薯的产量。由此看来，可以种植含有植物促生菌的植物来增加植物的生物量，从而巩固其稳定性，提高植物的再生能力和恢复调整受重金属污染的土壤。

土壤微生物在土壤生态系统中起着重要的作用，它不仅能够指示污染土壤的生态系统稳定性，而且还具有潜在的巨大的环境修复能力。微生物修复技术是目前低成本、高效率、无污染的方法。但是它是一项复杂的系统工程，其中涉及多种科学技术问题。目前微生物修复技术已经被作为一项新兴的、高效的生物修复技术，扮演着越来越重要的角色。随着科学技术的发展，人们会通过污染的程度类型更有针对性地寻找微生物修复措施，也会加深对生物分子技术和基因工程技术与微生物修复综合技术的研究。

4.1.10 土壤重金属污染的防治

土壤一旦污染，要清除其中的污染物是十分困难的，因此，土壤污染预防比土壤污染治理要重要得多。根据污染来源，采取源头控制是避免和解决农田土壤重金属污染切实有效的办法。土壤污染调查监测是进行土壤污染防治的前提；开展土壤重金属污染生态风险评估、进行土壤环境功能区划是安全合理利用农田土壤的基础；完善农作物种植管理制度、倡导农业清洁生产种植理念、建立土壤污染防治公众参与制度、完善土壤环境影响评价制度，是预防农田土壤污染的具体措施。对已被污染的耕地土壤进行整治，一要靠先进的技术手段，二要靠充足的资金支持。

重金属在土壤中不被微生物降解，且迁移性小，污染特点具有长期性、潜伏性、累积性和不可逆性。一旦土壤中重金属含量超过环境容量，要清除污染则相当困难，故对重金属引起的土壤污染需要防与治相结合。

4.1.10.1 切断污染源

人类工农业、城市现代化发展过程中，采矿、冶炼、纺织、交通等人为活动越来越频繁，如这些过程的“三废”处理不善将导致大量的重金属进入土壤，造成污染。所以应当发展清洁工艺，对“三废”进行严格治理，特别是对废气、废渣和污泥中重金属进行回收、综合利用，防止其对土壤环境的二次污染，并要严格执行污灌水质和污泥施用标准，严格控制农田灌溉污水、施用污泥中的重金属含量和施用量。切断污染源是土壤重金属污染防治工作上具有战略意义和指导性的基本原则，但在现有的科学技术条件下要切断土壤环境的重金属污染源是不可能完全做到的。

4.1.10.2 改良土壤，提高土壤的环境容量

土壤环境具有一定的缓冲和强大的自然净化能力。对于重金属轻度污染的土壤可以采取增施绿肥、厩肥、堆肥、腐植酸类有机肥，以提高土壤有机质的含量，增加对重金属的吸附、络合、螯合作用；或砂掺黏，以改良砂性土壤。在非石灰性土壤中增施碳酸钙，提高 pH 值，使更多的溶解态重金属变为沉淀态；但要控制 pH>6，因为在 6 以下随 pH 值上升，土壤溶液中重金属量下降，但交换态重金属量上升，后者对植物的毒害作用也很大。

4.1.10.3 客土或换土

被重金属严重污染的土壤，可采用客土或换土的方法进行处理。采用客土法是在污染严重的土壤上盖上非污染土壤；换土法是部分或全部挖出污染土壤而换上非污染土壤。这是彻底清除土壤重金属污染的最有效手段，但代价太昂贵，且对换出的污染土壤必须深埋处理，防止二次污染。

4.1.10.4 利用植物修复去除重金属污染

植物修复技术（phytoremediation）是以植物忍耐和超量积累某些污染物质的理论为基础，利用植物及其共存的微生物体系，清除环境中污染物的一门环境污染治理技术。植物修复土壤重金属污染具有如下优点：（1）绿色清洁，可储存可利用的太阳能；（2）经济有效，费用只占机械、热或化学处理的 10%~50%；（3）污染物在原地去除污染；（4）产生一种富金属植物残体，可再循环利用；（5）美化环境，普遍接受。

铅、镍、锌和镉等金属污染土壤的超积累植物吸收、修复已显示出显著的生态、经济和社会效益，具有广阔的应用前景。如今，植物修复作为一种高效生物修复途径已被科学界和政府部门认识和选用。目前，国内外在重金属植物修复方面研究最多的是超积累植物和耐性植物。在重金属污染条件下，植物能很好地生长而没受到危害，这就是耐性植物，这种耐性表现在植物对进入体内并积累于一定器官内的有害物质具有忍耐能力。超积累植物是指对重金属元素的吸收量超过一般植物 100 倍以上的植物。超积累植物的 Cr、Co、Ni、Ca、Pb 的含量一般在 0.1%以上，积累的 Mn、Zn 含量一般在 1%以上。

目前发现的超积累植物已达 400 多种，国内外在超积累植物方面研究最多的是十字花科遏蓝属植物（*Thlaspi corulescens*）。已发现的超积累植物多为低等植物和一些草本植物，具有生长慢、生物量小、生态价值和经济价值低等缺点，所以广泛应用受到一定的限制。目前在木本植物对重金属修复的研究方面很少，在研究南京某铅锌矿附近土壤中 Pb、Zn、Cd 重度污染条件下发现，不同的树种对重金属富集及耐性方面差异很大：在对照区，泡桐、柳树叶富集的 Pb 只有几 ppm，但在污染区泡桐富集量近 3000ppm，而且生长良好；柳树在污染区含量不到 400ppm，但生长明显受到抑制。由于木本植物具有很高的经济价值、生态价值，并且具有生长快、生物量大、便于采集等优点，所以利用木本植物对土壤重金属进行修复的同时，还可以利用其生态价值、经济价值、社会价值等，相信植物修复重金属污染会有广阔的前景。

4.1.10.5 建立耕地土壤重金属污染监测制度

我国土壤污染防治基础薄弱，最主要的原因是污染状况不明。20 世纪 90 年代以来，我国相继开展了一些区域的土壤重金属污染监测工作，但由于种种原因，相关污染调查信

息仍未对公众公布。现有文献资料表明，耕地土壤重金属污染形势比较严峻，但又缺乏可以使用的全国范围内的耕地土壤重金属污染现状和累积变化趋势数据，不利于我国耕地重金属污染总体概况的判定和相关政策的制定。

为了及时发现耕地土壤污染，防止土壤污染影响农作物的生长，进而影响人类健康，建议以县为单位，以污灌农田和农产品基地为监测重点，开展土壤和农作物中重金属含量的跟踪监视性监测；以土壤重金属总量测定值与土壤重金属背景值的比值反映土壤累积性污染状况；以无公害农产品标准为依据，确定土壤重金属有效态临界值；并以土壤中重金属有效态测定值与有效态临界值的比值来评价农产品产地土壤环境质量适宜性。

4.1.10.6　开展耕地土壤重金属污染风险评估研究

前面已经提到，我国耕地土壤重金属污染问题比较突出，对我国的食品安全和生态环境健康造成了严重危害。土壤重金属污染风险评估主要是针对正在使用或需要改变用途的土地，采用体外模拟实验，通过测定污染土地上种植的农产品经模拟消化系统消化后释放出来的可溶态重金属含量，评估经口摄入量，采用健康风险评估模型，预测污染土壤的生态风险。如果评估结果显示对人体健康危害较大，就需要对该片耕地进行功能调整，禁止或者限制在其上面种植供人畜食用的农作物或经过修复治理先恢复土壤的正常功能。根据耕地土壤的生态风险评估结果，还可建立基于生态风险的土壤环境质量指导值，为我国制定土壤环境保护政策和标准提供基础，有利于污染土壤的修复与管理。

4.1.10.7　进行土壤环境功能区划

科学合理的规划是进行耕地土壤污染防治的重要手段。根据我国在水环境功能区划、空气环境功能区划、声环境功能区划以及生态功能区划的经验和做法，开展土壤环境功能区划工作，根据不同区域的土壤环境容量和资源禀赋，明确不同区域的开发强度和开发方向。

将粮食主产区、基本农田保护区等农业土壤列为禁止开发区域，将一般农田列为限制开发区域，其他土地则作为优化开发区域，编制全国范围的土壤环境功能区划。在全国土壤环境功能区划的基础上，结合耕地土壤重金属的监测结果，参考《农产品产地安全管理办法》将耕地土壤进一步划分成适宜区、监控区和禁止生产区。

4.1.10.8　完善农作物种植管理制度

由于不同农作物对重金属的吸收和富集能力不同，因此合理安排作物种类、调整种植制度是降低重金属污染风险的重要途径。一般来说，蔬菜对重金属吸收能力的顺序为：叶菜类>根茎类>瓜果类。因此，在中、轻度重金属污染的土壤上，不种叶菜、块根类蔬菜而改种瓜果类蔬菜或果树等，能有效地降低农产品中重金属的浓度；从抑制和降低耕地土壤中重金属的活性角度，使用各种添加剂可减少重金属进入农产品。如硅肥、凹凸棒石黏土、石灰等；此外，还可通过制定畜牧养殖法规，加强重金属饲料添加剂方面的管理来控制畜禽粪便中的重金属问题。

4.1.10.9　倡导农业清洁生产种植理念

由于我国广大农民对农产品的质量安全及环境问题缺乏环保意识，应通过各种渠道和方式加强宣传，向农民推广普及安全使用化肥、农药、兽药、饲料添加剂和动植物生长激素等知识，对农民进行农业清洁生产种植技术专业培训，从生产环节防治耕地土壤污染。

此外，由于电子废弃物也会造成耕地土壤重金属污染，所以还应在全社会尤其是电子行业大力推广循环经济理念和垃圾分类宣传，减少电子废物的产生，加强电子废物的安全处理与处置。

4.1.10.10 *建立土壤污染防治公众参与制度*

农民作为土壤污染的直接受害者，具有参与土壤污染防治的积极性。首先要增强广大农民的土壤环境保护意识，宣传土壤污染带来的负面影响。充分挖掘他们保护耕地土壤的内部驱动力，发放绿色农业补贴，进行农业技术培训；其次，环保部门还应定期公布土壤污染状况数据，让农民了解土壤污染的程度、来源以及危害等；再次，为公众提供参与监督和建议的形式和途径，包括联系人、电话和邮箱等；最后，鼓励公众参与具体防治土壤污染的工作，农民与土壤的关系最密切，他们对土壤的依赖最大，可直接参与土壤污染预防和治理。

4.2 土壤有机污染及其防治

土壤是人类生存的根本，是生态环境的重要组成部分。一旦污染物进入土壤，将直接影响农作物的生长，而且还会在农作物中累积，并通过食物链最终危害动物和人体的健康。同时，土壤污染还有可能引起大气和水环境的二次污染。在引起土壤污染的众多污染物中，有机污染是破坏或毒害土壤环境的重要因素之一。随着工业的发展，人类合成的有机物种类越来越多，很多有机物具有“三致”效应，因此，一旦有毒有机物通过各种途径进入土壤，就会对土壤造成不同程度的污染，随着有机物的迁移和借助食物链富集，最终对人类健康产生危害。

土壤有机污染是由于人类活动将有机物带入到土壤中，致使土壤中有机物的含量超过了土壤的容纳和净化能力，进而造成生态环境恶化的现象。大部分有机污染物具有低水溶性、难降解性、污染范围大及持续时间长等特点，在这些有机污染物中，大部分是人工合成的化学品，如塑料制品、燃料、石油制成品及化学农药等。

4.2.1 土壤有机污染的来源

土壤中有机物的来源是多途径的，人类生产活动是造成土壤有机污染的重要原因。土壤中有机污染物的来源主要有以下几个方面。

（1）大气沉降。大气中的有机污染物主要来源于工业生产和汽车尾气排放。它们分布在厂区周围和公路两侧，大气中的有机污染物随降水进入土壤造成危害。空气中颗粒状污染物也是重要的污染源。

（2）工业废水、废气和废渣的污染。轻工业、石油工业和化学工业均会产生大量的有机污染物，这些污染物经过各种迁移转化途径，大部分进入土壤，对土壤造成污染。北京郊区、江苏、郑州等地发生过多起有机废水对农田的大面积污染事件；在大连市某有机化工厂土壤中检出有大量的挥发性有机污染物，分析测试结果表明，该化工厂已经对周围环境造成一定程度的污染。

（3）交通运输。机动车尾气既是城市大气的主要污染源，也是公路两侧土壤有机污染的主要来源。主要包括油类的泄漏、燃烧时排放的有毒气体。例如致癌物质，苯并［a］

芘可在有机物热裂解、焦化、燃烧等过程中生成。据报告，每燃烧 1kg 的汽油可生成 12~50.4mg 的苯并［a］芘，同时还会产生其他石油类污染物。海南岛公路周边土壤石油污染状况调查结果显示，石油类污染物超出土壤背景值 300~1000 倍。有报道称喷气式飞机在飞行过程中每分钟能排放 2~4mg 的苯并［a］芘，而起飞时的排放量则高达每分钟 40g。

（4）化学农药和化肥的施用。在防治植物病、虫、草害时，施用的化学农药除一部分被作物和害虫吸收和分解之外，其余大部分散落在土壤表面，污染物在土壤中残留，进而污染土壤。目前，世界化学农药年产量超过 200 万吨，品种达 1000 种以上，每年农药总使用量超过 180 万吨。

（5）污水灌溉。污水灌溉能充分利用水资源，增加土壤中营养物质，取得抗旱增产的效果，但是，长期使用污染水源灌溉，会使污水中的污染物进入土壤环境，不但污染土壤，而且通过渗漏还会污染地下水。据不完全统计，1963 年污水灌溉面积为 4.2 万公顷，1972 年为 9.3 万公顷，1976 年为 18 万公顷，1980 年已达 139.9 万公顷。污灌区有机污染物的种类较多，主要有胺类、烷烃类、苯系物及多环芳烃等。

4.2.2 土壤有机污染的特点

土壤有机污染主要具有以下特点：

（1）普遍性。随着工业企业的发展和人类对化学品的需求，土壤有机污染变得越来越严重。例如，美国拉夫运河事件就是由含有二噁英和苯等 82 种致癌物质的工业垃圾引起的，北京地铁五号线掘出有毒气体事件是由废弃农药厂遗留物所致。联合国环境规划署（UNEP）的报告指出，每年约有 3 亿~4 亿吨有机物进入环境，其中大部分进入土壤环境。

（2）隐蔽性和滞后性。与大气污染和水体污染相比，土壤污染不太容易被人们及时发现，只有通过研究农作物及人畜健康状况的影响才能确认，因此，土壤污染发生以后通常会滞后很长的时间才能被人们发现。例如，20 世纪 70 年代发生的美国拉夫运河事件，是由当地一家化学工业公司在 40 年代将含有致癌物的工业垃圾倾倒至运河所引起的，30 多年后才被人们发现。

（3）累积性和难治理性。和在土壤中相比，有机物在大气和水体中更容易迁移。而有机物在土壤中不容易发生扩散和稀释，容易在土壤中不断积累而超标。土壤污染一旦发生，仅仅依靠切断污染源，通过稀释和自净作用往往很难消除，有时要靠焚烧、填埋、淋洗等方法才能解决，其他治理技术（如生物修复方法）可能见效较慢。因此，有机污染土壤的治理成本较高，周期较长。

4.2.3 土壤有机污染的危害

土壤有机污染的危害主要有以下三个方面：

（1）对人体健康的危害。土壤污染会使污染物通过食物链富集到人体中，进而危害人体健康，引发癌症和其他疾病等，也可以通过污染大气和水环境间接对人体健康产生危害。

1968 年日本发生的米糠油事件，是由于管理不善，在米糠油中混入了多氯联苯，致使 1 万多人受害，成为震惊世界的八大环境公害之一。

石油工业废水中含有致癌性的多环芳香化合物，用该废水进行灌溉会对居住在污灌区的居民产生一定的影响。表4-1给出了居住在石油工业废水灌区的居民健康影响调查情况。同样有研究表明，苯并［a］芘浓度每增加0.1μg/100cm^{3}时，肺癌死亡率将上升5%。有机农药主要通过农作物对人体健康产生危害，例如1999年6月30日西藏林芝地区幼儿园105人因食用含有敌敌畏农药的瓠瓜而引起食物中毒。

表4-1　石油工业废水灌区居民健康影响调查

序号	观察指标	对照区	污灌区
1	肝肿大/%	4.2	106.0
2	慢性胃痛/‰	2.2	22.2
3	胃癌死亡率/(1/10万)	12.0	34.2
4	恶性肿瘤死亡率/(1/10万)	45.7	82.4
5	先天畸形发生率/‰	7.14	17.58

（2）对植物和农作物的影响。根据研究，化学农药作为一种有机物，对植物和农作物光合作用、主要营养物质、次生物质及次生代谢、活性氧代谢、体内酶的变化、根系活力及生长调节物质等生理生化方面产生一定的影响。例如，施用30mol/L的马拉硫磷会完全抑制青萍6746开花，施用15mol/L的马拉硫磷会推迟油菜抽苔和花芽分化，施用农药会引起植物体内谷胱甘肽-S-转移酶活性降低，从而影响植物的解毒功能。

（3）环境问题。土壤中的污染物容易在风力和水力的作用下分别进入大气和水体中，从而引起水环境和大气环境的二次污染。张应华等在某水源地饮用地下水中检测出苯，主要是因为土壤苯污染所致。另外，由于大部分有机污染物的疏水性，会导致土壤的持水能力下降，含水率降低等。有研究表明，柴油污染壤土含油率为8%时，渗透系数在比清洁壤土低97%左右；原油污染砂土含油率在6%~11.52%时，渗透系数降低了一个数量级。

4.2.4　土壤中有机污染物的形态

土壤中有机污染物的危害与其存在形态密切相关。进入土壤的有机污染物可以溶解于土壤溶液中，吸附于土壤胶体表面，闭蓄于土壤矿物和有机质中，这些过程决定了有机污染物在土壤中的行为和归宿。有机污染物进入土壤后，会发生生物性质的和非生物性质的多种作用，如吸附、淋溶、扩散、挥发、渗透、聚合、矿化、积累、代谢、降解等。已有研究表明，不同形态有机污染物的生物毒性和生物可利用性差异很大。近年来，国内外很多研究者认识到，用污染物的总量指标已经很难准确地评价土壤中有机污染物的污染程度、机理和修复效果，需要进一步摸清土壤中有机污染物的形态分布、影响因素及其转化的基本规律，为制定土壤中该类有机污染物的环境质量标准、评价土壤污染的风险、保障土壤环境安全等提供重要基础依据。

在研究土壤中重金属的环境行为及其环境效应时，国内外研究者将土壤中重金属分为可交换态、铁锰水合氧化物结合态、碳酸盐结合态、有机物和硫化物结合态以及残渣态等不同形态。这一形态的划分为土壤中重金属的环境行为研究和生态风险评价提供了强有力的工具，推进了对土壤中重金属环境行为及其环境效应的认识。与土壤中重金属研究相比，对于土壤中有机污染物的环境行为及其生物可利用性主要基于土壤中有机污染物的总浓度，而很少将土壤中有机污染区分为各种不同形态来对其环境行为及生物可利用性的差异进行研究。

有机污染物在土壤中的存在形态可分为溶解态、吸附态、结合态和残留态等不同形态，且各形态间可以相互转化。进入土壤中的有机污染物，一小部分会溶解在土壤溶液中，这和有机物本身的水溶性、土壤的机械组成、土壤酸碱度以及土壤温度等都有关系。大部分有机污染物进入土壤后，会与土壤黏粒和土壤有机质发生吸附作用，暂时保持吸附态或悬浮态于土壤颗粒表面；还有一部分有机污染物会进入土壤矿物和有机质内部形成结合态。

溶解态有机污染物的生物活性较高，能够直接对环境产生危害，但在环境中的代谢和降解也快。吸附态和结合态有机污染物会与土壤中的天然吸附剂通过各种相互作用结合在一起，吸附态和结合态的有机污染物的生物活性较低，不会直接对环境产生危害，但在一定条件下可以转化为溶解态，从而对环境产生危害。残留态有机污染物几乎没有生物活性，一般不会轻易转化为其他形态，因此，不会对环境产生危害。

4.2.4.1 土壤中有机污染物各形态间的转化

土壤中有机污染物各形态间为动态平衡过程。通过改变土壤粒径与质地、生物物种、土壤有机质与矿物质和土壤酸碱度等因素，有机污染物的溶解态、吸附态、结合态和残留态之间可以相互转化。因此，了解和掌握有机污染物各形态间的转化规律对于研究土壤中有机污染物的污染来源、污染状况以及防治土壤污染具有重要的意义。

4.2.4.2 土壤中有机污染物的老化

“老化”一词最早出现在人体研究上，随后被引申应用到材料学、建筑学、生物学等各个学科。在20世纪50~60年代应用于环境科学领域人工合成农药的施用，但对土壤中有机污染物老化现象的深入研究于20世纪80~90年代才开始。

有机污染物的老化过程是有机污染物从弱吸附点位转向强吸附点位，从缓慢化学吸附转向螯合的再分布过程。有机污染物在土壤中的老化通常分为两个阶段，即初始快速解吸阶段和缓释阶段。初始快速解吸阶段主要是指有机污染物分布在土壤固相表面，有机污染物容易进入土壤液相系统，主要以溶解态形式存在，易于被生物吸收利用；缓释阶段主要是指有机污染物存在于土壤矿物颗粒内部或者土壤颗粒表面的高能吸附点位，与土壤矿物颗粒发生较强的结合作用，主要以结合态和残留态形式存在。结合态和残留态要想达到快速溶解进入土壤溶液中，只能通过缓慢扩散到土壤固相表面或者提供较高能量破坏键和力及微孔束缚才能实现，因此难以被生物快速利用。

研究证实，随着老化时间的延长，滴滴涕的水提量和正己烷的提取量不断减少，正己烷/丙酮的提取量不断增加，表明有机氯与土壤的结合能力随老化时间的延长而不断加强，部分溶解态随老化时间的延长逐步转化为吸附态和结合态。采用不同有机溶剂以及不同比例有机溶剂混合体来提取土壤中的阿特拉津和菲，也得到了类似结果。因此，老化使得有机污染物和土壤矿物颗粒紧密结合，减少了污染物的可提取量，降低了污染物的生物有效性，具有积极的环境效应。

4.2.4.3 土壤中有机污染物的释放

与“老化”作用相对的是有机污染物的“释放”作用。影响有机污染物释放的原因很多，通常认为微生物是引起有机污染物结合态和残留态释放的主要原因。采用^{14}C同位素标记技术，研究证实微生物可从土壤中释放出27%的^{14}C标记的扑草净结合残留；有研究发现，土壤中结合态的甲磺隆大部分是由吸附态或溶解态的甲磺隆转变而来的，而且随着时间的不断延长，一小部分结合态的甲磺隆也能缓慢转化为吸附态或溶解态，还有一小部分直接矿化成CO_2。

除此之外，当土壤中有机质发生降解或氧化后，有机污染物的吸附态也会被释放出来。利用同位素标记技术可以估算土壤中三种主要有机质成分（富里酸、腐植酸和胡敏素）的年平均周转率，也可用来估计有机污染物吸附态在三种主要有机质成分中的释放速率。采用^{14}C同位素标记技术，研究在土壤中加入玉米秆和不加入玉米秆时杀菌剂二氰蒽酮的存在形态，发现64天后，在加入玉米秆的土壤中63%的^{14}C二氰蒽酮标记物不能被提取出来，且其在富里酸、胡敏酸和胡敏素中的分配分别为17%、15%和31%。这表明，随着土壤有机质的降解或氧化，有机污染物会再度释放。

4.2.4.4 土壤中有机污染物形态分布影响因素

A 土壤有机质的影响

有机质是土壤有机物质的主体，主要是由微生物、小动植物的生命活动产物及生物残体分解和合成的各种有机物质组成，主要包括腐殖物质（占土壤有机质的70%~80%以上）和非腐殖物质（占土壤有机质的20%~30%）。

土壤有机质是影响土壤中疏水性有机污染物环境行为的重要因素，同时也是影响疏水性有机污染物形态分布的重要因素。已有研究表明，有机氯农药等疏水性有机污染物在土壤中的滞留通常被认为是在土壤有机质中的分配。土壤有机质对有机氯农药不仅有增溶和溶解作用，还对有机氯农药具有明显吸附作用，这是因为土壤有机质的腐植酸结构中具有可以与有机氯农药相结合的特殊点位。在研究天津土壤剖面中有机氯农药赋存规律时，发现有机氯农药在土壤中的吸附量与土壤中有机质的含量具有一定的相关关系。有机质的聚合程度越高，有机污染物的解吸滞后程度就越大，解吸速率就越慢，生物有效性就越低。研究除草剂普杀特在土壤中的吸附/解吸时，发现土壤中有机质含量越高，土壤中能与普杀特发生键合的官能团就越多，吸附也就越强烈，因此，土壤中有机质含量是影响疏水性有机污染物吸附态含量的一个重要因素。除此之外，有机质的结构对疏水性有机污染物的形态分布也有较大影响。另有研究发现，有机质中的芳香族和脂肪族结构对疏水性有机污染物有较强的吸附作用，会影响疏水性有机污染物的形态分布。

B 土壤矿物质的影响

矿物质构成土壤的骨架，被喻为土壤的骨骼，对土壤中有机污染物的吸附和滞留起着至关重要的作用。土壤中所含矿物可分为原生矿物和次生矿物。原生矿物是指那些岩石或矿石经过不同程度的物理风化，没有改变其化学组成和晶体结构的矿物，其中原生矿物的种类和数量可根据母质类型、风化强度和成土过程的不同而有所不同。土壤中原生矿物主要包括长石、石英、白云母、角闪石和辉石，另外还有少量的磷灰石、赤铁矿和黄铁矿等。次生矿物是指那些岩石或矿石在形成之后，其中的矿物通过化学变化而生成的新生矿物，其化学组成和构造与原生矿物相比已发生改变。土壤中的次生矿物主要包括三类：一是碳酸盐、硫酸盐和氯化物等简单盐类；二是氧化铁、氧化铝和氧化硅等氧化物类；三是黏土矿物如高岭土、蒙脱石和水花云母等铝硅酸盐类，它们以颗粒形式存在于土壤中，且粒径极小，具有胶体性质。黏土矿物表面上含有大量吸附点位，对有机污染物具有一定的吸附-结合作用。

研究有机氯农药在天津地区土壤中的分布状况时发现，土壤的矿物结构会影响土壤对农药的吸附，土壤中矿物质和黏粒含量越高，其比表面积就越大，从而与有机氯农药结合得越紧密。研究表明，蒙脱石可以从土壤中吸附大量的菲，其吸附容量与土壤中含有一定数量有机质的黏粒组分成正比。另有研究表明，土壤矿物组成对多环芳烃花的形态分布有较大影响，其中蒙脱石的作用要大于高岭石的作用，这主要是由于蒙脱石具有双层结构、阳离子交换容量大等特点，而且具有疏水性的硅氧面，能够从土壤水溶液中吸附疏水性的有机分子。此外，土壤中矿物质对有机污染物在土壤中的形态分布还取决于有机污染物本身的性质。

C　土壤粒径与质地的影响

土壤中含有大小不同的矿物颗粒，其性质和成分都不一样。为了方便开展研究，可将其按粒径的大小和性质的不同分成若干组。土壤质地是指由不同粒径的矿物颗粒结合在一起所表现出来的土壤粗细状况，可以综合反映土壤的颗粒大小、级配组成、矿物组成以及各种化学性质。

土壤粒径与质地对有机污染物的形态分布有重要影响，土壤质地不同，其矿物含量和比表面积也有很大差异。研究表明疏水性有机污染物 PAHs 在粉粒中含量较高，在砂粒中含量较少，这可能是由于粉粒中有机质芳香烃结构更丰富，更容易吸附 PAHs，因此，粉粒中吸附态 PAHs 的含量更高。通过将土壤分成 4 种不同粒径的有机-矿质复合体组分（黏粒、粉粒、细砂和粗砂），研究 HCHs 和 DDTs 在土壤不同有机-矿质复合体组分中的分布情况。对比分析结果表明，粉粒复合体中富集的有机污染物含量要高于砂粒和黏粒复合体，由此可以看出，土壤粒径和质地不同，吸附态有机污染物的含量也有所差异。

D　土壤含水率的影响

土壤含水率对于亲水性有机污染物的形态分布有较大影响。进入土壤中的有机污染物，会有一小部分溶解在土壤水溶液中，土壤的含水率越高，可溶解的有机污染物就越多，溶解态有机污染物含量就越高，大大增加了有机污染物的迁移性，因此，对环境的危害也就越大。

E　土壤阳离子交换量的影响

土壤阳离子交换量对于有机污染物的形态分布有一定影响。当有机污染物主要以离子形式存在时，可与黏土矿物或腐殖质发生阳离子交换吸附，土壤的阳离子交换量越大，有机污染物在土壤中的吸附量就越大，吸附态有机污染物的含量就越高，游离态有机污染物的含量就越低，进而影响有机污染物在整个土壤中的形态分布。

F　土壤酸碱度的影响

土壤酸碱度对有机污染物的形态分布起着重要作用。研究表明，当改变土壤的 pH 值时，土壤中腐殖酸的结构也会相应发生一定的变化，这会影响腐植酸与有机氯农药的吸附作用，进而影响有机氯农药在土壤中的形态分布。酸性土壤会加速卤化物脂肪烃的形态转化，从而使得溶解态脂肪烃的含量大大增加。此外，已有研究表明土壤酸碱度对于离子型有机污染物的形态分布影响较大，这是由于土壤的酸碱度直接影响有机污染物的辛醇-水分配系数及溶解度，进而影响其迁移性。当 $pH<pK_a$ 时，有机污染物处于酸性状态，亲脂性较强，亲水性较弱，此时部分溶解态有机污染物会转化为吸附态和结合态，当 pH 值接近 pK_a 时，吸附最强，吸附态含量最高。当 $pH>pK_a$ 时，亲脂性较弱，亲水性较强，会使部分吸附态和结合态的有机污染物转化为溶解态，增加了有机污染物的迁移性，对环境危害较大。

4.2.5 土壤持久性有机污染物

19 世纪工业革命以来，科学技术日新月异、突飞猛进，“征服自然、造福社会”已成为人类社会理所当然的共识，然而人类在享受工业化带来的方便时，也造成了一系列的环境问题，并对人们的生活带来极大的危害。1962 年，美国科学家雷切尔·加森出版了《寂静的春天》一书，书中描写了由于持久性有机农药的使用导致鸟类种群大量下降的事实，引起全世界为之震动，人们日益认识到持久性有机污染物对环境可能造成的严重污染以及对生物体造成的巨大伤害。

4.2.5.1 持久性有机污染物的定义

持久性有机污染物（persistent organic pollutants，POPs），是指人类合成的、具有半挥发性和高毒性、可长期存在于环境中，能够进行长距离迁移和沉积，容易在生物体内聚集，可通过食物链积累，并对人类健康和环境造成有害影响的有机化学物质。

4.2.5.2 持久性有机污染物的分类

POPs 污染是近年来日益突出的环境问题，在全球的海洋、大陆、沙漠以及南北极地区都有 POPs 的存在。为此，2001 年 5 月，包括中国在内的 92 个国家的环境部长或高级官员在斯德哥尔摩代表各自政府签署了《关于持久性有机污染物的斯德哥尔摩公约》(POPs 公约)。根据斯德哥尔摩公约，各缔约国将采取一致行动，首先消除对人类健康和自然环境特别有害的持久性有机污染物，首批列入该公约受控名单有三大类 12 种化学物质，分别是 9 种有机氯杀虫剂：艾氏剂（aldrin）、狄氏剂（dieldrin）、异狄试剂(endrin)，氯丹（chlordane）、滴滴涕（DDT）、七氯（Heptaohlor）、灭蚁灵（Mirex）、毒杀芬（Toxaphene）、六氯化苯（BHC）；1 种工业化学物质：多氯联苯（PCBs）；2 种垃圾焚烧产物和工业生产的副产物：二噁英（PCDDs）和多氯二苯并呋喃（PCDFs），并在全球范围开展消减与控制。

2009 年和 2011 年，斯德哥尔摩公约受控名单中分别新增了 9 种和 1 种持久性有机污染物，包括：α-六六六（α-HCB），β-六六六（β-HCB）、五溴联苯醚（PentaBDE）、八溴联苯醚（OctaBDE）、六溴联苯（HBB）、林丹（γ-HCB）、五氯苯（PeCB）、十氯酮(Chlordecone)、全氟辛烷磺酸类化合物（PFOS）以及硫丹。

4.2.5.3 持久性有机污染物的特性

持久性有机污染物具有高脂溶性，在环境中难降解，可在食物链中富集放大，并具有“三致”效应（致癌、致畸、致突变性），其中许多 POPs 还具有内分泌干扰作用。

POPs 物质具有以下四个显著特性：

(1) 持久性/长期残留性。持久性有机污染物具有强耐生物降解、光降解和化学分解的抵抗能力。一旦释放到环境中，他们很难被降解，它们可以在水体、土壤和沉积物等环境介质中持续几年甚至几十年或更长的时间。

（2）生物蓄积性。POPs 物质的辛醇-水分配系数较大，因此 POPs 可以从周围介质中富集到有机体内，并通过食物链进一步放大累积到高级动物，由于其生物浓缩因子（BCF）较高，进而可达到中毒的浓度，并引发各种疾病。

（3）半挥发性。POPs 能够从水或土壤中以蒸汽形式排入大气或者吸附在大气颗粒上，通过在大气环境中远距离迁移，还可以重新沉降到地面上，而这个过程可以重复多次发生。因此，即使在北极也可以检测到 POPs 的存在。

（4）高毒性。POPs 大多是对人体和动物有较高毒性的物质，近年来的实验室研究和流行病学调查已经表明，POPs 可以导致生物体内分泌失调、生殖和免疫功能障碍、神经行为和发育系统紊乱以及癌症等其他严重的疾病。

4.2.5.4 持久性有机污染物的迁移机制

（1）全球蒸馏效应。从全球范围来看，由于温度的差异，地球就像一个蒸馏装置，在低、中纬度地区，由于温度相对较高，具有半挥发性的 POPs 挥发速率大于沉积速率，使得它们可以持续进入到大气中，并随着大气运动不断迁移；当温度较低时，沉积速率大于挥发速率，POPs 会在较冷的极地地区积累下来。这表明，不论在任何地方使用或释放 POPs，两极都将成为全球 POPs 的汇集地。

（2）蚱蜢跳效应。与全球温度有关的环境因素对 POPs“全球分配”的影响可能比 POPs 的排放地和传播途径更为重要，特别是 POPs 在向高纬度迁移的过程中会有一系列相对较短的跳跃过程，因为在中纬度地区季节变化明显，在温度较高的夏季，POPs 容易挥发和迁移，而在温度较低的冬季，POPs 又易于沉降下来，总体表现为跳跃式跃迁。

4.2.6 土壤中的有机氯农药污染

4.2.6.1 有机氯农药介绍

有机氯农药是用于防治植物病虫害且组成成分中含有有机氯元素的一类有机化合物。主要包括以苯为原料和以环戊二烯为原料的两大类。一类是以苯为原料的有机氯农药包括使用最早、应用最广的杀虫剂滴滴涕和六六六，以及部分杀螨剂，如杀螨醋、三氯杀螨砜、三氯杀螨醇等，还包括一些杀菌剂，如五氯硝基苯、百菌清、稻丰宁等。另一类是以环戊二烯为原料的有机氯农药包括作为杀虫剂的氯丹、七氯、硫丹、狄氏剂、艾氏剂、异狄氏剂、碳氯特灵等。此外，还包括以松节油为原料的萜烯类杀虫剂、毒杀芬和以菇烯为原料的冰片基氯等有机氯农药。

4.2.6.2 有机氯农药的生产和使用现状

国际上许多国家包括美国、德国、法国、英国、挪威和日本等相继投入了大量的人力、物力和财力，对有机氯农药的污染状况、环境迁移及转化行为、生态毒性、污染源的控制以及污染防治途径等各方面开展了深入的基础研究和应用研究。由于有机氯农药的持久性、生物蓄积性、半挥发性和高毒性，为了保护人类健康和环境，我国政府也采取了很多措施，发布了一系列的政策和法规，禁止或限制此类有机氯农药的生产和使用。但是，由于在一些特殊用途上暂时还没有找到经济有效的替代技术和替代品，我国目前仍在生产和使用滴滴涕、六氯苯、氯丹和灭蚁灵等有机氯农药。其中生产的滴滴涕主要是用作中间体生产三氯杀螨醇，其使用量与20世纪70年代相比已大大下降。但是，由于滴滴涕曾作为主要农药品种在我国长期大量使用，因此目前在土壤、大气、水体等环境介质中均可以检测到。六氯苯主要用作中间体生产五氯酚，尽管我国直接生产和使用的六氯苯数量不大，但是在环境中还是可以经常检测到。氯丹和灭蚁灵是我国白蚁防治中经常使用的主要防治药物。我国目前有2/3的省份受到白蚁危害，在这些受到白蚁危害的地区，目前或多或少还在使用氯丹和灭蚁灵。

4.2.6.3 有机氯农药在我国土壤中的污染现状

我国作为有机氯农药的生产和使用大国，在20世纪50~80年代曾经工业化生产过六六六、滴滴涕、六氯苯、氯丹、七氯和毒杀芬等有机氯农药，其中施用六六六490多万吨、滴滴涕40多万吨，分别占全世界总用量的33%和20%。尽管我国从1983年开始禁止生产、销售和使用有机氯农药，但由于其难降解性，目前仍可在我国不同地区土壤中检出。

我国曾在1988年对土壤中有机氯农药（OCPs）的污染状况进行调查，结果表明，南北差异较为显著，呈现南方>中原>北方的空间格局，南方的平均残留水平是北方的3.3倍。1998年，我国曾对7个省（湖南、江西、广西、广东、福建、浙江和海南）的全部县市和3个省（江苏、湖北和安徽）的部分县市进行土壤中OCPs污染状况的专项调查，总面积为113.3万平方千米，约占全国土地总面积的11.8%。该调查区历史上大量施用过有机氯农药（包括六六六和滴滴涕等），调查结果表明，尽管自20世纪80年代中期后已基本禁止使用有机氯农药，但局部地区OCPs的残留量依然严重。2004年，我国对5个省市（北京、江苏、安徽、湖南和湖北）表层土壤中OCPs污染状况进行了调研。结果表明，在所调查的五省市的土壤样品中，滴滴涕仍是土壤中OCPs污染的主要组成，约占总量的90%左右，平均浓度从高到低依次为江苏省>湖南省>湖北省>北京市>安徽省。总体而言，我国大部分地区土壤中OCPs污染水平集中在中低浓度水平，但部分地区OCPs的污染浓度分布差异较大，存在OCPs污染严重超标的现象。

4.2.6.4 有机氯农药在土壤中分布的影响因素

A 有机氯农药的理化性质

由于有机氯农药特殊的理化性质（疏水性、挥发性、持久性等），使其难以被生物降解和化学降解，因此，有机氯农药在土壤中的半衰期可达数十年。有机氯农药在土壤中的污染来源及迁移转化主要以其异构体的相对丰度来判断，研究表明，α-HCH/γ-HCH比值不仅可以判断HCHs同分异构体之间的转化，还可以当作环境中是否有新的HCHs输入的一个判断指标，通常认为土壤样品中α-HCH/γ-HCH比值大于4.64，就表明环境中存在新的污染源；小于这一数值，则表明HCHs在环境中发生了迁移转化。对上海市城区土壤中有机氯农药残留进行研究，HCHs的4种异构体残留量依次为：β-HCH>γ-HCH>α-HCH>δ-HCH，分别占HCHs总残留量的52%、22%、13%和11%。这主要是β-HCH的结构比其他异构体更稳定，也更不容易被微生物降解，同时其他异构体也会转化为β-HCH。上海城区土壤中α-HCH/γ-HCH比值在0~5.21之间，平均值为0.86，表明HCHs的同分异构体之间发生了明显的转化，但局部地区可能存在新的污染源。

B 土壤性质

有机氯农药在土壤中的残留时间，除了取决于OCPs本身的理化性质外，还与土壤质地、有机质种类和含量、总有机碳（TOC）、阳离子交换量、粒径大小、pH 值、含水量、微生物以及农作物类型等多种因素有关。研究证实，土壤中的有机质是影响疏水性有机污染物在土壤中环境行为的一个关键因素。对天津地区表层土壤中的 OCPs 进行研究，结果表明，土壤对 OCPs 的吸附量与总有机碳（TOC）呈现较好的相关性。通过将土壤分成 4 种不同粒径大小的有机-矿质复合体组分（黏粒、粉粒、细砂和粗砂），研究 OCPs 在土壤不同有机-矿质复合体中的分布状况及有机质含量对污染物赋存分布规律的影响。结果表明，粉粒组分中 HCHs 含量较高，黏粒组分中 DDTs 含量较高。黏粒和粉粒组分中 OCPs 的含量与有机质含量之间呈现显著的相关关系，而在细砂和粗砂中这种相关性不显著，由此可见，有机质是影响土壤 OCPs 分布的重要因素之一。

4.2.7 土壤中的多氯联苯污染

多氯联苯（polychlorinated biphenyls，PCBs）是联苯苯环上的氢被氯取代而形成的多氯化合物。多氯联苯属于致癌物质，比较容易累积在脂肪组织上，从而影响脑部、皮肤及内脏等器官的功能，造成严重的疾病，并影响神经系统、生殖系统及免疫系统，造成难以治愈的伤害。多氯联苯（PCBs）属于环境中的持久性有机污染物（POPs）之一，由于其存在对人类和自然环境的严重危害，日益受到人们的关注和重视。

一般情况下，由于多氯联苯具有低水溶性和高吸附系数的特性，很容易吸附在土壤介质的有机质中。环境系统中的多氯联苯会发生一系列的物化及生物转化过程，在大气、土壤、水环境中进行跨环境扩散。蓄积在土壤中的多氯联苯一方面通过雨水淋溶迁移至深层土壤，一方面通过土壤表面微层向大气挥发。

国家环保部门对多氯联苯的污染场地监管力度越来越严格，严格要求企业遵守排污标准，对企业在环境保护问题上实施“区域限批”的管理措施。

4.2.7.1 多氯联苯的性质

多氯联苯（PCBs）是通过人工合成的一类有机物，PCBs 的分子结构会随着氯原子的取代数和取代位置的不同而发生变化，理论上可以得到的多氯联苯的同系物有 209 种，目前在环境中发现的多氯联苯同系物有 130 种左右。

一般情况下，PCBs 具有低的水溶性，较高的辛醇/水分配系数，脂溶性好，低蒸汽压，比较容易在生物体内富集，在自然条件下，很难得到降解。PCBs 的纯化合物在常温下为晶体形态，混合物大多则呈油状液体。低的氯代物，如二氯联苯、三氯联苯和四氯联苯，为液态，具有较好的流动性，随着氯原子取代氢原子数量的增加，黏稠度升高，为蜜油状（如五氯联苯）到奶油状或蜡状。由于 PCBs 具有持久性、半挥发性、生物蓄积性、高毒性等物理化学特性，被认定为斯德哥尔摩公约中规定的首批控制消除的 12 类污染物之一。PCBs 容易蓄积到生物体内，而人类又处在食物链的顶端，通过食物链的放大效应，人类很容易受到 PCBs 的毒害。如果某片区域的 PCBs 污染较为严重，长期得不到有效的治理，将对当地居民产生无法挽回的危害。

商用用途的 PCBs 是混合体，大部分是由 50 种以上 PCB 同系物混合生成的。一般情况下，PCBs 的性质稳定并难以降解，商用的混合体已经停止生产多年，但是，由于之前排放到环境中的多氯联苯没有得到相应的处理，从而导致多氯联苯在环境中依然广泛存在，并对人类的生存造成了严重的威胁。

PCBs有多种毒理效应，可危害代谢器官的功能和神经系统，具有化学致癌、致畸、致突变效应，以及生态食物链毒理学效应、环境“雌性化”效应、促发赤潮及藻毒素效应等。其蓄积性将随含氯量的增大而增大，并可以通过食物链进入人体，在人体中积累和浓缩。有些PCBs也被称作二噁英类似化合物，对皮肤、肝脏、肠胃系统、免疫系统等都具有诱导效应，是一种典型的环境荷尔蒙物质。PCBs可导致斑马鱼和虹鳟卵巢发育延缓，生殖力下降，延缓作用可能是由于干扰了调控性腺发生的激素的作用。对PCBs污染严重的皮吉特海峡地区的英国蝶鱼的研究表明，鱼体内含有较高的卵黄磷蛋白水平下降、卵母细胞畸形率增加、产卵率下降。许多研究表明，PCBs和多环芳烃对鱼类具有生殖毒性，抑制卵巢发育，降低性腺体重系数（GSI），降低鱼类血液中雌激素和卵黄蛋白原含量。

4.2.7.2 多氯联苯在土壤中的污染状况

A 国外土壤污染情况

对于PCBs在土壤介质中的污染情况，国外媒体有较为详细的报道，在未受直接污染的土壤中，PCBs的含量为pg/g~ng/g数量级的范围内。

全球190多处土壤表层部分（0~15cm）的统计分析结果表明，检测得出PCBs的平均含量为5.41ng/g，含量的最小值和最大值分别为23pg/g和94.9ng/g。在不同的土壤类型、不同的气候条件、不同的生态系统等条件下，土壤中PCBs的含量会有比较大的差异。处在高纬度地带地区的多氯联苯具有较强的沉积和持久吸附力，因此，比低纬度地区土壤中的PCBs含量高，由于在森林、草地、沼泽等生态环境系统的土壤中包含的有机质含量普遍较高，这些区域的土壤介质与PCBs的亲和力相对更强，因此，这些区域土壤中蓄积的PCBs含量相对较高。

在亚洲，尼泊尔首都加德满都的表层土壤（0~15cm）中包含有12种PCBs，其浓度分布在0.356~44.710ng/g的范围内，其中大量存在的4种PCBs分别为PCB52（19.4%）、PCB101（14.3%）、PCB118（13.4%）和PCB138（11.7%）；一项关于韩国Sihwa和Banwol工业园区内土壤环境介质中的PCBs污染的研究结果显示，PCBs在此工业园区内土壤中的浓度为2.43~274ng/g。在欧洲，有研究发现捷克大山脉森林土壤、丘陵地带森林土壤、耕作土、牧草地土壤中7种指示性PCBs的平均浓度分别为22.76μg/kg、8.87μg/kg、6.86μg/kg和9.34μg/kg。而在瑞典农田土壤和非农田土壤中PCBs的含量也存在明显差异，其中非农田土壤中包含的13种PCBs的总浓度达到4400pg/g，其中PCB138和PCB153的浓度最高。法国塞纳河畔不同地域土壤中包含的7种PCBs的总浓度为0.09~150ng/g，并且在工业区土壤到乡村土壤PCBs的浓度呈现出明显的梯度变化规律。意大利表层土壤和亚表层土壤中PCBs的含量分别为0.1~16ng/g和0.2~14ng/g。在一些区域，由于受到了PCBs的污染，使得当地土壤中PCBs严重超标。例如斯洛伐克某换热设备厂区域内由于生产过程中有污染源的泄漏，导致土壤中PCBs的浓度高达53000mg/kg，由于PCBs具有半挥发性，使PCBs在当地范围内含量普遍增加，如其附近的农田和森林土壤中也具有较高的PCBs浓度，分别为35~38mg/kg和3.9~7.5mg/kg。

相对于土壤中PCBs的较高含量，在大气和水中PCBs的含量一般较少，PCBs在水体中的含量普遍低于2μg/L。这是由于多氯联苯的低水溶性，使多氯联苯很难在水体中大量富集，水中的PCBs主要通过水体中的沉积物进行吸附，或者通过在水气表面发生气化，进入大气环境中。在2000年，研究人员调查了美国加州南部的San Diego湾区域的水体中PCBs的含量，调查结果显示PCBs同系物的总浓度低于0.42μg/L，测量对象包括27种普遍存在的PCBs同系物。而在1991年相关研究人员对Michigan湖和Superior湖所做的调查结果显示PCBs的总浓度均不大于1μg/L。基于大量对水体环境中PCBs的研究可以得到，水环境中，很难大量蓄积PCBs。在大气环境中，一般在靠近工业区或城市的区域内，与农村和偏远地区的PCBs含量相比，PCBs含量要高出很多。如在多伦多附近的调查结果显示，城市中PCBs的浓度为1350pg/m^3，农村为135~270pg/m^3。这也充分说明了PCBs主要是通过人类活动造成的。在人类的生产活动中，大量的PCBs被泄漏出来，通过各种渠道扩散到人们的生活环境中。因此，加强对于PCBs污染物的监管和处理工作，将有效地切断PCBs的污染源。

B 国内土壤污染情况

从1965年起，我国开始大量生产PCBs，截止到1974年，生产总量大约达到了1万吨。由于当时生产的PCBs广泛应用在工业生产中，其中，大部分作为绝缘材料应用于变压器中。由于变压器的报废没有相应的对其中PCBs的处理工作，导致很多PCBs泄漏到环境中，部分被作为固废掩埋起来，也具有泄漏到环境中的安全隐患。对全国范围内不同地区表层土壤（0~20cm）样品中PCBs的浓度的调查，包括52个采样点，其中9个都市采样点，39个乡村采样点和4个背景区域点，结果表明，PCBs在这些采样点中的平均浓度约为1998年全球背景土壤中PCBs浓度的1/10，测量的平均浓度为515pg/g。根据环保部门的最新调查结果可知，我国PCBs污染情况主要集中在经济发达地区和东北老工业基地，从地理位置来看可总结为东部大于中部，中部大于西部。目前的研究也主要集中在东部重污染区。

目前，研究的重点主要集中在中国东部区域内PCBs的污染情况。由于东部地区经济发达，电力设备的需求量相对更大，含PCBs的电力设备的应用难以避免地给周边环境带来严重污染。而中国中西部地区发展比较落后，PCBs初始污染源相对少一些。但是，基于PCBs的长距离大气运输能力以及大气的干湿沉降作用的双重影响，理论上中国西北部、西南部土壤中也有PCBs的污染，但是在这些区域土壤中PCBs污染的报道很少。中科院环境化学和环境毒理学国家重点实验室对西藏高原表层土壤的研究表明，该区域土壤中包含的多氯联苯的平均浓度为47.1~422.6ng/kg。他们还发现浓度与海拔高度之间存在一定关系；当海拔高度低于4500m时，与PCBs浓度呈负相关关系；当海拔高度高于4500m时，与PCBs呈正相关关系。由于人类活动和降雨减少，研究人员认为这是全球蒸馏效应的影响造成的。

4.2.7.3 多氯联苯在环境中的污染来源

在不同的生产领域中，都广泛应用了PCBs工业品。如在变压器、电容器设备中，PCBs的工业产品起到了绝缘的作用，在导热系统中作为热载体以及润滑油、橡胶、印刷油墨、石蜡的添加剂等。环境系统中PCBs的来源途径广泛，如密封存放点渗漏、垃圾堆放场沥滤液渗漏、工业废物排放、含PCBs的城市垃圾焚烧和工业焚烧及大气的干湿沉降作用等都会带来污染。通过这些途径泄漏出来的PCBs慢慢在环境中扩散，其中大部分沉积到土壤环境中。进入土壤环境中的 PCBs 约占环境系统中 PCBs 总量的 97%。土壤中大量存在的 PCBs 由于长时间对土壤环境中生长的生物进行影响，导致一部分生物对 PCBs 形成了较强的适应性，一部分微生物和植物逐渐对 PCBs 进行代谢作用，通过食物链传递和富集（富集系数甚至高达数百万倍）。曾有报道指出人乳和蓝鲸组织中检出高浓度的 PCBs 同系物，并存在显著的手性选择性。据 WHO 统计，全世界共生产了 2×10^6t 工业 PCBs。我国在 1965~1974 年间共生产 10000t 工业 PCBs，其中三氯联苯共 9000t，五氯联苯共 1000t。20 世纪 70 年代，我国在不知情的情况下，先后从欧洲等国进口了大量装有 PCBs 的电容器，在废旧电容器的浸渍剂中 PCBs 含量大于 90%，而废弃的进口变压器的油中 PCBs 含量大于 50%，且废弃状况堪忧。如果不尽快对这些废弃物进行集中处理，最大限度地减少其中的 PCBs，如果发生泄漏，这些 PCBs 将对环境带来无法挽回的危害。

4.2.8 土壤中的石油污染

随着工业发展，对石油的需求量逐渐增加，原油及其加工品排入土壤及其他环境，已经成为世界性环境问题。在我国干旱半干旱地区有极为丰富的石油资源，已开发的大型油田包括克拉玛依油田、塔里木油田、吐哈油田、长庆油田、青海油田、玉门油田、吉林油田和华北油田等。上述油田产油量占全国总产油量比重较大。相关数据表明，中国石油企业每年石油生产量约 7×10^6t，其中有近 0.6×10^6t 无法回收，直接进入环境，造成水、土污染。据估计，我国每年采油废水达到 3000 万立方米，开采废弃油泥浆达到 10 万立方米，炼油厂等的化工废水达 900 万立方米，大部分的废水和泥浆都未经充分处理，排放至土壤中。

4.2.8.1 土壤中石油类污染物来源及污染途径

土壤中石油类污染物主要来源于陆地采油的大量生产设施（如油井、集输站、转输站和联合站）直接或间接的泄漏、地下储油罐或输油管道和井管的破裂、含油污水回灌，采油井油页岩矿渣的堆放等造成土壤、地下水的污染。

由于土壤中存在着大量的有机和无机胶体、微生物和土壤动物，使进入土壤中的石油类污染物通过土壤的物理、化学和生物等过程，不断地被吸附、分解和迁移。土壤表面的石油还可通过挥发进入大气。乳化和溶解态的石油类物质随水流可以相对自由地向土层深处迁移或发生平面的扩散运动，当污染强度较大且小分子烃类含量较高时，则可以迁移进入地下水含水层中。逸散在大气中的部分石油类物质可由空气携带漂移，漂移过程中易于吸附在大气的粉尘上，随着粉尘的降落而进入远离污染源的地表土壤，使污染物发生长距离的输移。

4.2.8.2 土壤石油污染现状

由于大规模生产、运输、储存和使用石油产品，美国在 20 世纪 80 年代就出现了严重的石油烃土壤污染问题，在 20 世纪 90 年代已有 10 万个地下油罐存在不同程度的泄漏。20 世纪 80 年代末，美国一艘满载石油的轮船在白令海峡靠近阿拉斯加州一侧触礁，导致大量原油泄漏，其中有超过 4 万吨的原油泄漏到了 William Sound 王子岛。1994 年加拿大有约 20000 个地下储油库，大约有 25% 的油库有不同程度的泄漏。从 1984 年开始，美国执行国家地下储罐（UST）计划，1986 年设立地下储罐泄漏（LUST）信托基金，到 2008

年已累积清理泄漏事故近 40 万起，但每年仍有近万起石油泄漏事故发生，累计积压有 10 万多起。尤其是 2010 年美国在墨西哥湾深水地平线事件中泄漏的原油更是创造了污染纪录，泄漏量达约 77.9 万立方米，污染面积达 6500~180000km^2。俄罗斯每年大型泄漏事故 700 起（每起不低于 3500t）、小型泄漏 6 万多起，仅东西伯利亚地区每年泄漏 300 万~1000 万吨，12.5%的草原受到污染和破坏。2006 年 1 月，莫斯科以东约 1000km 处一条输油管破裂，造成至少 3200t 石油泄漏；同年 7 月，“友谊”输油管部分破裂，使约 100t 原油泄漏，10km^2土地受到影响；10 月，300t 石油在车里雅宾斯克城以西 170km 处泄漏。而这种几百吨级的“小型”泄漏，每两三个月即可发生，平均 1~2 年就会发生 1000t 级的泄漏事件。

中国作为世界最大的发展中国家及石油生产和消费大国，由于生产条件、环保技术等方面相对落后，石油污染问题相当突出，尤其是土壤的石油污染问题日益严重。目前，我国目前已在近 30 个省、市、自治区找到大约 500 多个油气田和油气藏。油田的主要工作范围近 20 万平方千米，覆盖地区面积达 32 万平方千米。其中，约 480 万公顷土壤的石油含量可能超过安全值。据统计，中国石油企业每年产生落地油约 700 万吨，油井每作业一次遗留于井场的落地油为几十到几百千克（单井年产落地原油据测算可达 2t）。一般油田井口周围 5m 范围为最严重的污染区，地面呈黑色；30~50m 范围为严重污染区，有原油、油泥散落。就油气田勘探开发而言，地面溢油再加上遗留井场的钻井泥浆池和作业泥浆池，一般井场周围污染范围约为 100~2000m。

目前中国石油年产量已超过 1.8×10^{11}kg，每年新增加污染土壤 1.0×10^{8}kg。在干旱与半干旱地区油田区石油污染对该区的生态环境影响较大。中原地区由于石油资源的长期大量开采利用，产生了一些环境问题。尤其是落地原油的污染已影响土壤的质量安全。特别是开采早期形成的石油污染，在土壤中经长期的自然降解许多易挥发和易降解的组分均已降解，土壤中残留的难降解石油组分仍大量存在。辽宁省环境监测站监测辽河油田污染严重的区域发现，土壤中含油量已经达到 10000mg/kg，远远超过临界值 500mg/kg，油田区域内及周围区域上千亩土地受到污染。据有关部门统计，长庆油田在陇东的主力采油区华池县在石油开采和运输过程中，1995~2006 年共发生土地污染事故 636 起，污染土地 2109.8 亩，污染农作物 2400 多亩。特别是用被污染了的水灌溉农田，造成大面积农田污染，出现了盐碱地、低产田。从辽河油田 2005 年产生的固废情况看，落地原油 21410t/a，含油污泥 43284t/a，虽然通过采取措施基本得到回收处理，但仍对周围的土壤环境造成了不同程度污染。在辽河油田、胜利油田和冀东油田等新老重污染区，土壤原油含量已经达到或超过 1.0×10^{4}mg/kg，甚至超过 10×10^{5}mg/kg。单井落地原油的污染面积平均达 0.5~2.1m^2，落地泥浆达 20m^2。内蒙古阿尔善油田，单井落地原油 0.6~2.0t，影响范围 100m×150m，致使油田区域及周围地区数百公顷土地受到严重污染。有资料表明，对于稳定运行 5 年左右的油井井场土壤，石油污染强度可达 1.0×10^{3}~1.0×10^{5}mg/kg，我国主要石油化工和油田区土壤石油烃含量高达 5×10^{4}~9.4×10^{4}mg/kg，石油开采区井口附近土壤石油烃含量为 5.3×10^{4}~7.5×10^{4}mg/kg。此外，我国也存在严重的油罐、油管泄漏问题。

4.2.8.3 *石油类污染物对人体健康和环境的危害*

石油进入土壤后会改变土壤的物理结构和化学组成，使土壤的 C/N/P 比例失调，土壤颗粒发生粘连、板结，孔隙堵塞，影响通透性。土壤被污染后会严重影响依赖于土壤生存的动植物的正常生长。作物会出现不发芽或发芽率降低、生育期紊乱、不结果，抗虫抗旱能力下降等危害，土壤中的速效营养成分也易被石油破坏，严重影响作物对营养物质的吸收。此外，石油还会黏附在植物根系周围，使得根系呼吸受阻，甚至腐烂。石油会破坏土壤原生动物的生存环境，影响动物的运动、呼吸、觅食等行为的发生，使原生动物对土壤应该发挥的积极作用消失。辽河三角洲地区土壤中石油类污染对苇田造成了一定程度的危害，从 20 世纪 90 年代中后期开始，部分区域的芦苇产量持续下降，比洪涝、干旱和风暴灾害的权重要大得多，油田污染分布大致范围约占该地区的 1/20，而这种状况近年来几乎一直如此。最重要的是，植物吸收或吸附了这些有毒有害物质后，会通过食物链在人体富集进而危及人体健康。石油中的芳香类物质对人和动物的毒性较大，尤其是双环及三环以上的多环芳烃毒性更甚。用被石油污染过的水灌溉农田，会导致油类附着在水稻和其他农作物的体表，影响其生长；油膜覆盖农田还会使水温和地温升高，影响农作物的正常生长。石油及石油制品是低毒性物质，但人体大量吸入，也会引起头疼、恶心等症状。石油污染物在人体内长时间积蓄会引起神经系统、呼吸系统、血液系统、皮肤和黏膜的损伤。石油污染物进入土壤环境不仅造成土壤盐碱化、毒化，导致土壤破坏和废毁，而且其有毒物能通过农作物尤其是地下水进入食物链系统，最终直接危害人类。

4.2.9 土壤中的多环芳烃污染

多环芳烃（polycyclic aromatic hydrocarbons，PAHs）被认为是一类持久性的有毒有机污染物，通常含有两个或两个以上的苯环，以稠环、直链、角状等方式相连，也有一些苯环中的 H 被 N、S、O 等原子取代后形成杂环类芳香烃，它们大都是无色或浅黄色的晶体，也有个别颜色较深的，属于惰性化合物，具有蒸气压低、不易溶于水、易溶于苯类等具有芳香性特征的有机溶剂中、易吸附于富含有机质的土壤或者沉积物颗粒等特点。

多环芳烃自身结构特点决定了其难降解的特性。第一，多环芳烃类物质的分子中，每一个环上均有一个电子云闭合的共轭大 π 键，且电子云之间在稠合键处相结合，从而形成更大的共轭体系，使得多环芳烃类化合物的稳定性更强；第二，因为共轭大 π 键的破坏需要巨大的能量，使得多环芳烃更容易发生保留环状结构的取代反应，而不易发生加成反应；第三，通常只有加入强氧化剂或者提供光照或者高温条件，分子中的共轭结构受到高能量冲击时才会改变，使芳香环发生断裂。

4.2.9.1 环境中的多环芳烃

在土壤、水体、沉积物甚至空气中都能检测到多环芳烃的存在，对于多环芳烃在自然环境中的性状、来源、转移过程以及对人体的影响已经有了很多研究。环境中多环芳烃的来源主要有自然和人为两类：自然来源主要是火山爆发、森林火灾等自然灾害；而人为来源则相对广泛，主要有石油、煤等化石燃料及木材、烟草等有机物的不完全燃烧或高温裂解，城市或者工业废物的燃烧，工业废水的排放，煤焦油、沥青、原油等的开采制造，还有人们日常生活中的烧烤、抽烟、燃气等活动。有报道称人为活动是大气中多环芳烃的主要来源，其中美国人口密集城市中机动车多环芳烃的排放量占了城市总排放量的 35% 以上。

空气中的 PAHs 污染物可以气态或者与颗粒物结合的状态存在。其中室温条件下，4 环以内的多环芳烃主要以气态形式存在，跟随大气长期流动，而大部分的多环芳烃尤其是

5环以上的，容易吸附在直径小于5μm的颗粒物上，伴随着降雨降水沉降到地面上，这也是无工业污染区域土壤中多环芳烃的主要来源方式。水体中的多环芳烃来自大气沉降、工业废水、市政污水的排放、污染土壤的渗滤，含量较低，但往往会聚集在水体底泥沉积物中。靠近工业区、城市废水排放区河流的底泥多为4~6环的PAHs占主导。

尽管大多数的多环芳烃都是通过大气进入环境中，但土壤环境却是它们最终的归宿，并且能在土壤微生物扰动或者跟随植物根系进入深层土壤中。有报道称土壤大概承载了90%的多环芳烃。受工业发展的影响，在过去的100~150年间，土壤中PAHs含量急剧增加，尤其是工业区土壤中PAHs浓度增长更为显著，可以比郊区土壤高出10~100倍。

4.2.9.2 多环芳烃的危害

环境中存在的600多种已被确认的和一些未经确认的多环芳烃化合物，可以通过不同途径进入人体，对身体健康产生巨大危害。

（1）三致性。多数多环芳烃具有致癌、致畸、致突变效应。美国环保署选择了其中最具毒性的16种作为环境优先控制污染物，其中有7种自身或其衍生物具有强致癌性，分别是苯并［a］芘（BaP）、苯并［a］蒽（BaA）、䓛（Chry）、苯并［b］荧蒽（BbF）、苯并［k］荧蒽（BkF）、二苯并［a，h］蒽（DA），茚并［1，2，3-cd］芘（IN），而毒性最大的苯并［a］芘（BaP）常被用作PAHs的毒性当量分子。

多环芳烃的三致效应还会提高其他癌症的发病率。据流行病学研究发现，长期接触多环芳烃的工人患癌率要比普通人高，特别是皮肤癌、白血病、鼻咽癌和胃癌等。1973年，美国科学家综合分析了一系列有关肺癌流行病学的调查资料，得出结论苯并［a］芘浓度每100m^3增加0.1μg时，肺癌死亡率上升5%；也正是烟草燃烧后产生大量的多环芳烃类物质，导致抽烟能增加肺癌的发生率。科学家还发现多环芳烃还存在于蔬菜、谷粒、食用油、烤肉当中，人类每天从食物中可能摄取1~5ng，从大气中吸入0.02~0.3ng，从水中摄入0.0002~0.12ng的短环芳烃，可能引起各种疾病。

多环芳烃能够通过吸收太阳光而产生更为严重的光致毒效应。有实验表明，多环芳烃和紫外照射共同作用会导致具有损伤细胞组成能力的自由基加速形成，破坏细胞膜、损伤DNA，从而引起人体细胞遗传信息的突变。

（2）持久性。土壤中的多环芳烃可以通过物理和化学作用附着于土壤有机质上，随后在土壤表面或者亚表面通过微生物的新陈代谢、光诱导等作用被降解。另外，土壤湿度、温度、酸碱度、氧气浓度等理化性质，对PAHs的自然降解也起着重要的作用。部分多环芳烃在长期存在于环境的过程中会发生光化学转化，转变成比母体毒性更强、更难被降解的氧化多环芳烃，比如转化为酚类、醛类和芳香族羧酸类物质；另外PAHs能够被土壤有机质强烈吸附、包裹、溶解于非水相液体中，少部分则会以挥发、散发等形式进入其他相中或进入土壤更深层，使得修复难度进一步增加。研究表明，由于低分子和高分子多环芳烃的半衰期分别为5.7年和9.1年，因而可以长期残留在土壤当中，不断积累，也会对环境造成潜在的、长期的危害。

4.2.9.3 多环芳烃污染状况

A 国内外多环芳烃污染状况

在过去的30年间，由于经济发展需要，石油、燃煤、生物质能源的消耗速率增长极快，导致我国向环境中排放的PAHs量逐年上升，多环芳烃对环境的影响越来越凸显。20世纪末，中国16种优先控制多环芳烃的年排放量接近1万吨，其中名录中7种致癌性多环芳烃排放总量占20%左右；而美国当时7种致癌性多环芳烃的排放量为1500t左右，并且荧蒽、蒽、芘以及高分子量的污染物明显要高于北美五大湖地区。到2003年，我国多环芳烃的总排放量已超过了2.5万吨。短短的4~5年时间，多环芳烃的排放总量增长了1.5倍，其中生物质燃烧、燃煤和炼焦工业三者的排放量分别占总排放量的60%、20%和16%。2006年，中国PAHs的年排放总量接近3万吨，城市平均排放密度为158kg/km^2，局部乡村地区排放密度高达479kg/km^2。

国家环保部和国土部对全国土壤污染状况进行过调查，全国土壤多环芳烃超过国家标准的点位占到了1.4%，中重度污染点位占0.2%；多环芳烃的主要污染地带为工业园区、工业废弃地、采油区、污罐区、采矿区、干线公路两侧等地的土壤。全国土壤多环芳烃平均值达到了580μg/kg，含量在10μg/kg以下的仅占2.80%，北京、天津、辽宁等北方部分地区及东部沿海地区的土壤中多环芳烃污染更为严重，浓度达到1000μg/kg以上；珠江三角洲、贵州等地土壤多环芳烃平均含量也在600μg/kg左右；新疆、香港、西藏等地土壤污染情况稍微好一些，PAHs平均含量均低于200μg/kg。

世界卫生组织在1998年时就报道过，未受污染的土壤中PAHs的浓度应在5~100μg/kg，大部分受轻微污染的地区如受汽车尾气污染的土壤中的浓度能达到2~5mg/kg，而与工业污染源邻近的土壤则污染相对较重，多环芳烃污染浓度最高可达到1g/kg。在过去的几十年间，随着工业的发展，土壤中多环芳烃污染愈发严重，英国各城市工业区土壤的多环芳烃含量比附近土壤含量高出10~100倍。有报道某石化厂土壤PAHs浓度达到821mg/kg，某油气厂土壤PAHs浓度达到了451mg/kg，而某杂酚油生产厂土壤中PAHs浓度更达到了5863mg/kg。

B 国内外多环芳烃主要污染来源

受多环芳烃污染严重的土壤多处于石油开发、炼钢、焦化等工业企业周边区域。

a 石油开发污染

由于早期储油罐的设计、施工及储罐质地等问题，国内外常发生加油站储罐泄漏事故，导致大量的多环芳烃随之进入土壤环境中；同时各油库、加油站不可避免地出现“跑冒滴漏”现象，部分加油站将漏出的汽油、柴油直接倾倒于路边的土壤中。据统计，全世界每年有800万吨（中国60万吨）石油类污染物进入环境当中，而最终这些污染物又会归集到土壤及地下水中。环保部在《全国地下水污染防治规划（2011-2020年）》中要求采用双层油罐，而我国有近50万个低标准、低质量、无防渗池的单体罐，存在巨大的泄漏风险。

中科院曾对天津地区加油站附近的地下水进行检测后发现，石油烃超标率为40%，多环芳烃检出率为79%；对上海市686家加油站做了油品渗漏污染调查，发现建造时间早、地下水位高、水位波动明显的加油站污染潜势较高，油站土壤中的污染物以多环芳烃以及总石油烃为主。

相比较于国内，国外油罐泄漏事件则更为严重。美国政府于20世纪90年代对全美加油站油品渗漏调查后发现，70年代以前建立的加油站几乎都存在油品渗漏问题，到2014年已确认全美有近52万个加油站渗漏污染点需要处理。据美国环保局保守估计，在未来的15年间，会有6万~12万处地下储油罐发生泄漏，每年预计需花费7亿美元来进行治理。

输油管道泄漏也是常见的多环芳烃污染源头。研究人员对墨西哥西南地区的21处输油管线周边的土壤（地下0.8~3m）进行采样检测，发现仅有3处未检测出PAHs，而其他18处均有一种以上的多环芳烃超过规定值，有4处PAHs总含量在30mg/kg以上，最高的达到了217.83mg/kg。2000年，墨西哥萨卡特卡斯州对该地一服役了34年的原油储备站土壤进行污染调查，16种多环芳烃中检测到了其中9种，其中芘的最高浓度为40mg/kg，蒽最高浓度达到23.85mg/kg，萘最高浓度为24.6mg/kg。对尼日利亚西南部地区受油库和加油站污染的土壤做了比较，发现受油库污染的土壤中多环芳烃总量为59.1±3.3mg/kg，而受加油站污染的土壤浓度则为20.8±2.1mg/kg，且进一步发现两种土壤中苯并［a］芘含量均为最高。对巴西里约热内卢加油站附近的地下水调查发现，地下水中16种PAHs含量浓度在0.05~84.9μg/L，多个地区的致癌物（如苯并［a］芘、蒽等）超过美国环保署和巴西环保部的最高限值，同时他们认为地下水中多环芳烃和苯系物含量的超标是由地下油罐泄漏造成。

b 焦化厂、钢铁厂污染

相比较于油气泄漏，我国钢铁企业对环境造成的污染更为严重，对钢铁企业产生的多环芳烃污染的研究也更为普遍。钢铁企业由于炼焦、炼钢、炼铁、轧钢等一系列的生产过程，需要大量的化石燃料燃烧，使得钢铁工业区土壤中的多环芳烃含量严重超标。当然，机动车、运输车的尾气排放对于钢铁厂周边土壤多环芳烃含量也有一定贡献。

对某钢铁厂焦炉区的土壤采样发现，7种高致癌的多环芳烃浓度为241ppm，远远高于其他采样点浓度，同时发现该城市的癌症发病率与多环芳烃的平均暴露量存在一定的相关性。科研人员研究了多环芳烃在徐州市环境中的地球化学特征，发现多环芳烃主要集中在钢铁厂周围20km范围内，同时在玉米、水稻、大豆样品中均检测到了16种多环芳烃的存在。对东北某钢铁厂及周边区域进行土壤布点采样，发现钢铁厂16种多环芳烃平均浓度达到了$3.39\times10^3\sim1.54\times10^5$ng/g，平均浓度达到32.1pg/g；另外在居住区的平均浓度可达3.82ppm，85%以上的采样点土壤处于严重污染状态。2012年对无锡市某搬迁后的钢铁厂土壤环境进行风险评估，发现土壤中重金属和PAHs均超标，PAHs浓度范围在27.22~702.75mg/kg，其中苯并［b］荧蒽超标最为严重，浓度最高达到75.37mg/kg；同时他们认为主要污染源为工业燃煤与汽车尾气以及钢铁厂附近的火电厂。对沈阳西部某典型炼焦厂土壤进行PAHs分布及健康风险评估，取60个表层土测量后发现土壤中13种PAHs的平均浓度为6.1×10^3mg/kg，建议该区域应适当修复后再作为住宅用地以降低致癌风险。对PAHs在焦化厂不同深度、不同粒径的土壤中的分布做了相关的研究，发现在1.5~3.0m、3.0~4.5m、6.0~7.5m、10.5~12.0m深度中，PAHs浓度分别为342±56ppm、1121±112ppm、1194±90ppm、594±31ppm，其中像蒽、菲、芴这种2~3环的多环芳烃占了86.5%~98.3%，浅层土壤中多环芳烃的主要来源是煤焦油的泄漏或排放；此外，2~20μm粒径的淤泥中PAHs含量最高，其次是粒径小于2μm的黏土中，他们认为这种现象和土壤中有机质、总氮含量、多环芳烃自身性质相关。

c 电厂污染

电厂发电需要大量的燃煤，而煤在高温缺氧条件下会通过直接释放、热解合成、高温缩合等方式产生大量的多环芳烃，故电厂对环境中多环芳烃的贡献量也不可忽视。有研究表明，燃煤电厂飞灰当中含有大量的多环芳烃。对浙江某电厂飞灰中PAHs的分布做了研究，测得飞灰中多环芳烃以3、4环为主，总量在2.161~4.382μg/g之间，并且认为单个多环芳烃对颗粒吸附具有选择性，更易吸附在粒径小的颗粒上。通过生物监测评估了印度某热电厂排放PAHs的干沉降量，采集了电厂周边自然生长的牛角瓜的叶子并进行PAHs检测，发现含量范围在372.18~4362.35ng/g，其中致癌PAHs含量在40.03~844.49ng/g之间，并且距离热电厂越远浓度越低。

可见油品开发区、钢铁厂、电厂区域的水体、大气、土壤以及植物，均受多环芳烃不同程度的污染，极易造成慢性中毒、诱发癌症，环境状况急需改善。

4.2.10　土壤中的有机磷农药污染

在世界人口不断增长的今天，粮食需求将越来越趋于紧张。估计到2020年，世界粮食需求量将由2000年的19.04亿吨增长至24.87亿吨，但耕地却有减无增。同时，在农业生产中遭受病虫草等危害的情况也年年发生。据统计，全世界每年因受病虫草害而减少的粮食产量，约占粮食总量的30%左右。农药在粮食增产方面发挥着极为重要的作用，可以说如果停止使用农药等化学品，全世界就会有上亿人面临饥饿的威胁。今后在相当长的时期内，农药仍将是实现粮食产量增加的重要措施之一。

4.2.10.1　有机磷农药的使用和造成的污染

早期的砷、铅、汞制剂已于20世纪70年代起就停止使用；自80年代有机氯农药由于化学性质稳定，残留时间长，脂溶性强，且利用率较低，给土壤和农业环境造成严重污染等原因被停用以后，各类取代农药便得到了快速发展，其中最主要的就是有机磷农药（organophosphorous pesticides，OPPs）。

目前世界上有机磷农药的品种已有数百种，常用的100种左右，产量约70余万吨，占农药总量的1/3；我国的有机磷农药有200余种，其中常用的有30余种，产量占全国农药总量的一半以上。可见有机磷农药目前在世界农药中，尤其在我国农药中仍占有主导地位。近年来，虽然开发了不少超高效的新农药，但由于价格及使用习惯等各种因素，新产品还远远不能取代有机磷农药，有人认为，在今后几十年内，有机磷农药仍会有相当大的市场。

有机磷农药主要是用于杀虫剂领域，尤其是在我国的杀虫剂领域中，有机磷农药更是有着举足轻重的地位。世界有机磷类杀虫剂的产量占整个杀虫剂产量的1/3以上，年销售额在30亿美元以上；我国的有机磷杀虫剂产量则占整个杀虫剂总量的70%以上。长期在农药中占有重要地位，是由多方面原因形成的。

使用有机磷农药初期，人们普遍认为它不会造成环境污染。但近年来许多事实改变了人们原来的想法。尽管有机磷农药属非持久性农药，但其大量使用必然会对环境产生负面影响，对人、畜构成威胁，在某些环境条件下也会有较长的残存期并在动物体内产生蓄积作用。在北极附近测得有机磷农药，打破了有机磷被传统认为是“易降解”的新生代农药的概念。甚至有人认为，当有机磷农药在一定条件下随着在地球表面的再分配到达高纬度地区（南北极）时，也将成为“新”一类POPs。

为保证农林业的丰收，农药的生产和使用量逐渐增加，但大约90%的农药不是作用于靶生物而是通过空气、土壤和水扩散到周围的环境中。尽管目前我国所使用的农药中90%

以上为高效、低残留农药，但低残留并不等于其已分解、转化，有相当一部分农药与土壤形成结合残留物。有研究表明，农药在土壤中的结合残留量一般占施药量的20%~70%，如对硫磷为45%，伏杀硫磷为80%。农药残留物与土壤的结合可使残留物暂时避免分解或矿化，但仍可因微生物、土壤动物的活动而释放出来。长期储存于土壤中的结合残留农药一旦被活化后突然释放出来将产生难以预计的有害效应，如引起后茬作物危害和粮食污染，对土壤动物、微生物产生影响；进入农田水系，在水生生物中累积等。试验证明，农药污染对土壤动物的新陈代谢、卵的数目和孵化能力等均有影响。另据报道，有机磷农药对人们的神经系统、思维和记忆及后代的健康均有危害，人们长期食用残留较多农药的蔬菜极为有害。

4.2.10.2 有机磷农药在土壤环境中的降解转化过程

有机磷农药在施用过程中，大约90%不是作用于靶生物而是通过空气、土壤和水扩散到周围的环境中，土壤是农药残留的重要场所。进入土壤中的农药，发生被土壤颗粒及有机质吸附、降解和被农作物吸收等一系列理化过程。

有机磷农药在土壤中的降解主要包括光解、化学降解和微生物降解，这些降解往往是在土壤中共同起作用。影响降解的因素有土壤湿度、温度、微生物数量和有机质含量等。

A 有机磷农药在土壤中的光解

光解反应是指光电离、光解离和光异构化等反应，一般包括初级反应过程和次级反应过程。反应物吸收光量子直接引发的变化为初级反应过程，初级反应过程中产生的活性中间体再引发其他的过程为次级反应过程。光解反应不同于一般的化学反应，主要表现于光解反应的活化能来自体系吸收的光量子、光解反应的速率几乎不受温度的影响、入射光的波长和强度影响光化学反应以及光解反应时体系自由能升高等方面。

各种农药对光化学反应都具有一定的敏感性，光解对于降解土壤中的农药有着重要作用。有机磷农药的光降解也是它在土壤环境中转化的一个主要的途径，有机磷农药分子能在太阳光的作用下，形成激发态分子，导致分子中键的断裂。如辛硫磷在253.7nm的紫外光下照射30h，可产生中间产物——硫代物，但照射80h以后，中间产物逐渐光解消失。有机磷农药对光的敏感程度通常比其他种类的农药要高，因此容易降解。这与它本身的结构有关，由于有机磷农药的P—O键和P—S键的键能相对来说较低，容易吸收太阳光形成激发态分子，使得P—O键和P—S键断裂，使有机磷农药发生光解。除了上述由光直接作用而降解以外，有机磷农药还可在土壤中各种各样的催化剂和氧化剂的作用下发生光催化降解。土壤中存在的TiO_2、FeO、Fe^{2+}等都能对有机磷农药的光降解起到促进作用。

B 有机磷农药在土壤中的化学降解

农药在土壤中的化学降解主要包括水解反应和氧化还原反应。

（1）水解反应。水解反应是许多污染物化学降解的重要环节。特别是近年来研究发现，被土壤吸附的农药还可以促进水解反应的进行，这种机制被称为吸附—催化反应。

大多数的有机磷农药属于酯类，因此容易水解。反应温度、水解时间、农药浓度及反应pH值等都对水解反应有不同程度的影响。在处理甲胺磷生产废水的研究中发现，当反应温度由140℃提高到200℃时，有机磷水解率由25.7%上升到75.5%；水解时间由0.5h提高到3.0h时，有机磷水解率由36.4%上升到73.1%；有机磷浓度由989mg/L提高到

5530mg/L，有机磷水解率由25.9%提高到46.9%。有机磷农药的水解速度也随pH值的增大而加快，如磷胺在23℃pH值由4.0上升到10.0时，其水解50%的时间由74天下降到2.2天；亚胺硫磷在25℃ pH值由4.06上升到9.0时，其水解50%的时间由15h下降到0.22h。

有机磷农药进入土壤以后，能被土壤中的有机质和矿物质所吸附，使有机磷农药发生吸附催化水解反应。土壤中存在着更多的氧化物（如O_3、H_2O_2、氮氧化物以及有机质等），从而在体系中产生更多的OH，使有机磷农药快速彻底水解。土壤中有机磷农药的水解还可能包含另一种机制，即与金属离子发生络合作用催化水解反应。研究证实，Cu^{2+}可与地亚农发生络合反应，催化它的水解反应，研究结果还证明，金属离子催化有机磷水解的倾向与有机磷和金属离子形成络合物或螯合物的能力有关。

（2）氧化还原反应。农药进入土壤以后，即使在没有微生物参与的条件下，有氧或无氧时也会发生氧化还原反应。它是与土壤的氧化还原电位（E_h）密切相关的，当土壤透气性好时，其E_h高，有利于氧化反应的进行；反之则利于还原反应进行。不同的有机磷农药在土壤中的氧化还原降解性能也不一样。例如，特丁磷、甲拌磷、异丙胺磷等在土壤氧气充足时候很快氧化；对硫磷、杀螟磷等则在厌氧条件下能很快分解。

土壤含水量的多少能影响土壤的透气性能，进而影响土壤中氧化还原电位的大小，从而也决定了农药氧化还原降解的快慢。

C　有机磷农药在土壤中的微生物降解

农药的微生物降解作用实际上是酶促反应，是一些农药在土壤中迁移转化的主要方式之一。影响微生物降解的主要条件是微生物种类、温度、土壤的含水量、有机质含量等。

有机磷农药的微生物降解主要存在以下过程：一种是微生物本身含有可降解该农药的酶系基因，当有机磷农药进入土壤后，微生物马上能产生降解有机磷农药的降解酶，在这种情况下，降解菌的选育较为容易。另一种是微生物本身并无可降解该有机磷农药的酶系，当农药进入环境以后，由于微生物生存的需要，微生物的基因发生重组或改变，产生新的降解酶系。

土壤中存在各种各样的微生物，不同的微生物含有不同的酶，进入土壤的有机磷农药能在这些酶的作用下发生降解。有机磷农药可在不同酶作用下发生降解，一种有机磷农药可被多种微生物降解；同时，一种微生物也可对多种的有机磷农药进行降解。因此，土壤中微生物的数量和种类对于有机磷农药的降解有着重要作用。研究证实，蜡样芽孢杆菌和嗜中温假单胞菌对甲胺磷有很好的降解能力。另据报道，地衣芽孢杆菌对甲胺磷、对硫磷、敌敌畏均有良好的降解效果。

4.2.11　土壤有机污染综合治理

近30年来，世界各国十分重视土壤污染治理技术的研究，欧美国家已投入大量人力物力进行土壤污染的修复和治理，土壤污染的修复技术研究成为当前环境保护工程科学和技术研究的一个新热点。现有的有机污染土壤处理方法包括物理法、化学法和生物法（生物修复）等。物理法和化学法虽可以产生一定实效，但因存在处置费用昂贵或者二次污染严重等明显缺陷，一般仅作为生物治理方法的辅助手段；而生物法修复以其处理费用低、效果好且可避免二次污染等优势逐渐被人们所重视。

4.2.11.1 物理法

（1）焚烧法。焚烧法只适于小面积被石油烃类严重污染的土壤治理，要求温度在815~1200℃之间，且对焚烧过程中可能产生的有毒物质及时进行收集处理，进入焚烧炉的土壤颗粒直径需小于25mm。

（2）隔离法。隔离法采用黏土或其他人工合成的惰性材料，将石油烃类污染土壤和周围环境隔离开来。这一方法没有破坏石油烃类，只是防止污染物质向环境（地下水、土壤）继续迁移。由于隔离系统不会受石油烃类物质的影响，所以这一方法适合于对各种石油烃污染土壤的控制。对于渗透性差的地带尤为适用。此法与其他方法相比运行费用较低，但只是暂时地防止了石油烃类的迁移，而未从根本上对其进行治理。

（3）换土法。换土法是用新鲜未受污染的土壤替换或部分替换原污染土壤，以稀释原污染物浓度，增加土壤环境容量。

（4）热脱附。热脱附是一种通过加热到150~540℃或是更高温度使有机污染物自土壤、淤泥、沉积物当中脱附出来的过程，再利用载气或者真空体系运送到气体处理系统进行二次焚烧或其他处理。用热脱附法处理天然气厂内的污染土壤，在最高温450℃条件下，土壤中16种多环芳烃去除率达到99.9%，但由于高温，在处理后的土壤中发现了呋喃和其他新生成的多环芳烃污染物的存在。热脱附技术在我国仍处于起步阶段，对含水率低、黏性低的土壤较为适用，对于一些污染物复杂的土壤，高温加热可能会产生二噁英、呋喃等副产物，造成毒性更大的二次污染。

（5）土壤蒸汽抽提技术（SVE）。这是一种原位包气带土壤修复技术。通过空气注射和抽提，加速土壤孔隙、颗粒、水分中气体的扩散速率，将土壤中挥发性和某些半挥发性污染物迁移到大气中，再进一步处理。该技术曾被EPA誉为“革命性技术”，主要受有机污染物的饱和蒸气压、环境温度、气体抽气速率、土壤通气性、土壤湿度以及土壤有机质含量等的影响。对广东一处受油罐车泄漏引起的柴油污染土壤使用气相抽提技术做过示范研究，经过3个月的处理，发现对于主要污染物总多环芳烃的去除效率在45.49%~64.88%之间，并建议在修复后期改用生物通风技术完成对中低浓度污染物的去除。

4.2.11.2 化学法

（1）萃取法。据相似相溶原理，使用有机溶剂对石油污染土壤中的原油进行萃取，然后对有机相进行分离，回收其中的原油，实现废物的资源化。此方法适于油污浓度较高的土壤，处理后的石油污染土壤污染物含量可低于5%。

1）添加表面活性剂。表面活性剂可以提高疏水性有机物的生物有效性、水中的溶解度、解吸能力，一般由疏水基头和亲水基头组成。根据极性基头又可分为阳离子、阴离子、非离子形态、两性离子的表面活性剂。作用机理可以理解为当达到表面活性剂的临界胶束浓度时，疏水基头会将有机污染物汇聚在一起，形成一个具有疏水性内芯、亲水性外圈的胶团，表面活性剂的临界胶束浓度往往和温度、离子强度、自身化学性质相关。但是科学家也发现，在促进PAHs溶解转移的同时，表面活性剂也可能对土壤中的微生物有毒害作用，或者活性剂自身比PAHs更容易被微生物利用而发生竞争作用。也有研究者认为一些表面活性剂会占据吸附点位而提高土壤对PAHs的解吸作用，如表面活性剂自身吸附在土壤基质上的强度对PAHs从土壤中解吸出来的效率有很大影响，并且与土壤成分、表面活性剂结构和PAHs的性质相关。

2）植物油萃取。植物油被认为是一种无毒、经济、可降解、对PAHs有强吸附性的溶剂，在现实中也得到了很好的运用。利用葵花油修复受PAHs污染的土壤，去除率达81%~100%，同时发现对于高污染的土壤，其土/油比在1kg：4L时去除效果最好，且土壤中水分越低效果越好。

3）超临界流体萃取（SFE）。此法多运用在分析化学中，如今也逐渐应用于场地修复，其原理是流体在超临界状态下同时表现出气态与液态的性质，比如液体状态下的密度、低黏度、高扩散度、零表面张力，这些特性有利于固体颗粒孔隙的张开和物料的完全吸附；通过控制超临界流体的压强和温度，堆积在颗粒物表面的PAHs会被溶解于流体中，而吸附着的有机污染物会通过吸附解吸平衡而去除。有研究发现可以将极性较低的PAHs通过溶解在非极性的超临界二氧化碳中去除，他们利用甲醇（5%体积比）和CO_2超临界流体，在500℃，45MPa条件下通过SFE技术处理，PAHs去除率可达90%以上，其中荧蒽稍低，为88%，而且对于高分子的PAHs（4环到6环之间）有较高的去除率。

（2）土壤洗涤法。将污染土壤破碎，混入足够的水和洗涤剂，得到土壤、水和洗涤剂相互作用的浆液，静止后使污染物与洗涤剂一起上升，从水相中将部分污染物脱除土壤分离出来。

（3）化学氧化法。20世纪30年代，化学氧化技术就已经广泛运用于水体中有机污染物的去除。由于其能够高效去除石油烃及有机氯类污染物，并且修复周期较短，对土壤适应性强，环境风险较小，在过去的几十年，此类技术逐渐在受多环芳烃污染的地下水及土壤修复当中得到进一步发展。氧化反应的机理简而言之就是氧化剂和多环芳烃之间得失电子的过程，而氧化过程的第一步往往都是羟基自由基（HO·标准氧化还原电位2.8V）攻击有机分子中的氢原子或者双键等，以此开始破坏污染物结构。

1）臭氧氧化技术。臭氧可通过直接与有机物反应，或者形成HO·将污染物转变成更易被降解、溶解性更高的中间体，在原位、异位修复中均可使用。气态的臭氧易在孔隙大、颗粒状的土壤中扩散，分解产生的氧气也能促进微生物降解有机污染物。但是臭氧反应迅速，不利运输，需要现场生成，还需钻孔通气；腐蚀性强，会严重影响土著微生物，氧化后的中间产物毒性可能更强。臭氧氧化法往往与其他技术联用更有效，如在氧化前先进行萃取，或者臭氧氧化后再进行生物处理。

2）过氧化氢（H_2O_2）氧化技术。过氧化氢（标准氧化还原电位1.77V）是一种常见的消毒剂，浓度通常在3%~35%之间，在酸性条件下产生HO·氧化降解有机污染物。该类反应过程简单，不会造成二次污染，但是双氧水本身不是很稳定，进入土壤后很快分解成H_2O和O_2，所以最好采取分次小量的加入方法，以提高氧化剂使用效益。

3）Fenton试剂氧化技术。19世纪末期，法国科学家Fenton用Fe^{2+}/H_2O_2有效降解了酒石酸钠，人们将Fe^{2+}/H_2O_2称为传统Fenton试剂。由于铁离子与氧化剂的离子交换生成了羟基化的铁水离子而使得黏土膨胀，基质间隙变大，增加了吸附在黏土层上污染分子的释放，后人在此基础上研发了各种改进了的Fenton试剂。

类Fenton试剂：反应机理主要为双氧水在弱酸性的土壤pH值（3~5）条件下，在2价铁的催化作用下产生羟基自由基，将多环芳烃氧化为二氧化碳和水；或是直接利用土壤中存在的天然铁氧化物（如赤铁矿、针铁矿、磁铁矿等）作为催化剂与双氧水发生类

Fenton 反应。土壤中的总有机碳、胡敏素含量、孔隙度等都会限制 Fenton 对多环芳烃的氧化效率。

在 Fenton 试剂中加入乙醇、络合剂等助溶剂来提高多环芳烃的脱附速度；或者加入高浓度的过氧化物，生成 $HO_2\cdot$，$O_2^-\cdot$，HO_2^-等多种形态的氧化基团，形成改良的类 Fenton 试剂，提高修复效率，能够降解绝大多数持久性吸附态有机物。多组实验证明，Fenton 法处理多环芳烃污染土壤的效率要好于臭氧修复法。

4）高锰酸盐氧化技术。高锰酸钾（钠）是一种常用的化学氧化剂，高锰酸根具有强氧化性（标准氧化还原电位 1.68V），性质稳定，对 pH 值适应性相对较强，能够与有机物当中碳碳双键、醛基、羟基等发生强烈作用，与双氧水在 20 世纪 90 年代并称为场地修复工程中的第一氧化剂。由于锰的多价态以及矿物性质，高锰酸盐能够参与各种反应，过去几十年中大量运用在受有机物污染的场地修复工程中。

高锰酸钾氧化有机物的反应副产物主要是 MnO_2和 CO_2，MnO_2天然存在于土壤中，不会对土壤环境产生风险，还能提高土壤有机质指标；但若是过多使用，大量的二氧化锰会降低土壤通透性，影响氧化剂的传递，导致氧化效果变差。

5）活化过硫酸钠修复技术。过硫酸盐（$S_2O_8^{2-}$，PS）性质稳定、容易运输，是化学氧化修复中最常用的氧化剂，常见的有过硫酸铵、过硫酸钾、过硫酸钠。$S_2O_8^{2-}$有较强的氧化能力（标准氧化还原电位 2.01V），常温下比较稳定，在氧化大多数有机污染物时速率过慢，需要采取紫外线、超声波、热、过渡金属离子、电子束、强碱性、强氧化剂等活化条件，生成氧化性能更强的更稳定的 $SO_4^-\cdot$，硫酸根自由基再通过氢原子提取、自由基加成、电子转移等方式氧化有机污染物。

4.2.11.3　生物修复

早在 20 世纪 70 年代。为解决输油管线和储油罐发生故障漏油和溢油造成的土壤石油污染问题，美国埃索研究和工程公司就已经开始寻找清洁的生物解决方法，并且其实验室研究找到一种有效的“细菌播种法”，开辟了生物修复石油污染土壤的先河。20 世纪 80 年代以来，污染土壤的生物修复技术越来越引起人们的关注，生物修复技术也取得了很大进步，正在逐渐成熟。生物修复是利用生物的生命代谢活动减少土壤环境中有毒有害物的浓度，使污染土壤恢复到健康状态的过程。目前，治理石油烃类污染土壤的生物修复技术主要有两类：一类是微生物修复技术，按修复的地点又可分为原位生物修复和异位生物修复；另一类是植物修复技术。

（1）微生物修复技术。利用微生物将土壤中有害有机污染物降解为无害的无机物质（CO_2和 H_2O）的过程。为了提高降解效率，可以对土壤的理化条件（包括土壤 pH 值、湿度、温度、通气及营养添加等）进行优化，也可接种特殊化与构建的工程微生物提高降解速率。其主要特点：1）成本低于热处理及物理化学方法。2）不破坏植物生长所需要的土壤环境。3）处理效果好。经过生化治理，污染物残留量可以达到很低水平。4）对环境的影响小，无二次污染。生化治理最终产物为对人无害的 CO_2、水和脂肪酸。5）可以就地处理，避免了二次污染，节约了处理费用。

（2）植物修复技术。植物修复是利用植物体内对某些污染物的积累、植物代谢过程对某些污染物的转化和矿化，及植物根圈与根茎的共生关系增加微生物的活性等特点，以加速土壤污染物降解速度的过程。植物修复的方式包括植物提取、植物降解和植物稳定化。

植物提取是指利用植物吸收积累污染物，待收获后可以进行热处理、微生物处理和化学处理。植物降解是利用植物及相关微生物区系将污染物转化为无毒物质。植物稳定化是指在植物同土壤的共同作用下将污染物固定，以减少其对生物与环境的危害。植物根际使土壤环境发生变化，起到改善和调节作用，从而有利于污染物的降解。因此，通过选择适当植物和调控土壤条件等手段，可以实现污染土壤的快速修复。植物生物修复是一项利用太阳能动力的处理系统，具有处理费用低、减少场地破坏等优点而受到普遍重视。据美国实践，种植管理的费用每公顷在 200～1000 美元之间，即每年每立方米的处理费为 0.02～1.00 美元，比物理化学处理的费用低几个数量级。

（3）植物-微生物联合修复。植物与特殊的菌根真菌或根际菌群协同作用，增加对污染物的吸收和降解。有研究人员选择首稽草和水稻与真菌、细菌联用修复土壤中的多环芳烃，发现投肥能够提高植物对多环芳烃的降解率，尤其能提高植物对 3 环多环芳烃的降解；另外一项比较春秋两季水稻田土壤中多环芳烃和重金属含量变化的研究表明，春季土壤表层 PAHs 和重金属含量明显高于秋季，尤其是菲在两季当中的含量差异很大，说明微生物-植物体系对多环芳烃有一定的降解能力。在种植紫花苜蓿的土壤中，通过是否接种菌根真菌和 PAHs 专性降解菌的实验表明，植物-微生物联合作用能够强化 PAHs 的修复，对多环芳烃的降解率可以从 21.7%提高到 60.1%。

4.3 农业固体废弃物对土地的污染及其防治

农业固体废弃物的污染情况不容乐观，不仅对农村生态环境造成严重破坏，并且危害巨大。而农业固体废弃物与其他形式的污染相比存在来源多样、成分复杂、自然处理时间长等特点，因此对土壤，对水体和对大气的负面影响比废水、废气更加持久和顽固。

4.3.1 农业固体废弃物污染研究进展

国外学者对农业固体废弃物污染的研究起步较早，Gerald A. Doeksen 等人（1993）就在一份农村地区固体废弃物管理服务指南中提醒地方政策决定者需要对固体废弃物污染引起关注，他们认为固体废弃物污染将成为农村地区的重大问题。Janette Ackroyd 等人（2008）总结了英国东苏塞克斯农村地区实施的废弃物减量化商业项目，为引入市场与社会力量解决农村固体废弃物污染问题提供了一种思路与范式。

我国学者虽然对于农业固体废弃物研究起步比较晚，但是近年来有不少学者开始关注该方面，成果颇丰。李青松等人（2013）从污染物资源化的角度对鹿邑县任集乡的固体废弃物进行了资源利用潜力测算，经计算，这个 5 万多人的乡每年仅沼气一项就有约 700 多万元的利用潜力，即人均资源利用潜力约 140 元左右。此例可以辅证说明我国农村地区有巨大的固体废弃物资源化潜能，但是目前没有得到合理的利用。

在农村，因为垃圾没被及时正确处置而导致的土地资源被大量占用的情况非常常见，更严重的是，其污染了土壤环境。固体废弃物在土壤里降解的时间较长，其残余的有害化学物质会破坏土壤的结构以及原有的平衡，影响植物的生长，而有害物质经作物吸收后又将这些物质传导给人体，从而影响人类健康。有研究表明，农膜固体残留物会影响土壤中的腐殖质分解，减弱土壤中的水气流通，从而破坏原生土壤的结构，导致其肥力降低，影响作物生长。

研究认为，未经处理的农业固体废弃物，尤其像农药瓶、电池等含有重金属和有毒物质的废弃物，被雨水冲刷后，其有害物质会随雨水被带入地表径流中，或是通过土壤渗透到地下水中，直接对水源造成严重污染，从而影响人畜饮水安全、农业灌溉用水质量。更有甚者，很多地方由于环境意识淡漠，直接将废弃物倒入地表水体，严重破坏生态环境。农业固体废弃物如果不得到及时的处理，在占用大量土地资源的同时，会对土壤、水体和大气造成污染。当其超过环境承载阈值之后，生态将遭到不可弥补的破坏，很难被恢复。

4.3.2 农村固体废弃物的产生和处置现状

从我国农村固体废弃物产生种类的角度来看，以改革开放为界，在此之前，我国农村固体废弃物种类较少，危害较小，处理起来较为简单，主要包括生活垃圾、农作物秸秆和禽畜粪便等；改革开放之后，随着农村经济社会的跨越式发展，所产生的固体废弃物种类也日益增多，危害也日渐明显。到目前为止我国农村固体废弃物主要有生活垃圾、农作物秸秆、禽畜粪便及乡镇企业向农村地区排放的固体废弃物等。各类废弃物不仅种类繁多，总量巨大，且容易交叉污染，给固体废弃物分类管理与治理工作带来了极大的困难。

4.3.2.1 农村生活固体废弃物

随着农村经济体制的转变，人们的生活水平日益提高，特别是农村经济发生了很大改变，商品多样化在使得农民的物质文化生活得到极大丰富的同时，农村地区的固体废弃物种类和总量也在不断增加。从我国农村生活垃圾分类构成的角度来看，主要有以下几个特点：

(1) 农村生活垃圾的主要来源是食品杂物，它的形成来自两个方面：一是由于食品蔬菜等自身的特点，在被人类使用的同时会有部分遗弃，由此产生部分生活垃圾；二是在使用后阶段产生的剩菜剩饭等生活垃圾。

(2) 塑料制品所占比例较大。由于农村地区物质文化生活的日益丰富，大量塑料制品流入农村，农村地区的生活习惯也发生了改变，塑料制品已成为农村生活必不可少的一部分。

(3) 废弃纸质品比例日益增大。纸质品成分的改变，大大增加了土地分解的负担。

(4) 农村建筑废弃物逐渐增多。随着农村建筑行业的兴起，建筑材料种类日益增多，农村房屋的更新速度也不断增加，由此产生了大量的建筑废物。

(5) 电子废弃物比例急速增加。随着国家政策的扶持和农村经济水平的快速发展，大量的家电进入农村。电子废弃物所含各类重金属对人体危害较大，直接丢弃处理容易造成严重的后果。

我国农村生活垃圾回收处置设施建设滞后，处置水平远远落后于城市地区。我国农村的区域发展，很少是基于科学合理的规划发展，多数依地区地貌河流或者公路自然发展，农村生活垃圾的管理与处置设施更是匮乏，多数都是直接随意丢弃处理，严重地影响了农村地区的村容村貌，是农村地区最为直观、敏感的污染物。

4.3.2.2 农用地膜

20世纪中叶日本利用塑料薄膜替代技术在作物培育方面取得了显著成绩，从而拉开了农用薄膜应用于现代化农业生产的序幕。该项技术由于在保温、节水、调光等一系列提高作物质量与产量方面有明显的效果，因此我国于 20 世纪 70 年代末期开始引进这一技术，于 80~90 年代在全国范围内推广使用。农用塑料薄膜主要由有机高分子聚合物组成，物理特性比较稳定，因此在自然条件下很难降解，若处理不当会对农业生产甚至生态环境造成负面的影响。

有研究表明，相对于残留 0.5kg 塑料薄膜的土壤而言，残留 11kg 以及 15kg 的土壤在含水量以及透隙程度方面均有显著下降，同时土壤容重与比重也有所增加。这不但会造成土壤肥力下降，降低作物产量，同时也会干扰对土壤熟化程度的测定等一系列环境检测结果，从而影响对土壤环境的判断。除此之外，残留田间的农膜还会析出有毒物质从而污染粮食作物，危害食品安全，如塑料薄膜中的增塑剂成分会破坏作物中叶绿素的合成。不仅如此，农用地膜的残留甚至还会降低对其他农业固体废弃物再利用的效果。比如：若农膜伴随作物秸秆一同残留，其有毒物质将降低秸秆作为饲料的使用价值，同时也对秸秆再加工方面造成技术上的困难；若随秸秆一同还田会影响作物生长；若伴随秸秆一同焚烧，其中的聚合物在高温条件下会对大气造成二次污染。

由于多年的农用地膜技术的推广普及，我国农村地区对于地膜的使用总量巨大，同时农户们对于农用塑料薄膜随意处理，加剧了农膜污染。农村地区的地膜覆盖已从一场“白色革命”逐渐演变为“白色污染”。在实际使用中，农户们通常的做法主要有回收再利用、回收贩卖、随便丢弃、焚烧等几种方式。然而由于农用地膜使用之后回收成本较高，且回收价值低廉，因此多数农户对农膜都只做简单处理，以不影响下季耕作即可。有研究发现，大部分普通农户或是因为对农膜危害不了解，或是由于农膜易碎且回收费力，因此主动清理农膜的动机较弱。但是对于种植大户们而言，主动清理农膜的积极性较高。他们除了在思想意识与知识储备上不同于普通农户外，规模经济所带来的效益也是种植大户们在处理农膜的行为上显著区别于普通农户的一个重要原因。

4.3.2.3 畜禽粪便

随着中国经济的飞速发展与农业现代化步伐的推进，居民对畜禽肉蛋奶的市场需求日盛，因此养殖业在全国范围内发展日益壮大，但是产业污染也随之而来。根据《第一次全国污染普查公报》的结果显示，我国畜禽养殖业的化学需氧量、总氮、总磷排放量分别占农业源排放总量的 95.78%、37.89%、56.34%。养殖业对于环境污染的能力可见一斑。

传统上由于养殖规模的缘故，一般养殖散户都将畜禽粪便处理后二次利用，如用作肥料，当作饲料，甚至在粪便晒干后用于生火。虽然目前对于畜禽粪便的处理手段日趋多样化，然而随着农村经济的发展变化，养殖规模与劳动力成本的提高，不少农户对于畜禽粪便的处理方式也变得粗放了起来。比如对于 5 省 700 多养殖户的研究发现，2005~2010 年，无论是专业户还是散户，将畜禽粪便用于还田的比例下降，而随意丢弃的比例却显著上升。在畜禽粪便处理态度上，散户和专业户也有显著区别，甚至在相同政策条件约束下他们的行为模式也有所不同。除此之外，对于长三角生猪养殖户的研究认为，农户对于养殖业污染的认知、政府政策导向以及养殖规模这三种因素显著影响了农户对于畜禽粪便处理的意愿。

由此可见，农村固体废弃物不论是由农村日常生活中产生，还是从农业生产活动中产生，都与农村居民的日常行为模式息息相关。虽然农村居民对于固体废弃物的处理方式看似杂乱无章，处理态度看似粗放随意，然而从宏观角度来看，农村固体废弃物污染途径与流程仍是遵循一个系统模式，存在着某种规律。

4.3.2.4 农村固体废弃物防控政策建议

政府制定防控政策的根本是在于修正农户对于固体废弃物排放行为所持的态度，基于这个出发点提出以下政策建议。

(1) 设立农村固体废弃物集中处理点。农村固体废弃物集中处理点的设立，关键作用在于向农户传递农村固体废弃物处置问题已经引起管理部门的关注，政府正着力解决该问题，并唤起农户对农村固体废弃物进行合理处置的基本观念，修正农户对于农村固体废弃物处置的态度。

(2) 对农村固体废弃物集中处理征收处置费。在不加剧农户负担的前提下，向农户就农村固体废弃物集中处理计划征收少额处置费。其目的是利用税费制度将原本无法度量、无法感知的外部性经济问题以农户可以理解的形式内化成选择偏好问题。对原本没有价格显示的自然环境标价，从而唤起农户对于环境问题的敏感性。由于该项计划的目的不在于征收税费、加剧农民负担，因此农村固体废弃物集中处理点的运维费用可以政府投资为主导，农户集资为辅助的形式。

(3) 宣传教育工作亟待加强。修正农户对固体废弃物排放行为所持有的态度，除了需要从务实的角度，建立农户固体废弃物处理点之外，还需要辅以宣传、教育等手段，向农户普及固体废弃物随意处置的危害，以及固体废弃物分类处理的技术及手段。增加农户对于环境问题的了解，唤醒农户的环境意识，从主观意愿上改变目前农户对于排放固体废弃物的行为。

(4) 出台相关政策加大保护传统农业区的农田景观力度。农业景观不仅具有经济作用、自然环境调节作用、社会文化承载作用，而且还具有潜在的行为导向作用。对于农村以及农田景观的保护不仅具有经济意义，而且对于农户的环境行为也具有正面导向作用。

(5) 提高地方政府农村事务行政效率。对农村固体废弃物污染防治工作不能仅靠改变农户态度，各级政府也需要加强自身对于农村事务行政的效率与效力，从微观和中观层面共同改善目前农村固体废弃物污染的局面。

(6) 强调市场作用。农村固体废弃物防治处理工作不但要依靠农户自身行为的转变、政府政策方面的支持，还需要市场的帮助。建立农村固体废弃物处理点，只是这项工作的起点，要做到全国范围内的农村固体废弃物统一处理，需要对该项目市场化，引导农村固体废弃物回收与处理产业的发展，建立专业的回收处理机构，形成农村固体废弃物处理、回收、再制造、再销售的产业链条，才有可能真正长久稳定地解决农村固体废弃物污染的问题。

4.4 典型固废的性质及在土壤修复和改良方面的应用

4.4.1 土壤改良剂的研究与应用进展

由于人类对土地不合理的开发利用、生态环境持续恶化等因素，土壤退化现象日益严重。土壤退化导致土壤生产力降低，作物品质下降，甚至有毒元素富集。经过长期的研究及应用实践发现，土壤改良剂可以有效改善土壤结构、提高土壤肥力和增加水土保持能力。土壤结构改良剂的研究开始于19世纪末，最先是在1986年美国“Soil Science”杂志上为土壤结构改良剂的研究应用展现出广阔的前景，认为通过新的技术可以较容易且经济地排除土壤水分的运动阻碍、改善土壤通气不良和根系生长的土壤物理性状，并提出了土壤结构改良剂可为人类提供所需的更多、较好的土地用于生产粮食，发挥出应有的作用。20世纪80年代初，国内很多单位开始了土壤改良剂的研究与应用。研究者们从天然有机物、无机物的提取，到合成高分子化合物，针对不同土壤类型研制成不同的改良剂，解决了土壤矿物质、粉煤灰、纤维素、高分子吸水材料、稀土和植物营养等有机结合的复配制造问题，为土壤改良剂的发展提供了新途径。

4.4.2 利用固体废弃物改良土壤的研究

许多固体废弃物的成分和性质与土壤所具有的成分类似，如无机固废中的粉煤灰就具有多孔状结构，粒径在0.5~300μm之间，密度为21~24g/cm^3，容重0.5~10g/cm^3，具有较大的比表面积（2000~4000cm^2/g），这些性质类似于轻土壤的颗粒组成。有机固废如生活污水处理厂的污泥、畜禽粪便等含有丰富的有机质和氮、磷、钾等植物必需营养元素以及其他中、微量元素。有机固废中还常含有大量细菌、真菌、放线菌等微生物。此外，废弃物在自然界中经历着和土壤同样的自然风化过程，受气候、地形、生物和时间的协同作用，废弃物中的元素和土壤元素一样参与生物地球化学循环。

许多废弃物因具有良好的物理性状或含有较高的养分和有机质含量，都有被利用于土壤改良的历史，它们可在不同方面、不同程度上改善土壤某些性状。研究发现，粉煤灰、水库淤积物和污泥均能显著增加土壤的养分含量。另有研究者从土壤学及矿物学的角度，对山东华丰盐碱地及周围的粉煤灰、污泥进行了质地、成分和矿物分析，并以此为依据进行了粉煤灰与污泥配比改良大田黑杨种植实验。结果表明，经过改良后的实验田有机质提高了3.3~5.2倍、碱解N提高了1.43~4.71倍、有效P提高了8.74~27.87倍。另据报道，施用粉煤灰和污泥后的土壤，其饱和含水率比对照提高了79.46%，持水时间提高了14天。实验表明，废弃矿地土壤添加污泥等废弃物后，土壤的平均重量直径、水稳性团聚体含量以及团聚体稳定性指数显著提高。施用粉煤灰和污泥2~5个月后，土壤中细菌、放线菌和真菌数量分别增加79.53%~589.76%、46.53%~270%和61.92%~143.59%，且随着时间延长呈上升趋势。巴西的“印第安黑土”是长期添加固体废弃物后使土壤特性发生本质性改善的典型。

4.4.2.1 *以磷石膏为主原料的土壤改良剂研究现状*

磷石膏（phosphogypsum）是生产磷肥、磷酸后残留的固体废弃物。作为土壤改良剂，美国每年大约要用60万吨的磷石膏代替石灰石来改造碱性土壤和改善盐碱地的水分运营。美国佛罗里达州立大学柑橘研究与教育中心对磷石膏改良含Al高的酸性土壤的作用机理进行了研究，认为在酸性土壤中加入磷石膏，使苜蓿类作物和大豆生长良好的原因在于，磷石膏的Ca和基团中释放的OH^-改变了土壤的酸性结果。而且还发现所含SO_4^{2-}和OH^-与有害元素Al结合降低了土壤中Al含量。

我国燕山大学研究人员用磷石膏、粉煤灰等原料研制的硅钙硫肥，其CaO_2和SO_3的溶解率大幅提升，有利农作物健康生长。另据中科院土肥所等单位的研究表明，磷石膏制造的农用肥对水稻、油菜、芝麻、大豆、蔬菜、水果等作物都具有明显增产作用，其增产幅度为9.6%~16.2%。韩国庆尚国立大学应用生命科学系研制了将粉煤灰和磷石膏混合（50/50，质量比）制作二组分土壤改良剂，施于稻田后增加了水稻生长需要的Ca和Si，减少了有害元素B的含量，并且将土壤表面可溶性P转化成难溶性的Ca-P和Al-P基团，防止多余的P随水流走造成新的环境污染问题，同时又增加了土壤肥力和稻谷产量。

众多成果显示，磷石膏作为土壤改良剂原材料，在对土壤有效磷的提高、土壤pH值的调节、与有害基团（如SO_4^{2-}、OH^-）的结合递消、增加农作物生长需要的有益元素（如Ca和Si等）、削弱P单质污染扩散程度等方面具有明显的积极效应。但是，从根本上解决磷石膏作为土壤改良剂原料的二次污染及磷石膏放射性问题还有待研究。

4.4.2.2 多组分原料土壤改良剂的研究现状

研究人员利用粉煤灰、磷石膏两种固体废弃物对新增耕地土壤进行培肥实验，分析了粉煤灰、磷石膏在不同配比下对新增耕地土壤的培肥效果以及培肥前后对照土壤有效氮、磷、钾、有机质及pH值的变化特点。结果显示，多组分改良剂在土壤肥力的提高方面效果好于单组分改良剂，且协同效应明显。但是，目前多组分改良剂研究所涉及的土壤环境参数类型相对于单组分改良剂研究较少。

4.4.2.3 人工土壤

有关人工土壤的实践可追溯到人类农业生产活动的早期，巴西黑土就是一个典型。人们将一些生产生活中的废弃物添加到土壤后，发现作物产量得以提高。但经过长期的废弃物改良土壤研究后察觉到，单一废弃物的施用会导致土壤出现一些不良状况：(1) 土壤物理性质改良不协调；(2) 一些微量营养元素（如B、Mn、Al等）过量引起植物中毒，重金属元素（如As、Hg等）会通过食物链危害人类健康；(3) 常量营养元素（如N、P、K）缺失；(4) 有些废弃物过酸或者过碱，导致土壤过酸或过碱，从而使营养元素释放速度缓慢或者引起某些元素再次被固定而使植物营养供应不足；(5) 营养（特别是N、P、K）供应比例失调引起营养不足。

将有机废弃物与无机废弃物混合后施入土壤，可以显著提高土壤营养水平，促进植物常量和微量营养均衡。多种废弃物混合施用于土壤，除了其自身释放营养元素之外，它们也会相互作用，增加土壤中生物化学作用强度，通过互相的物理、化学和生物化学作用，促使一些难以被植物吸收利用的元素得以活性化，从而促使土壤中更多的营养元素被植物吸收利用。多种废弃物配施可起到长效缓释肥的作用。因此将有机与无机废弃物混合后施入土壤，可以改善单一废弃物的不良性质，这种有机与无机的混合物便是人工土壤的原型。由废弃物形成人工土壤的关键是保证其实现土壤的基本功能，包括支持生物活动，调节分割水流对有机无机物质的过滤、隔离、降解、固定、解毒，保存循环营养元素等。

4.4.3 生活污泥在农业方面的应用

生活污泥（sewage sludge）是污水处理过程中形成的副产物，是由有机残片、细菌菌体、无机颗粒、胶体等组成的极其复杂的非均质体。污泥含有机物多，颗粒较细，含水率高，呈胶状结构且含较多植物营养元素，适当处理后可作农肥。

经过无害化处理的污泥可作为肥料或土地改良剂施用于农田、林地、绿化等。国内外大量研究表明，污泥作为肥料施用于农田，可显著提高作物产量，改善作物品质。美国、新西兰等国家较早开展了污泥用于林地的研究，取得令人满意的效果。我国污泥多用于农田土壤，近几年来在森林与园林绿地、矿区植被恢复与高速公路绿化带等方面的应用得到了发展。研究发现，在施用污泥后土壤有机质，土壤中的速效氮、磷、钾含量得到显著增加，大大提高了土壤的肥力。对矿山废弃地复垦的研究结果表明，随污泥施用量的增加，废弃地的有机质含量提高，土壤理化性质改善，水土流失量减少。对污泥的组分特征、性质及其在农地和城市园林绿化地上利用后对作物或绿化灌木、土壤、肥力及其环境影响的系统研究表明，污泥富含有机质和氮磷养分，且养分当季有效性介于化肥与普通农家肥之间。施用污泥明显提高了土壤肥力，主要表现在改善了土壤物理性质（土壤团聚体数量和结构系数提高，容重下降），增加了土壤有机质和氮磷水平，以及增加了土壤的生物活性。

污泥也可作堆肥处理。污泥堆肥是指在一定控制条件下，在污泥中加入一定比例的调理剂和膨松剂，利用微生物将其中的有机废弃物加以降解，并使有机物向稳定的腐殖质方向转化。堆肥化处理可以起到改变理化性质、固化和钝化有害物质、杀死病原菌等作用。大量的实验表明，污泥经堆肥化处理后，植物可利用形态养分增加，重金属的生物有效性减小，改善土壤理化性质等。污泥堆肥的缺点是污泥中存在较多的有毒有害物质，且这些物质不稳定，如果处理不适当，会对土壤和植物产生危害。

4.4.4 菌菇渣在农业方面的应用

菌菇渣是栽培各种食用菌以后剩下的有机固体废物，富含有机质、氮、磷、钾等营养成分，具有数量庞大的微生物群落，还含有较多对纤维素类物质有很强降解能力的真菌类微生物，并含有大量木质纤维素降解酶和各类水解酶。目前菌菇渣在农业方面的应用主要集中在以下几方面：（1）作为农作物基肥使用，菌菇渣自然堆制发酵，将菌菇渣直接还田，能够改善土壤理化性质、增加土壤的通透性，有效地改良土壤；（2）用作栽培基质，对蘑菇渣进行简单发酵处理后，将发酵产物与其他无机基质通过一定比例混合进行蔬菜或者花卉栽培；（3）用作燃料，将菌菇渣风干后用于菌种生产和熟料栽培时的灭菌燃料；（4）将菌菇渣用作饲料添加剂；（5）将菌渣用作原料基质再利用；（6）将菌菇渣作为生态环境的修复材料。国内目前对菌菇渣的研究主要集中在堆肥利用、栽培配料的再利用等方面，但将菌菇渣用于环境污染修复的应用很少。研究人员用菌渣、牛粪、秸秆等农业废弃物处理后代替泥炭，结果表明，它们对草种发芽具有促进作用，生长 2 个月后平均高度大于 8cm，覆盖率达 95%以上，可以作为价廉质优的护坡基质材料。在利用食用菌废料对矿区复垦土壤的改良试验研究中发现，食用菌废料在增加土壤肥力和土壤重构中发挥了重要作用，它不仅增加了复垦土壤中各种微生物数量，也增加了土壤中的有机质含量和肥力。

4.4.5 畜禽粪便在农业方面的应用

畜禽粪便作为肥料直接还田是一种传统且经济有效的处置方式，可以在不直接排放污染的情况下，充分循环利用其中有益的营养物质，增加土壤中的营养元素，提高土壤肥力，增加农作物产量。但是若在土地处理中使用的粪便量超过了其承载能力，就会影响植物正常生长，使产量降低且污染环境。

畜禽粪便可以用来生产有机肥。通过人工控制水分、温度、酸碱度和调节畜禽粪便中的碳氮比等，利用微生物发酵作用处理畜禽粪便，生产有机肥料。畜禽粪通过处理后腐熟，其中含有丰富的有机质和氮、磷、钾以及微量元素等对植物生长有益的营养物质，可以增加土壤肥力，提高农作物的产量及品质，有利于发展现代有机农业。

4.4.6 粉煤灰在农业方面的应用

粉煤灰是热电厂采用燃煤生产电力过程中排放的一种黏土类火山灰质材料，它是一定细度的煤粉在锅炉中燃烧（1300~1500℃）后，由除尘器收集到的粉状物质。粉煤灰在形成过程中，由于凸凹不平，极不均匀，微孔较小，因此一部分因在熔融状态下互相碰撞而粘连，成为表面粗糙，棱角较多的蜂窝状粒子，颗粒粒径主要分布在0.001~0.1mm之间，大约占85%以上。

粉煤灰中含有多种植物所需的营养成分，如磷、钾、硅、钙、镁、硫、铁、锰和铝等。尤其是磷、硅、铝等能够有效地补充土壤的养分，达到平衡养分的目的。粉煤灰含有较多的多孔颗粒，因而它的比表面积较大，具有良好的吸附性能，所以它也是很好的养分存储库，可以有效调节养分的释放速度。盆栽实验表明，粉煤灰含量在10%~60%之间能够提高种子的发芽率。粉煤灰也可以改善土壤的pH值，提高土壤孔隙率，降低土壤容重。

粉煤灰也可以用作化肥添加剂。由于它是矿物质燃烧后的直接产物，因此富含矿质元素，可以替代部分肥料的添加剂。迄今为止，人们已研制出粉煤灰磁化肥、粉煤灰氮磷肥、粉煤灰硅肥和粉煤灰复混肥，使用后作物能明显增产，且肥力作用持久。

4.4.7 脱硫石膏在农业方面的应用

脱硫石膏的主要成分是二水硫酸钙，由烟气中的SO_2和$CaCO_3$或CaO发生反应而得到，是对含硫燃料（主要是煤）燃烧后产生的烟气进行脱硫净化处理而得到的工业副产石膏。针对烟气脱硫废弃物对美国酸性土壤上种植的饲料作物或玉米影响的研究表明，脱硫废弃物能够增加饲料作物的产量。另有研究发现，脱硫石膏中营养元素丰富，能够促进植物生长，它的施用能够显著增加土壤pH值，降低酸性土壤中Al和Mn的毒性。近年来，国内也开展了利用脱硫石膏改良碱性土壤的研究，结果表明，利用脱硫石膏改良碱化土壤具有成本低、见效快、改良效果显著等优点。

4.4.8 煤矸石在农业方面的应用

煤矸石是采煤过程和洗煤过程中排放的固体废物，是一种在成煤过程中与煤层伴生的一种含碳量较低、比煤坚硬的黑灰色岩石。其主要成分是Al_2O_3、SiO_2，另外还含有数量不等的Fe_2O_3、CaO、MgO、Na_2O、K_2O、P_2O_5、SO_3和微量稀有元素（镓、钒、钛、钴）。煤矸石具备吸附水分、使水分蒸发速度降低的性质。煤矸石的酸碱性及其中含有的多种微量元素和养分，可以用于改良土壤，调节土壤的结构，增加土壤的肥效，使土壤更加有利于植物生长。

4.4.9 钢渣在农业方面的应用

钢渣是指炼钢过程中排出的熔渣，粒度小于4mm，并含有一定量小于150μm的极细颗粒，是农业上理想的土壤改良剂。钢渣中的钙、硅、磷等在冶炼过程中经过高温煅烧，其溶解度增大，容易被植物吸收。钢渣主要含有 CaO、Fe_2O_3、MgO、SO_3、MnO_2、SiO_2、Al_2O_3等成分，而钙元素、铁元素和硫元素等都是植物生长必需的营养元素。钢渣对农田土壤具有良好的改良效果，其施加后可以有效提高土壤pH值和有效硅含量，增加水稻产量。钢渣中的CaO能在较长时间内缓慢中和改良土壤，对有些农作物非常有利。发达国家如日本、德国已将钢渣的硅酸质确定为普通肥料。20世纪50年代末我国开始钢渣在农业改良土壤中的应用，目前用钢渣生产的磷肥种类主要有钙镁磷肥和钢渣磷肥。钢渣的农业应用研究是钢渣综合利用开发的重要组成内容，符合国民经济可持续发展的需要。

4.5 本章小结

对于我国目前的土壤污染状况，首先就污染物而言，污染土壤的物质种类繁多。据骆永明教授主持的“长江、珠江三角洲地区土壤和大气环境质量变化规律与调控原理”的国家“973”项目研究发现，长三角某地区一处土壤检出的有机物多氯联苯竟达100多种。另外，在我国重金属污染土壤的形势也非常严重。据初步数据，受镉、铬、铅等重金属污染的耕地面积近2000万公顷，约占耕地总面积的1/5。

其次，固体废弃物以及工业“三废”对土壤，尤其是对耕地的污染极为严重。据统计，因工业“三废”污染的农田近700万公顷，使粮食每年减产100亿千克。另外据不完全统计，目前全国受污染的耕地约有1.5亿亩，污水灌溉污染耕地3250万亩，固体废弃物堆存占地和毁田200万亩，合计约占耕地总面积的1/5以上，其中多数集中在经济较发达地区。另外，据中科院此前的一项调查结果显示，近年来，广州近郊因为污水灌溉而污染农田2700公顷，因施用含污染物的底泥造成1333公顷的土壤被污染，污染面积占郊区耕地面积的46%。这项调查还表明，全国目前至少有1300万~1600万公顷耕地受到农药污染。

除农业用地外，由于工业生产活动范围的扩大和程度的加剧，许多工矿区、城市用地也不同程度地存在土壤污染。日益严峻的土壤污染形势对国民健康构成了潜在威胁，已成为影响我国可持续发展的重大障碍。由于土壤污染的隐蔽性、滞后性、危害性及土壤污染修复所需的巨大代价，许多发达国家在经历了切肤之痛后纷纷制定了相应的法律法规来保护土壤环境。我国也已出台《土壤环境保护法》，使我国的土壤环境质量保护工作纳入法制轨道。

土壤环境是一个开放体系，与其他环境要素间进行着物质和能量的交换。据研究，大气、水等其他环境要素的污染90%最终都要归于土壤污染，土壤污染的影响是最根本性的。具体表现如下：

（1）隐蔽性和潜伏性。土壤污染是污染物在土壤中长期积累的过程，一般要通过对土壤污染物进行植物产品质量分析监测、植物生态效应监测、植物产品产量监测、以及环境效应监测等来发现。其后果要通过长期摄食由污染土壤生产的植物产品的人或动物的健康状况才能反映出来。因此，土壤污染不像大气和水体污染那样易被人们所觉察。大气、水和废弃物污染等问题一般都比较直观，通过感官就能发现。而土壤污染则不同，它往往要通过对土壤样品进行分析化验和农作物的残留检测，甚至通过研究对人畜健康状况的影响才能确定。因此，土壤污染从产生污染到出现问题通常会滞后较长的时间，一般不太容易受到重视。

（2）不可逆转性和长期性。土壤一旦遭到污染后就极难恢复，而重金属污染则是一个不可逆过程。许多有机化学物质也需要有一个比较长时间的降解过程。由于土壤是一个络合-螯合体系，土壤中几乎所有的金属离子都有形成络合物和螯合物的能力，形成的络合物、螯合物可以几十年甚至几个世纪存在于土壤中，在常态下难以分解、转化。因而，土壤一旦遭受污染，极难恢复。污染物质在大气和水体中，一般都比在土壤中更容易迁移。这使得污染物质在土壤中并不像在大气和水体中那样容易扩散和稀释，因此容易在土壤中不断积累而超标，同时也使土壤污染具有很强的地域性。

（3）土壤污染来源的多样性。根据污染物进入土壤的途径划分，土壤污染来源主要有以下五种。其一，污水灌溉，即利用城市污水、工业废水或混合污水进行农田灌溉。由于在相当长时期内，我国污水处理率和排放达标率均较低，用这样的污水灌溉后，土壤中有毒有害物质累积，造成了污染。其二，固体废弃物，包括工业废渣、污泥、城市垃圾等，这些废弃物中含有氮、磷、钾等营养物质，可以用作农田肥料，但其中也含有污染物，特别是重金属，施用不当势必污染土壤。其三，农药和化肥，农药在生产、贮存、运输和使用过程中都可能产生污染，施在作物上的杀虫剂大约有一半流入土壤中。化肥污染主要来自不合理施用化肥和肥料中所含的有害物质。其四，大气沉降物，大气中的酸、金属飘尘都可以因雨水或自身沉降造成土壤污染。其五，其他污染源。

土壤污染带来的危害极其严重，主要表现如下：

（1）严重影响耕地质量。根据2007年中国环境状况公报，耕地质量退化趋势加重，退化面积占耕地总面积的40%以上。土壤养分状况失衡，耕地缺磷面积达51%，缺钾面积达60%。肥料施用总量中，有机肥仅占25%。据有关统计数字显示，截至20世纪末，中国受污染的耕地面积已达2000多万公顷，约占耕地总面积的1/5，其中工业“三废”污染面积达1000万公顷，污水灌溉面积为130多万公顷。

（2）造成巨大的经济损失。据估算，我国每年因土壤污染粮食减产就达1000万吨，还有1200万吨粮食受重金属污染，二者的直接经济损失达200多亿元。对于农药和有机物污染、放射性污染、病原菌污染等其他类型的土壤污染所导致的经济损失，目前尚难以估计。

（3）影响食品安全，土壤污染导致食物品质不断下降。我国大多数城市近郊土壤都受到了不同程度的污染，有许多地方粮食、蔬菜、水果等食物中镉、铬、砷、铅等重金属含量超标或接近临界值。据报道，1992年全国有不少地区已经发展到生产“镉米”的程度，每年生产的“镉米”多达数亿千克。据南京环保所报道，南京市的市售蔬菜几乎都受到一定程度的硝酸盐污染。其中，大白菜和青菜的硝酸盐污染最重，其次为菠菜，萝卜的污染相对较轻。北京、上海等大中城市蔬菜的硝酸盐污染超标现象也十分普遍。土壤污染除影响食物的卫生品质外，也明显影响农作物的其他品质。有些地区污灌已经使得蔬菜的味道变差、易烂，甚至出现难闻的异味；农产品的储藏品质和加工品质也不能满足深加工的要求。

（4）危害人体健康。土壤污染会使污染物在植（作）物体中积累，并通过食物链富集到人体和动物体中，危害人畜健康，引发癌症和其他疾病等。目前，我国对这方面的情况仍缺乏全面的调查和研究，对土壤污染导致污染疾病的总体情况并不清楚。但是，从个别城市的重点调查结果来看，情况并不乐观。我国的研究表明，土壤和粮食污染与一些地区居民肝肿大之间有明显的关系。土壤污染危害人体健康，当土壤中含有害物质过多，超过土壤的自净能力就会引起土壤的组成结构和功能发生变化，微生物活动受到抑制，有害物质或其分解产物在土壤中逐渐积累，通过土壤—植物—人体或通过土壤—水—人体间接被人体吸收，会产生致畸、致病、致癌的危险，影响子孙后代的健康。

（5）危及生态安全。土地受到污染后，含重金属浓度较高的污染表土容易在风力和水力的作用下分别进入大气和水体中，导致大气污染、地表水污染、地下水污染和生态系统退化等其他次生生态问题。严重的土壤污染，直接影响土壤生态系统的结构和功能，使生物种群结构发生改变，生物多样性减少，土壤生产力下降，对国家生态安全构成威胁。

总之，我国土壤污染状况已经严重影响耕地质量、人体健康，乃至危及国家的生态安全。土壤污染的这种客观形势迫使我们不得不采取措施予以应对，否则，我国的土壤污染问题将“病入膏肓”，积重难返。

思 考 题

4-1　土壤中重金属和有机污染物的来源及危害？

4-2　土壤重金属污染修复技术主要有哪些？

4-3　典型固废在土壤修复和改良方面的意义是什么？

4-4　简述土壤有机污染综合治理方法。

4-5　简述土壤污染的特点。

5 土地资源保护立法执法

严峻的土壤污染现状及其严重的危害后果，使人们意识到防治污染、保护环境的重要性，除了要保护大气、水、海洋等，保护我们的财富之母——土壤同样具有重大的意义。为缓解严峻的土壤污染形势，必须完善我国的土壤污染防治立法执法。

（1）认识误区。人们对于土壤污染保护还缺乏足够的、科学的认识。一是对于土壤本身的属性认识不充分，导致没有充分尊重客观规律、科学利用土壤，而是对土壤的过度开发利用。二是对于土壤的产权归属不明，导致责任主体缺失，不利于保护土壤资源。三是对于土壤的价值认识不明确，长期以来，人们只关注了土壤的经济价值，而忽视了其重要的生态价值。同时在利益驱动下，更加忽略了土壤保护和利用的持久性及其在生态安全维护方面的重要作用。

（2）政策、决策的失误。国家和地方政府对土壤资源的开发利用，缺乏统一科学的规划和管理，导致土壤资源的浪费、荒芜、破坏与污染；传统的粗放式生产方式和消费方式导致严重的土壤环境污染、土壤退化、土地次生盐渍化；对化肥、农药等的使用和对农林畜牧渔业的发展缺乏统一、有效、系统的管理。

（3）立法缺失。在《中华人民共和国土壤污染防治法》颁布之前，《中华人民共和国大气污染防治法》《中华人民共和国水污染防治法》和《中华人民共和国固体废弃物污染环境防治法》等中关于土壤的保护仅做了原则性的规定，可操作性不强，不能从根本上为土壤污染防治提供切实有力的法律保障。很长时期内，关于土壤污染防治的规定大多散落在各个部门法当中。

2018 年 8 月 31 日，《中华人民共和国土壤污染防治法》经第十三届全国人民代表大会常务委员会第五次会议通过，自 2019 年 1 月 1 日起施行。只有加强土壤污染防治立法执法，才能从根源上彻底解决问题，还人们一片沃土。

5.1 宪　　法

宪法是国家的根本法，是制定其他一切根本法律法规及规章的基础和依据，同时也是土地资源保护与综合利用立法的法律基础，对土壤污染修复的相关规定对立法及制度的确立有着重大的实际意义。《中华人民共和国宪法》对自然资源保护和利用进行了原则性的规定，其中第九条“国家保障自然资源的合理利用……禁止任何组织或者个人用任何手段侵占或者破坏自然资源。”第二十六条“国家保护和改善生活环境和生态环境，防治污染和其他公害”的规定，表明合理开发利用土地资源、保护土壤环境、防治土壤污染既是国家职责，也是一切使用土地的组织和个人的责任。第十条规定，土地属于国家所有和集体所有，一切使用土地的组织和个人必须合理地利用土地。宪法以根本大法的形式对合理利用土壤资源、保护土壤环境进行了原则性规定，也表明这是一切使用土地的组织和个人的义务。宪法为土壤污染防治及修复立法提供了保障和依据。

5.2 土地保护相关国家法律

《中华人民共和国环境保护法》（1989 年 12 月 26 日通过并自公布之日起施行，2014 年 4 月 24 日修订，修订后的环境保护法于 2015 年 1 月 1 日起施行）作为我国环境保护基本法律，明确将土地涵盖在环境的要素之中。环境保护法第二条将“土地”规定为“环境”的要素之一；第三十三条规定“各级人民政府应当加强对农业环境的保护”，防治土壤污染；第四十二条规定“排放污染物的企业事业单位和其他生产经营者，应当采取措施，防治在生产建设或者其他活动中产生的废气、废水、废渣、医疗废物、粉尘、恶臭气体、放射性物质以及噪声、振动、光辐射、电磁辐射等对环境的污染和危害。排放污染物的企业事业单位，应当建立环境保护责任制度，明确单位负责人和相关人员的责任。”

环境保护法第五条明确规定了环境保护原则，即环境保护坚持保护优先、预防为主、综合治理、公众参与、损害担责的原则。该条规定对环境污染防治有了原则性规定，损害担责对土壤污染预防、治理及修复责任主体进行了规定。同时，该法还规定由各级人民政府加大环境污染保护、修复的财政投入，并提高财政资金的使用效益。国家对大气、水、土壤等自然资源，应当建立和完善相应的调查、监测、评估和修复制度，强化了相关的保护及修复措施。由此可见，环境保护法对土壤污染修复的资金来源、修复制度建立等进行了原则性规定，但不具备可操作性，为下一步土壤污染修复立法提供了法律依据。

我国现行的其他环境污染防治单行法律主要有《中华人民共和国水污染环境防治法》《中华人民共和国大气污染防治法》和《中华人民共和国固体废物污染环境防治法》。其中有部分内容对土壤污染防治及修复做出了一些相关规定。目前我国土壤污染物主要来源于固体废弃物，固体废弃物的随意堆放导致有害物质渗入土壤中，造成污染。《固体废物污染环境防治法》对固体废弃物从产生到处置进行了详细的规定，对固体废弃物的控制有着很重要的作用。《大气污染防治法》及《水污染防治法》第五十一条对防治大气污染、水污染进行了规定，防止水污染物、大气污染物等以不同的形式进入土壤中，对土壤污染源控制起到了重要作用。

土地是农业发展的基础，《中华人民共和国农业法》对土壤保护进行了规定。其中第五十八条对农业生产中化肥、农药等的使用进行了限制性规范，鼓励减少使用，增加有机肥料的使用比例，采取先进技术保护耕地。该法以土地保护为目的，对农业生产中所使用的化肥、农药等化学制品污染物进行源头控制，但并未明确违反该项规定所承担的法律责任以及修复责任，可操作性不强。

2004 年修订的《中华人民共和国土地管理法》明确规定了制定该法的目的是“为了加强土地管理，维护土地的社会主义公有制，保护、开发土地资源，合理利用土地，切实保护耕地，促进社会经济的可持续发展”。土地管理法要求以各级人民政府作为主体采取保护土地的措施，防治土地受到污染，对耕地进行复垦。该法主要以耕地保护为出发点，对耕地保护的一些相关制度及措施作了原则性的要求，且明确了国土行政部门作为耕地保护的主管部门。该法主要是以耕地保护为角度，以农业生产为落脚点，注重减少农业生产中所产生的污染物为目标，最终达到耕地的合理利用。

5.3　《中华人民共和国土壤污染防治法》

2018 年 8 月 31 日第十三届全国人民代表大会常务委员会第五次会议全票通过了《中华人民共和国土壤污染防治法》，同时，国家主席习近平签署第八号主席令予以公布为保护和改善生态环境，防治土壤污染，保障公众健康，推动土壤资源永续利用，推进生态文明建设，促进经济社会可持续发展制定纲要。这部法律已于 2019 年 1 月 1 日起正式施行。

这是我国首次制定专门的法律来规范防治土壤污染。该法的出台实施，是贯彻落实党中央有关土壤污染防治的决策部署，也有助于完善中国特色法律体系，尤其是生态环境保护、污染防治的法律制度体系，更为开展土壤污染防治工作，扎实推进净土保卫战提供法治保障。

纵观《土壤污染防治法》，共七章九十九条，在以预防为主、保护优先、风险管控、分类管理、污染担责、公众参与原则的基础上，明确了土壤污染防治规划、土壤污染风险管控标准、土壤污染状况普查和监测、土壤污染预防、保护、风险管控和修复等方面的基本制度和规则。

（1）预防为主，保护优先。

土壤是大气、水、固体等废弃物的最终受体，一旦污染，修复治理的难度大、周期长、成本高。为此，法律强化源头预防，专门设“预防和保护”专章，要求土地使用权人从事土地开发利用、企业事业单位和其他生产经营者从事生产经营活动等，都要采取有效措施，减少和防止土壤污染。同时，在第三章中还按照工业企业生产活动、农业生产活动等不同的特点，有针对性地规定不同的预防措施。另外，还规定加强对未污染土壤的保护，重点保护未污染的耕地、林地、草地、水源地，对于永久基本农田则要进行严格保护。

坚持源头把关，加强对敏感用地的管理。住宅和公共管理、公共服务用地直接涉及人居安全，十分敏感，法律加强了对敏感用地的准入管理，规定土壤用途要变更为住宅、公共管理和公共服务用地的，变更之前要进行污染情况调查，列入建设用地风险管控和修复名录的地块，不得作为住宅、公共管理和公共服务用地，从而从源头上保障大家住得安心安全。

坚持水土一家、水土共治，在对土壤污染进行防治的同时，法律要求加强对地下水污染的防治。比如，明确土壤污染情况调查报告要包括地下水是否受到污染的内容，风险评估报告要包括地下水污染的范围。对于农用地地块的土壤污染，影响或者可能影响地下水水源安全的，要制定防治污染的方案，采取相应的保护措施等。

（2）风险管控，分类管理。

《土壤污染防治法》规定要通过普查、详查、调查、监测、风险评估等措施和途径，掌握土壤污染的状况和变化趋势，为风险管控打好基础。同时，根据土地的不同用途和污染程度，规定了不同的应对措施、管理手段和管理要求，分类实施以有效地防范和应对土壤污染。尤其是针对农用地与建设用地两种不同类型土地涉及的土壤污染风险管控和修复制度进行了分别规定。1）国家建立农用地分类管理制度。按照土壤污染程度和相关标准，将农用地划分为优先保护类、安全利用类和严格管控类，并对具体管理措施进行了规定。2）国家建立建设用地土壤污染风险管控和修复名录制度。名录应当根据风险管控、修复情况及时更新，对于列入名录的地块应当如何修复、如何进行污染防治进行了明确规定。

《土壤污染防治法》中明确，土壤污染风险管控和修复，包括土壤污染状况调查和土壤污染风险评估、风险管控、修复、风险管控效果评估、修复效果评估、后期管理等活动。由此可见，土壤污染修复的义务是从调查开始的，土壤修复前后的一系列工作都离不开土壤检测。而且法律中把相关利益人的责任都规定得非常详细，包括政府的责任、使用权人的责任、污染人的责任还有农用地上农民的责任。

（3）明确责任，从严监管。

为了防止责任主体众多导致可能出现的混乱，本法中建立了土壤污染防治政府责任制度。《土壤污染防治法》明确规定，国务院统一领导全国土壤污染状况普查。国务院生态环境主管部门会同国务院农业农村、自然资源、住房城乡建设、林业草原等主管部门，每十年至少组织开展一次全国土壤污染状况普查。并且国家实行土壤污染防治目标责任制和考核评价制度，将土壤污染防治目标完成情况作为考核评价地方各级人民政府及其负责人、县级以上人民政府负有土壤污染防治监督管理职责的部门及其负责人的内容。这意味着土壤污染普查成为政府的一个常规性工作。把污染防治列为政府的绩效考核、作为地方负责人政绩的一部分，对他们也是强制性约束，这也会让各个地方政府更加注重土壤污染防护方面的工作。

在《土壤污染防治法》中，土壤污染责任人一词共出现 29 次。预防、管控，都是为了治病于未萌。但当土壤已经受到污染时，还可以通过修复，恢复成健康、可利用的土地。只是一般需要大量的资金和较长的时间。谁负责给“生病”的土壤治病？这就需要设计出法律责任承担的方案。

土地污染责任的承担者是谁？本法提出，是土地污染责任人和土地使用权人。具体包括以下 13 类：1）土壤污染重点监管单位；2）拆除设施、设备或建筑物、构筑物的企事业单位；3）拆除设施、设备或建筑物、构筑物的重点监管单位；4）尾矿库运营、管理单位；5）建设和运行污水集中处理设施、固体废物处理设施的单位；6）农业投入品生产者、销售者和使用者；7）土壤调查、风险评估、效果评估单位；8）修复施工单位；9）土地使用权人；10）土地使用权人和实际生产经营者；11）债权、债务继承人；12）任何单位和个人；13）地方人民政府。

此外，法律合理配置了土壤污染责任人、土地使用权人和政府三者之间的责任，落实企业主体责任，强化污染治理责任，明确政府及其相关部门的监管责任。同时，还赋予监管部门查封、扣押等权力，规定土壤污染责任人负有实施土壤污染风险管控和修复的义务。土壤污染责任人无法认定的，土地使用权人应当实施土壤污染风险管控和修复。地方人民政府及其有关部门可以根据实际情况组织实施土壤污染风险管控和修复。

（4）建立土壤污染防治基金制度。

在中国，许多土壤污染被认为是历史遗留问题，无法找到责任人，并且修复的成本巨大。谁来治、怎么治、治理费用由谁承担变成了环保界需要迫切解决的问题。《土壤污染防治法》中提及的建立土壤污染防治基金被众多专家、环保人士寄予厚望，希望通过国家基金制度等措施破解土壤污染防治的高成本问题。

首先，基金分两类：一类是中央土壤污染防治专项资金，另一类是省级土壤污染防治基金。其次，基金的用途分为三种：一是农用地土壤污染防治；二是在土壤污染责任人或者土地使用权人无法认定时，土壤污染风险管控和修复；三是政府规定的其他事项。再次，对历史遗留污染地块问题的解决。对于该法生效之前即 2019 年之前产生的、土壤污染责任人无法认定，由土地使用权人实际承担土壤污染风险管控和修复的，也可以申请，这项规定主要是为了解决历史遗留问题，比如原始用途为工业用地、现在为居住性质的污染地块治理和修改。

5.4　土壤环境影响评价

为落实《中华人民共和国环境影响评价法》，规范和指导土壤环境影响评价工作，防止或减缓土壤环境退化，保护土壤环境，2018 年 9 月 13 日，环境保护部首次发布了《环境影响评价技术导则——土壤环境（试行）HJ 964—2018》，并于 2019 年 7 月 1 日正式实施。该标准要求化工、冶金、矿山采掘、农林、水利等可能对土壤环境产生影响的建设项目都必须开展土壤环境影响评价，并规定了土壤环境影响评价的一般性原则、工作程序、内容、方法和要求。

土壤环境极其复杂，包括土壤组分、土壤水、土壤气和土壤生物等，本次《土壤导则》系首次发布，将土壤环境的影响放在建设项目对土壤组分的物理、化学影响上，重点关注以下几个方面：一是注重土壤环境影响识别，需在识别土壤环境影响项目类别的基础上，识别影响源、影响途径及土壤环境敏感程度，并据此判定土壤环境影响评价等级；二是着重强调土壤环境现状调查，包括土壤理化性质调查和土壤环境质量监测，且重点关注建设项目占地范围内外的监测点数、层位和指标要求；三是强调土壤环境质量现状保障措施，即建设项目在环评阶段可采取相应的环境保障措施确保项目用地符合相应的土壤环境质量标准要求。

《土壤环评导则》的编制原则：一是基于《土壤污染防治行动计划》与《土壤污染防治法（试行）》的相关要求，以保护农用地和建设用地不受污染、确保耕地安全和人居健康为基本原则。二是在抓住“土十条”重点监管的八个行业基础上，从土壤污染影响和土壤生态影响并重的角度出发，充分考虑不同行业对土壤环境产生影响程度存在的差异，抓住重点行业、豁免影响较小行业。三是考虑该导则首次制订，在保障导则科学性的基础上，重点以提高导则可操作性为目标，将目前尚无评价标准或仍处于科研阶段的评价内容暂不纳入导则评价体系。四是充分兼顾环评改革进程，确保建立良好营商环境，在考虑土壤非均质差异较大的基础上，区分不同尺度下的调查工作量，以最少的点位、层位和指标反映尽可能多的土壤环境基础信息。五是正值土壤法制订、环评其他要素导则修订之际，时刻保持与土壤法和环评其他要素导则之间的沟通，确保相关条款之间的衔接，以便及时调整。

《土壤环评导则》重在土壤污染和生态影响的前端预防，加强了土壤环境影响源、影响途径和敏感目标的识别与分析，从土壤环境污染角度形成了大气沉降、地表漫流、垂直入渗等途径的立体式监管，从土壤环境生态影响角度与气候条件、地下水位埋深形成无缝对接，在调查、评估层面上实现了“地下”与“地上”的打通。同时，将土壤环境定义扩展至污染物可能影响的深度，使其与《环境影响评价技术导则　地下水环境》（HJ 610—2016）并用后，几乎覆盖了地球浅表关键带环境影响的调查评价任务。

环境影响评价制度是国际上通用且行之有效的污染预防和环境保护管理制度，土壤环境影响评价承担着土壤环境影响前端防控的职责，与土壤环境管理相辅相成，既融于土壤环境全链条管理流程，又独立存在于整个环境管理的某个阶段。土壤环境影响评价既要符合环境影响评价的相关规定，也应满足土壤环境管理的相关法规和标准。以土壤环境影响评价现状调查发现超过建设用地 GB36600 筛选值为例，环境影响评价应提出风险评估、风险管控或治理修复的“以新带老”措施，控制、减轻或治理土壤环境污染，以满足土壤环境管理的相关要求。

思 考 题

5-1　论述土地资源保护立法执法的意义。

5-2　阐述《中华人民共和国土壤污染防治法》的基本原则。

参考文献

[1] 中华人民共和国国土资源部，国务院第二次全国土地调查领导小组办公室．第二次全国土地调查工作报告［M］．北京：地质出版社，2017.

[2] 中华人民共和国国土资源部，国务院第二次全国土地调查领导小组办公室．中国土地资源与利用［M］．北京：地质出版社，2017.

[3] 陈常优，王喜．土地资源学［M］．北京：科学出版社，2015.

[4] 毕宝德．土地经济学［M］．北京：中国人民大学出版社，2016.

[5] 王玥，田珅［M］．土地管理学．北京：中国农业大学出版社，2018.

[6] 汪晗．土地开发与保护的平衡：土地发展权定价与空间转移研究［M］．北京：人民出版社，2015.

[7] 刘黎明．土地资源学［M］．5 版．北京：中国农业大学出版社，2010.

[8] 谭术魁．土地资源学［M］．上海：复旦大学出版社，2011.

[9] 胡振琪．土地整治学［M］．北京：中国农业出版社，2017.

[10] 陈怀满．环境土壤学［M］．3 版．北京：科学出版社，2018.

[11] 黄炎和．土地生态学［M］．北京：中国农业出版社，2013.

[12] 郭然，王效科，欧阳志云，等．中国土地沙漠化、水土流失和盐渍化的原因和驱动力：总体分析［J］．自然资源学报，2004，19（1）：119-127.

[13] 刘力为，林坚，陈美景，等．2018 年土地科学研究重点进展评述及 2019 年展望——土地资源、利用与规划分报告［J］．中国土地科学，2019，33（1）：104-112.

[14] 义白璐．土地资源动态监测研究进展与展望［J］．吉林农业，2018（22）：39.

[15] 林坚，马俊青，张叶笑．2017 年土地科学研究重点进展评述及 2018 年展望——土地资源、利用与规划分报告［J］．中国土地科学，2018，32（3）：81-88.

[16] 林坚，付雅洁，马俊青，等．2016 年土地科学研究重点进展评述及 2017 年展望——土地资源、利用与规划分报告［J］．中国土地科学，2017，31（3）：61-69.

[17] 范合琴，李艳芬．基于土壤生态环境的耕地资源保护评价［J］．农业工程，2019，9（7）：69-71.

[18] 李桂林，陈杰，孙志英，等．城市化过程对土壤资源影响研究进展［J］．中国生态农业学报，2008（1）：234-240.

[19] 王铁成．干旱区土壤资源研究综述［J］．干旱区地理，1995（3）：79-86.

[20] Wang H，Wang Z，Chen J，et al. Development of rule of law index for state land and resources in China［J］. Land Use Policy，2019，81：276-290.

[21] Jin X，Xiang X，Guan X，et al. Assessing the relationship between the spatial distribution of land consolidation projects and farmland resources in China，2006-2012［J］. Food Security，2017，9（5）：889-905.

[22] Hong W，Li F，Li M，et al. Toward a sustainable utilization of land resources in China：problems，policies，and practices［J］. Ambio，2014，43（6）：825-835.

[23] Hao Z，Fei H，Hao Q，et al. Status of China's land resources in 2013［J］. Acta Geologica Sinica - English Edition，2014，88（3）：1017-1018.

[24] Lin G C S，Ho S P S. China's land resources and land-use change：insights from the 1996 land survey［J］. Land Use Policy，2003，20（2）：87-107.

[25] Li J，Deng J，Gu Q，et al. The accelerated urbanization process：A threat to soil resources in eastern China［J］. Sustainability，2015，7（6）：7137-7155.